现代大学制度理论与实践研究

Xiandai Daxue Zhidu Lilun yu Shijian Yanjiu

刘绍怀等 著

大学制度随着大学的建立而产生

并在大学发展中得到发展和完善

各国高等教育发展的历史也可以看作

是大学制度变迁的历史

高等教育出版社·北京
HIGHER EDUCATION PRESS BEIJING

内容简介

本书主要采用了理论研究、文献研究、历史研究、比较研究、实证研究等方法，对已有的研究现代大学制度的成果进行了全面的梳理、分析和借鉴。在理论方面，综合运用教育学、管理学等学科的理论进行研究；在文献研究方面，对已有的现代大学制度的成果进行了全面的梳理、分析和借鉴；在历史研究和比较研究方面，主要通过英、德、美、日大学制度和我国大学制度变迁的考察，比较国内外高等教育和大学制度建设发展中的共性和个性，总结其中的规律，得出对我国现代大学制度建设的启示；在实证研究方面，主要从云南大学和云南财经大学的教育改革实践中探讨和检验我国现代大学制度的建构问题。

图书在版编目（CIP）数据

现代大学制度理论与实践研究/刘绍怀等著. —北京：高等教育出版社，2013.10

ISBN 978-7-04-038457-4

Ⅰ. ①现… Ⅱ. ①刘… Ⅲ. ①高等教育-教育制度-研究-中国 Ⅳ. ①G649.22

中国版本图书馆 CIP 数据核字（2013）第 215375 号

策划编辑 王玉衡　责任编辑 王玉衡　封面设计 张 楠　版式设计 王 莹
责任校对 张小镝　责任印制 韩 刚

出版发行 高等教育出版社
社　　址 北京市西城区德外大街 4 号
邮政编码 100120
印　　刷 河北新华第一印刷有限责任公司
开　　本 787mm × 960mm 1/16
印　　张 18.75
字　　数 270 千字
购书热线 010-58581118
咨询电话 400-810-0598
网　　址 http://www.hep.edu.cn
　　　　 http://www.hep.com.cn
网上订购 http://www.landraco.com
　　　　 http://www.landraco.com.cn
版　　次 2013 年 10 月第 1 版
印　　次 2013 年 10 月第 2 次印刷
定　　价 56.00 元

物 料 号 38457-00

目　　录

引　论

现代大学制度与现代政治、经济、文化、科技和大学自身变化相适应，并与传统大学制度相对应，是一种大学管理与运行的规则体系。高等教育的成败直接受大学制度优劣的影响。大学制度随着大学的建立而产生，并在大学发展中得到发展和完善，各国高等教育发展的历史也可以看做是大学制度变迁的历史。因此，研究高等教育不能不研究大学制度。①

一、本项研究的意义

什么是大学的灵魂？有人说是理念，有人说是创新，有人说是制度。不管这些观点孰是孰非，但至少说明制度建设在大学建设中的重要性。俗话说，没有规矩，不成方圆。“任何组织都与其相应的制度密不可分，组织要生存和运作，就必须有制度化的安排。”②实际上，制度在保证组织的正常运行与承载组织的观念中发挥着重要的作用。成功的大学制度无不既反映着大学理念的内涵和要求，又为大学理念的实现提供着制度的支撑。教育思想与实践离开了制度这一转化机制，就难以实现其在教育领域中潜在的生命力。制度是组织赖以存在和发展的基础。只有建立了科学、规范的大学制度，高等教育才可能有序、高效地运转，高教事业才可能顺利发展并实现预期目标。正如蔡元培先生1919年在《回任北大校长在全体学生欢迎会上的演说词》中所说的：“使学校的内部，组织完备，无论何人来任校长，都不能任意办事。”“不但一年换一个校长，就是一年换几个校长，对于诸君研究学问的目的，是

---

① 刘绍怀：《关于我国现代大学制度的构架问题》，载《光明日报·理论与实践版》2005年5月7日，第3版。

② ［美］理查德·斯格特：《组织理论：理性、自然和开放系统》，黄洋等译，华夏出版社2004年版，第98页。

决无妨碍的。"①从某种意义上讲,一部大学的历史,就是一部大学制度的变革史,高等教育的发展史早已充分证明了大学制度对大学的存在和发展的重要意义。

大学制度的建设是高等教育一项根本性、长期性的建设。大学制度的优劣直接影响高等教育的成败,并进而影响国家经济社会发展。历史上,英、德、美等国的大学制度曾使这些国家的高等教育在相当时期内独领风骚,并从而推动了这些国家的社会进步和经济发展。发达国家必须有发达的高等教育,现代经济强国必然是教育强国,而教育强国必须有优势的教育制度作保证,这已是不争的事实。而且,随着经济社会的发展,大学必须以变应变,通过不断改变和完善自己去适应社会和自身发展的需要。因此,大学制度的变革,既是根本性的,又是长期性的;既有相对稳定性,又有不断变动性。我们对现代大学制度的研究和实践,必须有长期坚持的准备。未来的高等教育谁占鳌头,在很大程度取决于各国高等教育的制度优势,取决于谁能在深刻把握高等教育发展规律和趋势的基础上作出既吸纳传统精华,又超越前人的更加科学的制度安排。肩负为中华民族复兴提供知识和人才支撑重任的中国高教界,应努力有所作为。

我国是一个具有悠久教育历史的国家。在数千年的时光中,我们的先辈从理论到实践都对培养高层次人才作过探索。许多朝代举办的学校都曾具有高等教育的某些特点,如传授那个时代看重的高深知识,高水平的教师始终把教学与研究相结合,多数时候学术活动比较自由等。但从现代大学所具有的主要特征来看,学校自治(包括内部自治权、发证权、免税免役权、迁徙权等)、学术自由(包括教学自由、学习自由和研究自由)、教授治校、院系设置等,都是从欧洲的大学形成和发展起来的,因此,我们赞成现代大学制度起源于西方的说法。

从19世纪末20世纪初我国真正意义的大学建立开始,我们便引进了当时比较先进的日本和欧美大学制度模式。如1898年,康有为在《请开学校

① 蔡元培:《回任北大校长在全体学生欢迎会上的演说词》,载高叔平编:《蔡元培教育论著选》,人民教育出版社1991年版,第232~233页。

折》中说："请远法德国，近采日本，以定学制。"①1916 年，蔡元培担任北京大学校长时，引进了洪堡大学模式，提出了"思想自由，兼容并包"的理念，倡导教学与研究相结合，学校设评议会作为最高决策机构，行政会议负责行政工作，教务处负责教学工作，各系设教授会实行教授治校。

1922 年，蔡元培在《教育独立议》中讲到借鉴国外经验时说："分大学区与大学兼办中小学校的事，用法国制。大学可以包括各种专门学术，不必如法、德等国别设高等专门学校，用美国制。大学兼任社会教育，用美国制。大学校长，由教授公举，用德国制。大学不设神学科，学校不得宣传教义与教士不得参与教育，均用法国制。抽教育税，用美国制。"②但是，正如我国的国情在 20 世纪曾经经历了巨大的变革一样，我国现代大学制度的构建也经历了巨大的反复与变化。我国的大学 1949 年以前师从日本和欧美模式；1950 年至 1965 年期间照搬苏联模式；1966 年至 1977 年期间希望自己走一条新路，但因选错路径而误入歧途；20 世纪 70 年代末至 80 年代初经历了一段时间的徘徊；80 年代中期以后从"摸着石头过河"到渐趋深入和理性。随着我国高等教育的快速发展和改革开放，关于如何构建我国现代大学制度的问题进一步引起了教育界的高度关注，人们开始从理论和实践的角度探索这个问题。2010 年 7 月，我国颁布了《国家中长期教育改革和发展规划纲要（2010—2020 年）》，其中明确提出了"完善中国特色现代大学制度"的任务。我们认为，建立中国特色的现代大学制度即为我国高等教育体制改革的最终目的。因此，对建立现代大学制度问题的研究具有十分重大的理论意义和实践意义。

二、相关研究概述

（一）西方学者对大学制度的研究

由于大学在西方的演进更多的是一种自发性，西方学者专门研究大学制度的著述并不多见。与大学制度有关的研究大多融入对大学的办学理念，运

① 北京大学校史研究室编：《北京大学史料（第一卷 1898—1911）》，北京大学出版社 1993 年版，第 5 页。

② 蔡元培：《教育独立议》，载华东师范大学教育系编：《中国现代教育文选》，人民教育出版社 1989 年版，第 12 ~ 14 页。

行机制以及大学与政府、社会特别是与企业的关系等问题的研究中。如约翰·亨利·纽曼(John Henry Newman)的"大学理想"涉及大学的性质、目的、功能,大学教育的原则、方法和内容,自由教育与专业教育的关系,大学与教会的关系,等等①;德里克·博克(Derek Bok)论证了大学继教学、研究之后应该履行的社会服务功能②;亚伯拉罕·弗莱克斯纳(Abraham Flexner)以批判的眼光考察了美、英、德大学的特点与问题,围绕"服务性"提出了关于大学的作用、职能、使命以及大学与现实世界关系的看法③;克拉克·科尔(Clark Kerr)认为赠地运动和第二次世界大战期间对科学研究的资助,促成了美国独特的现代大学体系,进而促使美国大学向社会和联邦政府证明:适应国家需要的"大学的功用"④;唐纳德·肯尼迪(Donald Kennedy)阐述了学术责任对大学未来、使命和忠诚的价值观的影响,提出大学至高无上之处在于给人类提供改良文化、创造文化、延续生命和保障人类可持续发展的一个智力平台⑤;欧内斯特·L.博耶(Ernest L. Boyer)对美国大学教育的现状进行了调研,针对美国本科教育中存在的教育目标与课程的混乱、教师工作的重点与精力安排、大学管理中面临的冲突等八大问题进行了分析⑥;亨利·埃兹科维茨(Henry Etzkowitz)和劳埃特·雷德斯多夫(L. A. Leydesdorff)提出了知识经济时代,将"知识流"导向新的技术创新来源将成为大学的第三种任务,构建了大学—产业界—政府三重螺旋模式⑦;艾里克·阿什比(Eric Ashby)以19世纪西方大学理想的嬗变为线索,阐述了"大学遗传环境论"⑧;

---

① [英]约翰·亨利·纽曼:《大学的理想(节本)》,徐辉、顾建新、何曙荣译,浙江教育出版社2006年版。

② [美]德里克·博克:《走出象牙塔——现代大学的社会责任》,徐小洲、陈军译,浙江教育出版社2006年版。

③ [美]亚伯拉罕·弗莱克斯纳:《现代大学论——美英德大学研究》,徐辉、陈晓菲译,浙江教育出版社2001年版。

④ [美]克拉克·科尔:《大学的功用》,陈学飞等译,江西教育出版社1993年版。

⑤ [美]唐纳德·肯尼迪:《学术责任》,阎凤桥等译,新华出版社2002年版。

⑥ [美]欧内斯特·博耶:《学术水平反思——教授工作的重点领域》,载国家教育发展研究中心组编:《发达国家教育改革的动向和趋势(第五集)》,人民教育出版社1994年版。

⑦ [美]亨利·埃兹科维茨、[荷]劳伊特·雷德斯多夫编:《大学与全球知识经济》,夏道源等译,江西教育出版社1999年版。

⑧ [英]艾里克·阿什比:《科技发达时代的大学教育》,滕大春、滕大生译,人民教育出版社1983年版,第7页。

伯顿·R.克拉克(Burton R. Clark)从组织的观点寻找高等教育运作的"内在逻辑",阐明高等教育"系统本身是怎样决定行动和变革的"①;约翰·H.范·德格拉夫(John H. Van de Graaff)等对联邦德国、意大利、法国、瑞典、美国、英国和日本七国高等教育的学术权力结构进行了研究和比较,论述各国高等教育系统的特征和决策模式的变革,总结了七国学术权力的模式。② 这些研究,或多或少,总是与大学制度相关。

(二)中国学者对大学制度的研究

中国学者对现代大学制度的研究,兴起于19世纪末20世纪初中国现代大学制度建立的过程中,这方面的情况将在第三章介绍。自20世纪80年代以来,我国对构建现代大学制度问题的研究趋热,研究内容大致可归为以下几类。

1. 关于构建现代大学制度的动因问题

研究者普遍认为建立现代大学制度的动力主要来自外部和内部两个方面。王冀生认为:"建立社会主义市场经济是我国经济体制改革的目标,而改革高等教育体制的目标应该是建立有中国特色的、适应市场经济体制要求的现代大学制度。"③潘懋元认为:"现代大学在重要的历史使命的召唤下已经走进了社会的中心,大学应成为社会经济发展的思想库、知识库、人才库和知识产业的孵化器……走进社会中心的大学需要建设现代制度","开展现代大学制度研究,促进大学制度现代化,是我国大学完成其使命的需要。"④张俊宗认为,改革开放以来,经济社会迅速发展对思想、知识、人才等的需要,使我国现代大学制度的"缺失"成为一个"凸显的问题",高等教育的改革迫切需要现代大学制度理论与实践的支撑。⑤ 毕宪顺认为,建立社会主义市场经济体制是我国经济体制改革的目标。"建立与社会主义市场经济体制相

---

① [美]伯顿·R.克拉克:《高等教育系统——学术组织跨国研究》,王承绪、徐辉、殷企平等译,杭州大学出版社1994年版,第25页。

② [加]约翰·范·德格拉夫等:《学术权力——七国高等教育管理体制比较》,王承绪等译,浙江教育出版社2001年版。

③ 王冀生:《建立有中国特色的现代大学制度——攻坚阶段我国高教体制改革的重点》,载《高教探索》2000年第1期。

④ 潘懋元:《走向社会中心的大学需要建设现代制度》,载《现代大学教育》2001年第1期。

⑤ 张俊宗:《现代大学制度与我国高等教育改革》,载《天水师范学院学报》2002年第6期。

适应的现代大学制度,则是我国高等学校内部管理体制改革的目标。"①高桂娟认为,随着知识经济社会的到来,大学受到的来自外部的压力和影响所产生的冲击也越来越大,"大学制度创新的时期已经来临"②。陈德敏等人还提出:"在尊重人的全球化背景下,建立以人为本的现代大学制度,才是中国大学的当务之急。"③邬大光认为,多种因素制约着大学制度的形成,但就内在动力来说,大学理念是大学制度之源。④ 潘敏认为,高等教育多重心、多方面的内部改革发展,高校自身办学规模的日益扩大,高校内部行政的独立性和研究型大学的发展取向等,要求建立现代大学制度。⑤

有的研究者认为,建立现代大学制度主要在于克服我国现行(传统)的大学制度的种种弊端。杨运鑫认为,"集中控制"和"服从模式"是我国传统大学制度的特征,这是一种在计划经济体制下形成的"计划制度"。⑥ 李江源认为,在计划体制下,我国大学制度的特性主要体现在大学在资源分配、组织形式和社会活动方面所展现出的行政特性。⑦ 张俊宗认为,我国现行大学制度的缺陷主要是:高校间公平竞争机制、自我行为目标、高校实体性地位、学术权力与行政权力平衡机制和高教系统开放性机制的缺失。⑧

别敦荣认为,我国现行大学制度的弊端主要是:没有完全建立主体地位,仍然是一个按照官本位体系运行的体制,依然是一个计划体制,功能泛化严重、定位模糊,没有形成自己的成熟、独特的文化传统和精神模式。"我们今天所要建立的现代大学制度……是针对我国大学所承担的现实使命,在解决数十年来大学制度存在积弊的基础上,建立起来的新大学制度。"⑨康乃美、毕宪顺认为,相对于计划经济体制下的传统大学制度,现代大学制度是和市

---

① 毕宪顺:《建立现代大学制度——高校管理体制改革的目标》,载《山东师范大学学报(人文社科版)》2003 年第 4 期。

② 高桂娟:《论建立现代大学制度的时机与紧迫性》,载《教育与现代化》2000 年第 2 期。

③ 陈德敏、林勇:《初论建设有中国特色的现代大学制度》,载《中国高教研究》2001 年第 3 期。

④ 邬大光:《现代大学制度的根基》,载《现代大学教育》2001 年第 1 期。

⑤ 潘敏:《建立我国现代大学制度的内外动因析》,载《上海交通大学学报(社科版)》2001 年第 4 期。

⑥ 杨运鑫:《大学制度——大学存在和发展的根基》,载《辽宁教育研究》2004 年第 1 期。

⑦ 李江源:《略论计划体制下我国大学制度的特性》,载《高教探索》2001 年第 2 期。

⑧ 张俊宗:《我国现行大学制度的缺陷及成因分析》,载《西北师大学报(社科版)》2004 年第 2 期。

⑨ 别敦荣:《我国现代大学制度探析》,载《江苏高教》2004 年第 3 期。

场经济体制相适应的大学制度。[①] 李江源、毛亚庆分别探讨了大学制度的“创新不足”和“创新乏力”问题。[②] 高新发认为我国公办高校转型的制度选择是由第一部门向第三部门转变。[③]

2. 关于建立现代大学制度的意义问题

张俊宗认为,大学是制度文明的产物,其形成于大学制度的建立,发展于大学制度的创新。[④] 邬大光认为,从某种意义上而言,大学的历史就是一场大学制度的变革史。[⑤] 杨运鑫认为大学存在并发展的根基就是大学制度,“现代大学制度是现代大学可持续发展的活力和动力之源”[⑥]。罗海鸥还提出,建立有中国特色的现代大学制度,是“科教兴国,实施知识追赶战略,促进高等教育可持续发展的关键”[⑦]。

张维迎和谢泳提出了大学制度创新的“制度设计”问题。[⑧] 朴雪涛认为现代大学制度的构建是实现 21 世纪我国高等教育跨越式发展的必经之路。[⑨] 熊庆年探讨了大学制度创新和世界一流大学建设问题。[⑩] 赵彦云等认为健全现代大学制度可以提高大学的竞争力,促进我国高校建设成为世界一流的大学;[⑪]赵文华认为我国健全合理的现代大学制度是研究型大学建设的

---

① 康乃美:《“两个转换”是现代大学制度确立的关键》,载《现代大学教育》2001 年第 1 期。毕宪顺:《建立现代大学制度——高校管理体制改革的目标》,载《山东师范大学学报(人文社科版)》2003 年第 4 期。

② 李江源:《高等教育制度创新不足略论》,载《教育与现代化》2001 年第 2 期。毛亚庆:《我国高等教育制度创新乏力分析》,载《北京师范大学学报(社科版)》1998 年第 4 期。

③ 高新发:《从第一部门到第三部门——论我国公办高等学校转型的制度选择》,载《教育研究》2002 年第 10 期。

④ 张俊宗:《现代大学制度与我国高等教育改革》,载《天水师范学院学报》2002 年第 6 期。

⑤ 邬大光:《现代大学制度的根基》,载《现代大学教育》2001 年第 1 期。

⑥ 杨运鑫:《大学制度——大学存在和发展的根基》,载《辽宁教育研究》2004 年第 1 期。

⑦ 罗海鸥:《大学精神的提升与大学制度的创新——全国高等教育学研究会 2003 年年会综述》,载《广东技术师范学院学报》2004 年第 1 期。

⑧ 张维迎:《探寻大学制度创新的突破口——谈北大改革对中国高等教育的意义》,载《中国高等教育》2003 年第 23 期。谢泳:《中国现代大学的制度设计》,载《科学中国人》2003 年第 6 期。

⑨ 朴雪涛:《大学制度创新与 21 世纪中国高等教育跨越式发展》,载《高等教育研究》2002 年第 6 期。

⑩ 熊庆年:《制度创新与世界一流大学建设》,载《清华大学教育研究》2003 年第 3 期。

⑪ 赵彦云、宋东霞:《提升大学竞争力、建立现代大学制度》,载《中国高等教育》2003 年第 18 期。

必要条件。[1] 邬大光认为高教扩招后教育规模扩大要求大学办学体制创新。[2] 周玲认为要实现高校合并的功能和目标,必须要有现代大学制度的保障。[3] 史秋衡对西部大开发给民办大学带来的机遇、挑战和对民办大学提出的要求进行了分析,并提出要建立"现代民办大学制度"[4]。彭江认为,制度不是目的而是一种手段或工具。[5]

3. 关于构建现代大学制度的理论基点问题

从现代大学制度与国情的角度。赵文华认为,在社会主义初级阶段的条件下,高等教育的发展和市场经济体制需要能与之相适应的大学内部组织结构、外部关系及大学成员的行为规范体系,即中国现代大学制度。[6]

白云伟等认为,高等教育应建立社会主义现代大学制度,满足并促进社会主义现代化建设在社会政治、经济、精神文明方面的需要。[7]

陈德敏等认为,在邓小平"三个面向"思想的指导下,应该从中国国情出发,根据时代的要求,探索、建设具有中国特色的现代大学制度。[8]

王冀生认为,建立有中国特色的现代大学制度,是我国高教管理体制改革的重点,而现代大学制度的建设,应以我国《高等教育法》的规定和原则为准来进行。[9]

别敦荣认为,建设我国现代大学制度的必由之路是国际性与本土化相结合。"没有国际性,我们的大学制度不可能获得现代大学自由之精神;没有本土化,我们要建立的大学制度可能丧失生命力。"[10]

从教育哲学的角度,王冀生认为,伯顿·克拉克的四元理论(即正义、能

---

① 赵文华:《建立现代大学制度、加快我国研究型大学建设》,载《上海交通大学学报(社科版)》2002年第2期。

② 邬大光:《高等教育规模扩大与大学制度创新》,载《现代大学教育》2001年第4期。

③ 周玲:《高校合并与现代大学制度的建立》,载《高教探索》2000年第4期。

④ 史秋衡:《西部大开发与现代民办大学制度的建立》,载《高等教育研究》2002年第4期。

⑤ 彭江:《国内关于现代大学制度的研究综述》,载《现代大学教育》2005年第2期。

⑥ 赵文华:《建立现代大学制度、加快我国研究型大学建设》,载《上海交通大学学报(社科版)》2002年第2期。

⑦ 白云伟等:《关于构建现代大学制度的设想》,载《山西高等学校社会科学学报》2002年第2期。

⑧ 陈德敏、林勇:《初论建设有中国特色的现代大学制度》,载《中国高教研究》2001年第3期。

⑨ 王冀生:《建立有中国特色的现代大学制度——攻坚阶段我国高教体制改革的重点》,载《高教探索》2000年第1期。

⑩ 别敦荣:《我国现代大学制度探析》,载《江苏高教》2004年第3期。

力、自由和忠诚）和 J. S. 布鲁贝克的二元理论（即认识论和政治论）与大学的存在问题，是两种比较有代表性的观点。[①] 王冀生认为，大学的本质即“掌握高深学问”，其反映的大学存在的哲学基础首先是认识论的，是大学的“内在价值”；大学“对国家、社会的深远影响”反映的大学存在的哲学基础是政治论的，是大学的“外在价值”。[②]

从大学制度与大学理念、大学精神、大学文化的角度来讲，邬大光认为，现代大学制度的根基是大学理念，“大学制度的形成受制于多种因素，但就其内在的动力来说，大学制度源于大学理念，折射着大学理念的烙印，大学制度是大学理念的载体和表现形式，大学理念是大学制度的根基”[③]。罗海鸥认为，现代大学制度可以提升大学精神。[④] 杨东平认为，大学制度与大学精神互为表里，大学制度蕴涵、滋养着大学精神，大学精神产生于现代大学制度之中。超拔的大学精神与坚实的大学制度相结合，才得以薪火相传。[⑤] 张应强等认为，协调、规范大学组织的内、外部关系，保证其文化地位，使其更好地履行大学的文化传承和文化创造职责，是现代大学制度的本真意义。[⑥] 范跃进还认为大学文化构建的主要任务是大学制度文化建设。[⑦]

从大学制度与学术自由关系的角度，杨东平认为大学的学术自由是一种价值、一种信念，更是一种制度环境。[⑧] 周光礼认为：“学术自由的实现问题实际上就是现代大学制度的建构问题”，“学术自由的实现有赖于现代大学制度的建构……学术自由作为一种普适性的学术价值观，不是人为设计的，而是自发形成的……作为大学长期演进中衍生出来的内在制度，它是现代大学制度得以建立的基础。”[⑨]孔垂谦认为学术自由就是对“限制”的突破，最关

---

① 王冀生：《现代大学制度的基本特征》，载《高教探索》2002 年第 1 期。

② 王冀生：《建立有中国特色的现代大学制度——攻坚阶段我国高教体制改革的重点》，载《高教探索》2000 年第 1 期。

③ 邬大光：《现代大学制度的根基》，载《现代大学教育》2001 年第 1 期。

④ 罗海鸥：《大学精神的提升与大学制度的创新——全国高等教育学研究会 2003 年年会综述》，载《广东技术师范学院学报》2004 年第 1 期。

⑤ 杨东平：《现代大学制度的精神特质》，载《中国高等教育》2003 年第 23 期。

⑥ 张应强、高桂娟：《论现代大学制度建设的文化取向》，载《高等教育研究》2002 年第 6 期。

⑦ 范跃进：《论制度文化与大学制度文化建设》，载《山东理工大学学报（社科版）》2004 年第 2 期。

⑧ 杨东平：《现代大学制度的精神特质》，载《中国高等教育》2003 年第 23 期。

⑨ 周光礼：《大学的自主性与现代大学制度》，载《大学教育科学》2003 年第 4 期。

键的是学术自由的制度化。若缺乏制度根基,那么学术自由也就无从谈起。①

从对企业制度借鉴的角度,张俊宗认为,我国高校与国有企业有着相同的境遇,我们若要进一步理解现代大学制度的问题,研究国有企业改革的历程不失为一个好办法。② 张维迎认为,尽管大学与企业的理念存在着不同,但大学作为一个由人组成的组织,在管理方面其与企业也存在着一些共性。③ 李祖超主张"要明晰大学产权、试行股份制改造、提高投入与产出、优化高等教育资源配置及克服资源配置的种种弊端。"④李晓波认为应将产业机制引进高等教育之中,他认为"股份制……是一条深化高等教育体制改革,探索建立现代大学制度的重要途径"⑤。赵彦云还提出,为提升大学的竞争力,应引进市场竞争机制。⑥ 范跃进则认为,现代企业制度对现代大学制度具有非常重要的借鉴价值,并根据企业文化探讨了大学制度文化建设问题。⑦ 张应强认为,与现代企业制度不同,现代大学制度是极具文化取向的。⑧ 李猛则立足"企业逻辑"和"大学逻辑"的根本区别,分析、评论了2003年的北京大学人事制度改革。⑨

从方法论的角度,王洪才认为,在涉及方法论的方面,对现代大学制度的认识存在一定的误区,"第一种是采用了静态的、西方中心主义的看问题视角;第二种采用了经济决定论的视角;第三种采用了大学企业化思路;第四种是采用了非教育化的思路"。"我们在研究现代大学制度过程中应该采取动态的、本土化立场,坚持教育与经济互动说,具体问题具体分析,反对非教育化的立场。"⑩

---

① 孔垂谦:《论大学学术自由的制度根基》,载《江苏高教》2003年第2期。

② 张俊宗:《现代大学制度与我国高等教育改革》,载《天水师范学院学报》2002年第6期。

③ 张维迎:《大学的逻辑》,北京大学出版社2004年版,第52页。

④ 李祖超:《建立现代大学制度的经济学分析》,载《教育与经济》2005年第4期。

⑤ 李晓波:《以股份制为契机建立现代大学制度》,载《中国高教研究》2003年第6期。

⑥ 赵彦云、宋东霞:《提升大学竞争力,建立现代大学制度》,载《中国高等教育》2003年第18期。

⑦ 范跃进:《论制度文化与大学制度文化建设》,载《山东理工大学学报(社科版)》2004年第2期。

⑧ 张应强、高桂娟:《论现代大学制度建设的文化取向》,载《高等教育研究》2002年第6期。

⑨ 李猛:《如何改革大学——对北京大学人事改革方案逻辑的几点研究》,载钱理群等编:《中国大学的问题与改革》,天津人民出版社2003年版,第47~49页。

⑩ 王洪才:《现代大学制度的内涵及其规定性》,载《教育发展研究》2005年第11期。

4. 关于中国现代大学制度构架抑或大学制度内涵及其层次结构问题

对于我国现代大学制度构架，研究者提出过许多思路。一些研究者认为，现代大学制度应该是多方面的。陈磊、高桂娟认为："大学组织的复杂性决定了大学制度的复杂性，大学制度实际上由许多功能不同但又相互联系的制度安排所组成。例如，按照大学制度颁布主体的不同，就可以把其分为三类：一是由国家以及代表国家的各级部门统一规定的规章制度，主要通过立法的形式规定下来；二是大学组织为维护日常运作而颁布的各种常规制度和实施细则；三是大学组织各部门根据具体的情况和特点制定或形成的有关规则。""大学制度分析的要素就可以具体划分为以下三个方面：第一，大学组织形态。第二，大学组织内部运作。第三，大学组织与外界的关系。"①彭江认为，研究现代大学制度本质的视角可以是"大学本位"或"制度本位"的。从"制度"的角度看，"关于学术权力、政治权力和经济权力以及学术利益、政治利益和经济利益相互制约、平衡的一系列规则体系，即可为现代大学的制度本质。现代大学制度的研究和实践大体有三种逻辑：政治逻辑、市场逻辑和学术逻辑。现代大学制度应超越较极端的'一元'逻辑和简单的'多元'混合逻辑而走向有机的多元'制衡'逻辑"。② 王洪才认为："现代大学制度的核心特征是大学与社会经济发展需要的适应性。所谓大学与社会经济发展需要的适应性，就是说大学能够主动应答社会经济发展中提出的问题，满足社会经济发展的需要，促进社会经济的发展。这意味着现代大学制度的内涵包括：开放性、自主性、参与性和自律性。"③

一些研究者认为，现代大学制度应该是多层次的。宋旭红认为："现代大学制度的构建，是在现代社会我国的具体条件下大学和社会外部之间、大学与大学之间、大学内部诸要素之间关系的多重构建。由宏观层次的大学根本制度、中观层次的大学一般制度和微观层次的大学具体制度构成了现代大学的制度体系。其中，大学根本制度是大学制度的理论基础和传统根基，大学一般制度和大学具体制度则是大学制度的基本内容，只有与大学根本制度

---

① 陈磊、高桂娟：《现代大学制度研究——概念与要素》，载《辽宁教育研究》2005 年第 8 期。
② 彭江：《初论现代大学制度的本质及逻辑》，载《高教探索》2005 年第 6 期。
③ 王洪才：《现代大学制度的内涵及其规定性》，载《教育发展研究》2005 年第 11 期。

相一致时,它们才能有效地发挥作用。"①芦文慧认为,市场经济条件下现代大学制度的重构应立足于完善的法人制度、多元的办学体制、科学的管理制度三个方面。② 张应强认为,首先应该为大学准确定位,还应该调整大学内部的权力结构和组织结构,更应该创建良好的制度环境来促进现代大学的制度发展,从这三个方面加强现代大学制度建设,才是有效途径。③ 王洪才认为:"现代大学制度并非一个既定的存在,而是一个建构中的事实。现代大学制度在结构上具有四个方面基本特征:开放性、适应性、民族性和国际性,其核心特征是适应性。现代大学制度建设的重心是完善大学与社会的联系环节,建立有效的社会参与大学管理机制。"④赵文华提出从落实法人地位和追求卓越学术,面向世界构筑人才网络和规范师资聘任制度,改革教育模式和加强研究性学习,重构研究型大学科研体制,构建研究型大学多元化的筹资体系,加快研究型大学国际化进程,扶持高等教育中介机构和规范社会评估七个方面加强研究型大学制度的创新。⑤

一些研究者主张从宏观(广义、上层、外在或外部)和微观(狭义、下层、内在或内部)两个层面来理解现代大学制度。陈德敏等认为现代大学制度包括现代大学办学体制、现代大学内部管理机制两个层次。⑥ 邬大光认为:"大学制度一般可以从宏观和微观两个层面进行界定。宏观的大学制度是指一个国家或地区的高等教育系统,包括大学的管理体制、投资体制和办学体制等;微观的大学制度是指一所大学内部的组织结构和运行机制,包括组织结构的分层、内部权力体系的构成等。"⑦眭依凡认为现代大学制度包括宏观和微观,也即"大学他治"和"大学自治"两个层次。⑧ "现代大学制度从层面而言一般涵盖:大学的宏观管理问题,即政府如何管理大学——大学他治;

---

① 宋旭红:《现代大学制度建构的三个层面及其关系》,载《现代教育科学》2005 年第 5 期。

② 芦文慧:《市场经济视野下现代大学制度的重构》,载《南阳师范学院学报(社科版)》2006 年第 1 期。

③ 张应强:《高等教育创新与现代大学制度的建设》,载《深圳职业技术学院学报》2002 年第 3 期。

④ 王洪才:《论现代大学制度的结构特征》,载《复旦教育论坛》2006 年第 4 期。

⑤ 赵文华:《建立现代大学制度,加快我国研究型大学建设》,载《上海交通大学学报(社科版)》2002 年第 2 期。

⑥ 陈德敏、林勇:《初论建设有中国特色的现代大学制度》,载《中国高教研究》2001 年第 3 期。

⑦ 邬大光:《现代大学制度的根基》,载《现代大学教育》2001 年第 1 期。

⑧ 眭依凡:《从宏观和微观结合上关注大学制度创新》,载《中国高等教育》2003 年第 23 期。

大学的微观管理问题，即大学如何自我管理——大学自治。""宏观管理层面的现代大学制度主要任务在于：一是通过国家立法明确规定大学的权力、义务、地位、作用、责任以及确定政府与大学的基本关系；二是政府必须在完善并履行'经济调节、市场监管、社会管理、公共服务'基本职能的前提下减少并规范对大学事务的行政审批，从而在大学管理上真正扮演有限政府、法制政府和效率政府的角色。其必须遵循的基本原则是让大学真正能够依法自主办学。""微观管理层面的大学制度主要也涉及两大内容，一是通过制度建构确定大学行政权力与学术权力的关系，以充分体现大学学术组织的基本属性实现大学组织内部的民主管理；二是规范大学组织及其个体的行为，提高大学管理运行的效率。"①赵发旗认为，"在宏观方面，教育制度创新主要调整教育与社会其他系统的关系；在微观方面，教育制度创新主要调整高等教育系统内部各要素之间的关系"②。胡赤弟认为，"大学制度包括两方面内容：形成'两层楼'结构，即'上层的'大学教育制度和'下层的'大学法人制度。大学教育制度包括大学教学、科学研究和为社会服务等方面的制度总和。大学法人制度是关于大学设立、运营、财产、责任等方面的制度总和"③。周光礼认为，"现代大学制度可分为两个层面：大学的内在制度与外在制度。建立现代大学制度，一方面需要建立以法律为依据的大学法人化为标志的外在制度；另一方面必须培育植根于大学本质以学术自由为核心的内在制度"。④赵成、陈通认为，现代大学的"制度安排就是大学治理。它包含内部治理和外部治理两个方面"。⑤ 张祖英等认为，从政府、学校、社会的关系来看，现代大学制度的特点包括政府代表国家有效行政，学校面向社会自主办学，实行法制、民主、科学的管理两个方面。⑥ 张斌贤认为"现代大学制度主要是一种处理大学与外部（确切地说是大学与政府与社会）同时也包括学校内部各种

---

① 眭依凡：《制度改造——现代大学的无法回避》，载《科学中国人》2004 年第 4 期。

② 赵发旗：《高等教育制度创新与高等教育发展》，载《高教论坛》2005 年第 4 期。

③ 胡赤弟：《大学制度的性质、结构及其形态多样化》，载《复旦教育论坛》2005 年第 2 期。

④ 周光礼：《大学的自主性与现代大学制度》，载《大学教育科学》2003 年第 4 期。

⑤ 赵成、陈通：《治理视角下的大学制度研究》，载《高等教育研究》2005 年第 8 期。

⑥ 张祖英、许积年：《对建立我国现代大学制度的探讨》，载《清华大学学报（哲社版）》2002 年第 4 期。

关系的一种规范体系”[①]。王冀生认为“我国是社会主义国家，应当实行在政府的宏观管理和学校党委的领导下以‘学校自治，教授治学，校长治校，科学管理’为基本特征的有中国特色的现代大学制度”[②]。袁贵仁认为现代大学制度就是要处理好大学和政府、社会的关系，大学和教师、学生的关系，大学和大学的关系，“现代大学制度的核心是在政府的宏观调控下，大学面向社会，依法自主办学，实行民主管理”。政府转变职能和大学体制改革是现代大学制度建设的两个重要的方面。[③] 毕宪顺认为“学术自治、政校分开、权责分明、管理科学”是现代大学制度的特征。[④] 康乃美提出转换政府职能与转换大学运行机制是现代大学制度确立的关键。[⑤]

还有一些研究者仅从宏观或微观的一个层面来探讨现代大学制度问题。在宏观意义上，谈松华认为，我国现代大学“创新体制的基础是架构起政府宏观管理、市场适度调节、社会广泛参与、学校自主办学的新体制”[⑥]。李江源认为，突破大学制度变迁“路径依赖”的束缚应该重新定位政府的角色；引入市场竞争机制，形成高等教育提供者的多元化；政府放权，赋予学校更多的办学自主权；突破官僚制的束缚，加快高等教育管理的民主化进程；建立政府、学校、社会之间的“对话”关系。[⑦] 张俊宗也认为，现代大学制度的“主题是促进大学与社会更加密切和稳定的联系，主要内容包括平衡大学与政府间关系、完善大学与社会间关系、规范大学与大学间关系和提高大学自身管理水平等”[⑧]。胡钦晓认为，“综观现代社会中各国大学制度发展的历程，从宏观层面来看，存在着若干特点，即学术自由的恢复和保障；政府宏观调控下的大学自治；市场调节机制作用下的大学办学多样性；大学制度模式移植过程中的借鉴与传承”[⑨]。叶信治认为，建立现代大学制度应考虑教育规律层面、

---

① 张斌贤：《现代大学制度的建立与完善》，载《国家教育行政学院学报》2005 年第 11 期。

② 王冀生：《现代大学制度的基本特征》，载《高教探索》2002 年第 1 期。

③ 袁贵仁：《建立现代大学制度，推进高教改革和发展》，载《光明日报》2000 年 2 月 23 日。

④ 毕宪顺：《建立现代大学制度是高校管理体制改革的目标》，载《山东师范大学学报（人文社科版）》2003 年第 4 期。

⑤ 康乃美：《“两个转换”是现代大学制度确立的关键》，载《现代大学教育》2001 年第 1 期。

⑥ 谈松华：《体制创新与高教改革》，载《中国高等教育》2002 年第 5 期。

⑦ 李江源：《论我国大学制度变迁的“路径依赖”》，载《高教探索》2004 年第 2 期。

⑧ 张俊宗：《现代大学制度——内涵、主题及主要内容》，载《江苏高教》2004 年第 4 期。

⑨ 胡钦晓：《现代大学制度发展的若干特点分析》，载《现代大学教育》2005 年第 3 期。

社会现实和未来发展趋势、原有大学制度（本国和他国）三个层面的问题。① 在微观意义上，王建平认为，现代大学制度的基本特质是“大学自治，学术自由，校长治校，教授治学”②。陈喜波、姜春林则认为现代大学制度“核心是在政府宏观调控下，大学面向社会，依法自主办学，实行民主管理的一种教育方式”③。李延保分析了现代大学的治理结构中的“管理体制”和“领导体制”。④ 毕宪顺研究了我国的大学法人制度。⑤ 白云伟等人提出了构建我国现代高等学校法人治理结构的设想。⑥ 张智等分析了现代大学制度的“治理结构”和“运行机制”问题。⑦ 张祖英等从大学法人治理原则和治理结构两方面探讨了现代大学制度的治理方式。⑧ 黎琳分析了现代大学制度建设中的权力制衡问题。⑨ 赵文华等认为校长的职业化是现代大学制度的重要组成部分，并从现代大学制度建设的角度研究了校长职业化的问题。⑩ 高磊、赵文华分析了当前我国现代大学制度建设中的以“院为实体”的制度变革。⑪ 许青云则认为：“要破除盲目照抄、套用现代企业制度的做法，盲目‘跟风’认识上的误区，坚持党委领导，正确行使党委的领导权；坚持校长负责，落实校长依法行政的执行权；坚持教授治教，完善教授的民主治教；坚持民主管理，加大师生办学参与权。”⑫

在理论探讨的同时，20 世纪 80 年代以来，我国一些大学对现代大学制

---

① 叶信治：《刚柔相济的现代大学制度浅议》，载《现代大学教育》2001 年第 1 期。

② 王建平：《本然与必然的追寻——论现代大学制度》，载《株洲师范高等专科学校学报》2005 年第 3 期。

③ 陈喜波、姜春林：《刍议现代大学制度的建构》，载《继续教育研究》2003 年第 2 期。

④ 李延保：《高校党委在建设现代大学制度中的地位与作用》，载《国家高级教育行政学院学报》2002 年第 2 期。

⑤ 毕宪顺：《建立现代大学制度是高校管理体制改革的目标》，载《山东师范大学学报（人文社科）》2003 年第 4 期。

⑥ 白云伟等：《关于构建现代大学制度的设想》，载《山西高等学校社会科学学报》2002 年第 2 期。

⑦ 张智、宗明华：《大学制度与大学理念》，载《昆明理工大学学报（社科版）》2003 年第 2 期。

⑧ 张祖英、许积年：《对建立我国现代大学制度的探讨》，载《清华大学学报（哲社版）》2002 年第 4 期。

⑨ 黎琳：《中国现代大学制度中的权力制衡问题》，载《现代大学教育》2001 年第 1 期。

⑩ 赵文华等：《论现代大学制度与大学校长职业化》，载《复旦教育论坛》2004 年第 3 期。

⑪ 高磊、赵文华：《深化“院为实体”改革，推进现代大学制度建设》，载《现代大学教育》2003 年第 5 期。

⑫ 许青云：《论现代大学制度创新》，载《河南师范大学学报（哲社版）》2005 年第 6 期。

度的一些方面也进行过一些尝试。深圳大学在20世纪80年代实行过"教授治学"改革，东北师范大学2002年在院、系一级进行过"教授委员会领导下的院长（系主任）负责制"试点。

2003年9月，云南财贸学院（现云南财经大学）被云南省委、省政府确定为教育改革试点高校。围绕"办好一所大学、探索一条路子"的改革目标，以投融资体制改革、深化内部改革、落实和扩大办学自主权为重点，云南财经大学在探索现代大学制度、多渠道筹集办学经费和多形式拓展办学空间、内部运行机制、队伍建设、扩大办学自主权五个方面进行了实践性探索，并首次从宏观、微观两个层面较为完整、系统地提出了我国现代大学制度的基本构架（简称"双层式"构架），即："宏观层面（学校与外部的关系）：政府宏观管理、市场适度调节、社会广泛参与、学校依法自主办学；微观层面（学校内部）：党委领导、校长负责、教授治学、民主管理。"①2005年6月，云南省委、省政府召开"改革试点工作现场会"，高度评价了学校的改革试点工作，认为"改革试点工作成效显著，给学校带来了大发展，为云南高等教育改革提供了可贵的经验"，《人民日报》《光明日报》《中国教育报》《中国青年报》《云南日报》等媒体多次报道了改革的做法和经验，《人民日报》社、《光明日报》社分别刊发了内参，《云南日报》以《努力探索高等教育改革新途径》和《贵在敢为人先》为题两次为专题报道配发了评论员文章。

2009年初，云南大学在认真准备的基础上，以学院制建设为切入点，展开了对现代大学制度的探索。经过三年的实践，学校的运行机制得到优化，各项工作得到推动，分步建立现代大学制度的探索取得良好成效。目前，云南大学改革正处于深入推进中。

三、研究思路、方法和内容结构

本项研究的基本思路，一是坚持以马列主义、毛泽东思想和中国特色社会主义理论体系为指导，正确认识大学制度的本质和形成、发展的规律。二是遵循教育规律、体现大学属性和尊重大学传统。教育规律包括外部规律和

---

① 刘绍怀：《关于我国现代大学制度的构架问题》，载《光明日报·理论与实践版》2005年5月7日，第3版。

内部规律。研究我国现代大学制度需要考虑外部和内部两个方面的运行问题;大学是以人才培养为中心,兼有教学、科研、社会服务及文化承传与创新等职能的学术性组织,其最重要的特征是学术性、自治性和社会性,研究我国现代大学制度,需要考虑大学的属性和功能;大学在历史发展中积淀了深厚的传统,如正确处理政府与学校、社会与学校的关系,倡导学术自由、学校自治、教授治学、民主管理等,研究我国现代大学制度需要吸纳各国大学制度传统内容中的积极部分。三是符合中国国情。世界大学制度变迁的历史告诉我们,不同国家的大学制度必然具有不同的国情特征。研究我国现代大学制度必须充分考虑当前我国政治、经济、文化方面的国情特点和《中华人民共和国高等教育法》等相关法律依据。四是广泛借鉴相关成果和理论。全面研读前人的成果,努力采众家之长,成一家之言。充分借鉴相关理论,从不同的角度研究同一问题,防止认识偏颇。五是具有可行性。研究现代大学制度是为了指导办学实践,必须坚持理论与实践相结合,研究为工作服务,增强成果的应用价值。

本研究主要采用了理论研究、文献研究、历史研究、比较研究、实证研究等方法。在理论方面,综合运用教育学、管理学、组织学、经济学、史学、哲学、社会学等学科的理论进行研究;在文献研究方面,对已有的研究现代大学制度的成果进行了全面的梳理、分析和借鉴;在历史研究和比较研究方面,主要通过对英、德、美、日大学制度和我国大学制度变迁的考察,比较国内外高等教育和大学制度建设发展中的共性和个性,总结其中的规律,得出对我国现代大学制度建设的启示;在实证研究方面,主要从云南财经大学和云南大学的教育改革实践中探讨和检验我国现代大学制度的建构问题。

本研究由八个部分组成。引论部分,主要探讨了研究现代大学制度的意义、对相关研究进行梳理和评述,介绍了本课题的研究思路、方法和内容结构。第一章,回顾了西方和中国大学的起源,大学概念的变迁和分歧,探讨了大学的功能、属性、职能,并讨论了大学制度及其内涵。第二章,分别探索了大学制度在英国、德国、美国、日本等四个国家的变迁,总结了大学制度在这些国家的主要特征和规律,提出了对我国构建现代大学制度的启示。第三章,回顾了我国现代大学制度的变迁,总结了我国现代大学制度建设的主要特征和规律,提出了对我国现阶段构建现代大学制度的启示。第四章,提出并论证了中国特色现代大学制度的“双层式”构架。第五章,介绍了云南财经大学对现代大学制度的探索实践。第六章,介绍了云南大学对现代大学制度的探索实践。第七章,探讨了推进中国特色现代大学制度建设的方法。

第一章
大学制度探源

大学制度产生于大学的建立并在大学发展中不断发展完善。探索大学制度之源,需要从探索大学之源开始。

第一节　大学的由来

大学是存在久远的社会组织之一。哈佛大学前校长洛韦尔说:"大学的存在时间超过了任何形式的政府、任何传统、法律的变革和科学思想,因为它满足了人们的永恒的需要。在人类的种种创造中,没有任何东西比大学更经受得住漫长的吞没一切的时间历程的考验。"①

一、西方大学的由来

(一) 欧洲早期的大学

考古发现,人类最早培养文士的学校于公元前 3000 年前后在两河流域马里城的皇宫附近出现。到公元前 2500 年前后,古埃及陆续出现了宫廷学校、寺庙学校和文士学校。公元前 600 年,古印度一些文化中心出现了大学,其中,著名的塔克撒西拉大学历经数百年之久。

古希腊时期,哲学家毕达哥拉斯首创"教团"——一种兼具政治、学术、教育和宗教性质的机构,他首次提出以"爱智者"(philosopher,即哲学家)代替"智慧者",并提倡把智慧作为生活的追求对象和目标。为了净化灵魂,毕达哥拉斯向往并追求智慧,这种"爱智精神"不仅引领了柏拉图、亚里士多德和伊壁鸠鲁学派等,而且深远地影响着其后的欧洲大学的发展。

---

① [美]引自约翰·布鲁贝克:《高等教育哲学》,王承绪、郑继伟、张维平等译,浙江教育出版社 1987 年版,第 27 页。

公元前387年左右,柏拉图在雅典城外一座用来纪念希腊英雄阿卡德谟斯(Academos)的花园里创办了一所学园,命名为“Academy”(或称柏拉图学园)。学园开设了算术、几何、天文以及声学等课程,直到公元529年拜占庭帝国的皇帝查士丁尼下令将其封闭。其在教育和学术上的辉煌成就,使它成为古希腊时期一所极富影响力的大学,成为当时的一个极为重要的学术中心。由此,英文“academy”的含义成为:旨在促进科学、艺术、文学等发展的学术机构。古代欧洲大学的开端即为古希腊学园。

罗马帝国时期的大学有一部分是培养医学、法律和建筑类专门人才的,但主要是传授拉丁文、修辞学。125年,罗马帝国皇帝哈德良在世界上第一次设立了大学教授职位。325年,君士坦丁将基督教定为国教,基督教成为罗马帝国统治人心的工具,此后,罗马帝国大学的教育中宗教性日益凸显。这一时期,基督教徒创办了亚历山大大学,主要问答高级教义,亚历山大大学成为当时最著名的大学。476年,西罗马帝国被日耳曼人摧毁,欧洲进入基督教神学占统治地位的中世纪。教会在中世纪早期掌握着欧洲的教育,除了举办学校、委派教师外,甚至还有很多神职人员担任教育家。西欧从5世纪末开启了法兰克王国的统治时期。法兰克人文化低下,作为基督教教父哲学的集大成者,奥古斯丁所提出的“无知者拥有天堂”的说教被上层贵族和神职人员深信不疑,从而导致学术领域一片荒芜。查理曼大帝即位后,于768年在法兰克王国掀起了“学术中兴”。隐修院学校是这时的高等学校的主要形式,基督教的修道主义盛行,教学内容主要是枯燥、烦琐的“教父哲学”和“经院哲学”,教育的目的是培养人们的服从(obedience)、贞洁(chastity)和清贫(poverty)的品质。在西欧,随着世俗封建势力的增长,在骑士的生活和社交活动中还出现了所谓的以虔敬上帝、宠媚贵妇、剽悍勇猛、忠君爱国为标准的“骑士教育”。所谓的骑士精神,实质上就是基督教义和日耳曼贵族野蛮性的混合产物。

西罗马帝国灭亡后,东方的拜占庭帝国继续存在了近千年。希腊、罗马的古典文化得到了较好的保护,从而使得拜占庭被公认为欧洲文化教育最为发达的国家。除了从古代直接传承下来的历史悠久的雅典学院外,高等学校中成绩最为显著、历史悠久、规模最大的则是君士坦丁堡大学,其创办于425年。11世纪中叶,君士坦丁堡大学被分为法律和哲学两个学院。

（二）中世纪大学

西欧市民社会随着社会经济、政治和文化的发展而初现端倪，10 至 11 世纪，与古代大学不同的新型大学（University）出现了。中世纪的大学最初是学生和教师为维护共同利益、挣脱既定的社会秩序，以创新思想和传授思想为目的的“教师与学生的组合”（Universias Magistrorum et Scholarium），具有行会（Universitas）性质。由此，这种学生和教师的从事高水平研究和学习的新型“组合”便被称为大学（University）。志趣相投的学者们（学生和老师）对知识的追求和对满足精神需求的向往便是当时建立大学的初衷。同时，大学的建立也有世俗的目的，就是为了“满足人口日益增长并且日益城市化的社会需要”①，并期望大学这种行会组织来保护学者们的所作所为。此时的大学分为两类，一类是国际性的探索普遍学问的机构（Studium Generale），另一类则是地区性的学馆（Studium Particulare）。来自不同地区的学生自发组成同乡会（Natione），他们选举出顾问（Consiliarius）；教师则组成教授会（Facultas）。

12 世纪，法国、英国和意大利均出现了中世纪最早的大学，其中极具代表性的、影响较大的是法国的巴黎大学，英国的牛津（Oxford）大学和剑桥（Cambridge）大学，以及意大利的波隆那（Bologna）大学和萨莱诺（Salerno）大学。由于过往的商旅络绎不绝，意大利北部商业枢纽波隆那吸引了众多著名的民法、罗马法、宗教法学者，成为法学研究中心，波隆那大学也以研究法学著称。萨莱诺大学是欧洲最早的医科大学，以研究医学著称，1231 年得到政府认可。巴黎大学由巴黎圣母院教堂学校发展而来，有文学、神学、法学、医学四个学院，鼎盛时期学生人数多达 5 万，在中世纪曾负盛名。波隆那大学是当时欧洲各地大学的样板，其与巴黎大学一起被称为中世纪的“母大学”。在它们的影响下，13 世纪至 14 世纪，先后有几十所大学在欧洲各国建立起来。在英国，12 世纪初，牛津已有了学校。牛津大学可能是由于 1167 年前后英国学生被拒绝进入巴黎大学才得以创建，并在 1168 年得到认可。以巴黎大学为榜样，牛津大学也设有神学、法学、医学、艺术等学院。1209 年，牛

---

① ［美］伯顿·克拉克主编：《高等教育新论——多学科的研究》，王承绪，徐辉、郑继伟等译，浙江教育出版社 1988 年版，第 26～27 页。

津大学部分老师和学生迁往剑桥，剑桥大学由此发端，并在随后的300年里建立起了一系列学院。借鉴巴黎大学和牛津大学的模式，1571年，剑桥大学正式将各学院合并成立大学。同剑桥大学一样，各学院也是自治的，它们合法地独立于大学而存在。学生只有在剑桥大学注册后，才能成为剑桥大学所属各学院的学生；而只有成为剑桥大学所属各学院的学生，才能成为剑桥大学的学生。

虽说中世纪各大学的课程并不完全一致，但大多设立的是文、神、法、医等“高深学问”，即超出一般的、需要学者独立解决的问题和只有学者才能理解的知识。中世纪大学最初目标是把自己建成“象牙塔”：一方面，大学表明自身执著与超然地追求对精神和知识的进步；另一方面，保护自身免受外界侵害，维护自己的权益，包括学者自由地发表言论、自主地管理大学事务等。为此，中世纪大学从教皇、皇帝和国王那里争取了一些特权，为保证学者们能够独立地、不受侵害地从事这种与“高深学问”有关的事业，学者被给予了团体自治的空间。大学有内部自治、自行迁校、免税免役、颁发毕业证的权利；大学教师有参政和罢教的权利；大学教授还在校内有诉讼裁判权等；剑桥、牛津、苏格兰、巴黎等大学的教授甚至还在国会中拥有固定的席位。这些特权是中世纪大学对研究“高深学问”的一种适应和保护，是避免宗教和世俗权力对正常教学和研究种种干涉的保障，同时也是中世纪大学能够存在与发展的必要条件。随着大学的发展，大学之门中逐渐步出了王室贵族、教皇主教及高级从业人员，大学的地位进一步提升，其在政治上及社会中拥有的特权和受到的优待更加巩固。彼时，大学自治的理念并不直接来源于社会的需求，而是来自大学的自我保护需求及其性质，甚至为了表明对精神和知识的执著与超然追求，大学有时甚至刻意以自治来抵御社会各方面的压力和诱惑。

即使如此，中世纪大学的自治并非不与社会发生任何联系，自治也离不开当时的社会而存在。实际上，自产生之日起，中世纪大学就与社会建立了稳定的、广泛的联系。大学基本目的是提升人的修养以及进行部分职业训练，以培养受过良好教育的社会需要的了解或研究神学、文艺、法律和医药等方面的人。纽曼认为，在中世纪“大学通过提供博雅教育训练人的智力，造就社会的绅士，它旨在提高社会的思想格调，提高公众的智力修养，纯洁国民的情趣，为大众的热情提供真正的原则，为大众的志向提供明确的目标，扩展时代的思想内容并使这种思想处于清醒的状态，推进政治权力的运用以及个人生活之间交往的文雅化”①。

中世纪的大学已有了一种实际上是教师任职资格证明的学位制度。当学生修完规定课程并考试合格，就可以得到教授（Professor）、博士（Doctor）或硕士（Master）学位。那时的博士和硕士并无学历程度上的本质差别。只不过博士考试公开进行，考中者仪式隆重地被主教赐予学位；硕士考试不公开进行。起初，学士（Bachelor）只是获得教授证书的候补资格的一种证明，后来的人们常以此为求学之限，获得学士资格后便不再进一步谋求正式的学位，学士于是才独立地成为一种低于硕士的学位。

在西方大学教育的发展史中，中世纪大学的贡献无疑是巨大的。这不仅表现在中世纪大学所形成的内在精神构成了西方大学教育传统的重要内容，而且表现在西方各大学长期沿用了中世纪大学的教学内容、教学方法、组织结构和学位制度。作为一种新型的教育机构，中世纪大学主要特点有：虽然其层次并没有比初等教育、中等教育更高，还称不上近代学制所规定的高等教育，但中世纪大学已有着高等教育的内涵，可当之无愧地成为近代欧美大学的前身；由老师和学生协议组合而成，有认可某项专业资格的权力，具有相对独立性；作为一种专业性的教学机构而存在；与教会学校相比，具有更鲜明的世俗色彩。同时，中世纪大学也存在一些与生俱来的局限。中世纪大学的基本教育内容是神学和古典人文学科，其重视的是知识的继承，而不是知识的创新。中世纪大学在教会的种种限制之下，更近乎于保存既有知识的仓库。

大学在自治的保护伞下一直发展到近代。在17世纪以后，大学发展从“黄金时代”走向“冰河期”。经过文艺复兴、宗教改革、17世纪的科学革命和18世纪的启蒙运动，人类的认识结构已经从根本上改变了。这一时期，大学作为研究高深学问的机构，的确显得有些名不副实。在大学外部，大学是否还能作为理解、掌握和研究最先进知识的机构，遭到了社会的质疑，社会对

---

① 殷企平：《纽曼大学观探微》，载陈学飞主编：《中国高等教育研究50年》，教育科学出版社2000年版，第1913页。

大学逐渐失去了信心和信任，大学面临着被抛弃或被其他机构所取代的生存危机；而在大学内部，人文主义蜕变成一种烦琐的经院哲学，并且逐渐占据统治地位，使大学变得僵化、保守，从而越来越不能满足社会现实的需求。“如果社会不能从原有机构中获得它需要的东西，它将导致其他机构的产生。”① 如英国的牛津大学和剑桥大学，其医学“已成了陈旧的理论科目，只有极少数虽然威望甚高但却毫无实际意义的医生团体研究它，而绝大多数看病治疗则由学徒出身的外科医生和药剂师来进行。留给大学的只有七艺和神学部，培养的只是少数为国家控制的、规模甚小的为教会服务的教士，他们大多不能在世俗政府任职”②。

社会需求和中世纪大学固有的局限性之间的矛盾日益尖锐，而缓和这一日益尖锐的矛盾的唯一途径就是积极面对、回应社会发展的新需求，“让它们在培养教区僧侣的同时培养一种新的世俗对象”③。从 17 世纪末到 18 世纪初，在人们理性地审视和思考下，大学教育改革在欧美各国先后长时间地进行着，近代大学逐步取代了中世纪大学。

（三）欧美近代大学

德国拉开了欧美近代大学发展的序幕。早在 1348 年，神圣罗马帝国④境内首次出现了大学——布拉格大学（今属捷克境内）。在中世纪大学创办的过程中德国起步较晚，然而其却在近代大学的发展中处于领先地位。德国大学开始进入近代的发展历程是以哈勒大学（1694 年）、哥廷根大学（1734 年）和埃尔兰根大学（1742 年）的相继建立为标志的。

德国近代大学以哥廷根大学为代表，其在大学的教学制度和职能方面有着明显不同于中世纪大学的特征。第一，大学教学内容的更新，一方面，哲学院从神学院中独立出来，法学、自然科学、政治学和历史学等课程的课时比重

---

① ［美］伯顿·克拉克主编：《高等教育新论——多学科的研究》，王承绪、徐辉、郑继伟等译，浙江教育出版社 2001 年版，第 32 页。

② ［美］伯顿·克拉克主编：《高等教育新论——多学科的研究》，王承绪、徐辉、郑继伟等译，浙江教育出版社 2001 年版，第 30 页。

③ ［美］伯顿·克拉克主编：《高等教育新论——多学科的研究》，王承绪、徐辉、郑继伟等译，浙江教育出版 1988 年版，第 30 页。

④ 神圣罗马帝国由德意志国王鄂图一世建立（962 年），其疆域除德意志本土外，还曾包括意大利北部和中部、捷克、尼德兰、瑞士、奥地利等。

增加;另一方面也继承了原有大学的教学内容。第二,大学职能的扩展,不再是培养神职人员和教师,而是将重点放在培养世俗国家的绅士和官吏。第三,大学的性质发生变化,学术探索与教学相结合,不再单一的侧重于传授既有的古典知识,而是转向自由研究。F. 鲍尔生认为:“18 世纪德国大学的变化主要表现,一是以基于自然科学的现代哲学取代亚里士多德的烦琐哲学;二是以自由研究取代僵化生硬的教学;三是以系统的知识传授取代经典范本的讲解;四是以研讨班取代辩论;五是以德语取代拉丁语。”①

拿破仑 1806 年打败普鲁士,占领了大片的土地,这其中就包括了哈勒大学的所在地。哈勒大学的教授们向腓特烈·威廉三世呼吁在其他地方重建大学。威廉三世表示:“国家在物力上的损失,必须以精神的力量来重新获得。”②洪堡(Wilhelm Von Humboldt)被委任全面负责普鲁士教育制度的改革,从而创办了柏林大学。1810 年,柏林大学(今称洪堡大学)创立,19 世纪德国大学发展的新趋势得以展现。

19 世纪初期,谢林、费希特和施莱尔马赫等人大力倡导“以新的原则创办新的大学”。在 1809 年,普鲁士内政部文化与公共教育司司长洪堡在柏林大学的改革中将他的系统的大学发展理念付诸实施。他认为:发现知识是大学的核心,而对科学的探求则是大学的任务之一,大学应该为发展科学做出自己的贡献;学生和教师作为研究者,应当共同努力,在实验室里、课堂中发现知识、创造知识。当然,他所指的科学其实仅仅是一种精神活动,是“纯粹科学”。应该给予学者充分的学术自由以适应科学活动本身的特殊性,于是,大学也应该有摆脱经济和政治干扰的相对的独立性。这是学者和大学从事科学研究的前提,并非表示大学可以放弃自己应该承担的责任;这也不意味着大学可以独立存在于国家的管制之外,而意味着国家必须采取措施防止各种弊病对大学的健全发展的侵害,并提供对大学的全力支持。引领柏林大学的办学理念是“教学与研究相统一”、“学术自由”和“大学自治”等,这些理念与早期中世纪大学的理念生成的自然性大学和建立的自发性有很大不同。由此,19 世纪也被作为经典大学理念的形成时期。

---

① [德]弗利德里希·鲍尔生:《德国教育史》,滕大春、滕大生译,人民教育出版社 1985 年版,第 49 页。

② 周志宏:《学术自由与大学法》,(台湾)蔚理法律出版社 1989 年版,第 15 页。

柏林大学在洪堡教育理念的指导下确立了学术自由的基本指导思想:允许不同的学术思想存在和传播,学术研究领域的事务由大学自行决定,鼓励教师和学生自由地探索真理;把对真理的探索和对知识的批判作为学生和教师的主要使命,哲学教育的地位进一步加强;大学以科学研究为主要职责,并将研究所建立在以研讨班确立的教学形式的基础上。柏林大学的一系列举措促进了高等教育发展新模式的确立:即大学不仅是教学机构,还是科学研究机构,是科学研究与教学的共同体,是发现知识、产生知识的机构,这种新模式的确立,标志着真正意义上的近代大学的创立。应该说,19 世纪世界上最富有生命力的新型教育机构之一是德国大学。而那个时代,英国牛津大学、剑桥大学的古典主义传统还牢固得难以动摇,法国巴黎大学也陈陈相因。英、法的新大学羽翼未丰、受旧派压抑。19 世纪中叶以后,柏林大学的办学模式和发展方式,深深地影响了欧洲其他国家和美国、日本、中国等国的大学教育。

法国大学的近代发展也以法国大革命为开端,逐渐蓬勃起来。1791 年至 1793 年,包括巴黎大学在内的法国 27 所大学被关闭,法国大学近代化进程在一个全新的起点上开始了。

1806 年以后,拿破仑通过建立帝国大学制对高等教育进行改造。强调教育由国家举办、为国家服务和为社会发展服务。20 世纪 60 年代,《富尔法案》被法国议会通过,这则法案确定了高等教育“民主参与”、“多科性结构”和“大学自治”的三条指导原则;同时该法案明文规定了高等教育的任务,即“大学必须适应工业和技术革命所要求的民主化进程”,大学必须“发展与传播知识,促进科学研究和培养人才”。经过多年变革,形成了法国独特的以政府集权式管理和综合性大学、专业性大学并行发展的高等教育体制。

英国古典大学则施行渐进式的变革。16 世纪前期,由于托马斯·克伦威尔对大学的改革,英国大学的职能从主要培养神职人员转变为主要培养绅士。为适应近代科学和哲学的发展,剑桥大学、牛津大学增设微积分、静力学、光学等近代自然科学课程,并先后设立了有关讲座,讲授霍布斯、笛卡儿等人的哲学。18、19 世纪英国大学教育发展的重要内容变为:不断更新教育内容,不断吸收新知识。但直到 19 世纪末 20 世纪初,牛津大学和剑桥大学仍未完全摆脱古典大学的模式。伦敦大学创办于 1826 年,其后城市大学兴起,英国大学教育才真正具有近代意义的变化。19 世纪中叶以后英国建立的一批城市学院,如纽卡斯尔大学、曼彻斯特大学、诺丁汉大学、伯明翰大学等,都发展成为当今的著名高校。

美国的近代大学发展大致可分为三个阶段。首先是殖民地大学的初创时期。1636 年,在一批毕业于英国牛津大学后移居北美的清教徒的倡导下,建立了坎布里奇学院,1639 年为纪念给学院捐款的约翰·哈佛,学院更名为哈佛学院。半个多世纪后,在英属北美殖民地共成立了 9 所学院。这些由教会开办的学院,均致力于培养加尔文教派的年青绅士和传教士,以神学和古典人文学科作为教学内容,几乎完全是对宗主国英国大学(牛津大学、剑桥大学)模式的移植,被教育史学家称为“设在海外的英国学校”。其次是美国建国后大学教育的多样化时期。那时,州立大学刚刚问世。弗吉尼亚州于 1776 年在州宪法中规定开设州立大学,1818 年,弗吉尼亚州为建立大学制定了法令。终于,弗吉尼亚州于 1819 年建成了州立大学。而北卡罗来纳州则于 1795 年正式成立州立大学。到 1860 年,美国已有 182 所高校(其中州立大学 66 所)。由此,美国公立高等教育的传统拉开了序幕。州立大学蓬勃发展,1802 年西点军校创建,它也是美国的第一所工程技术学院。此后,美国相继成立了一大批独立的专业技术学院,并获得了一个美称——“学院之国”。最后是南北战争后的大学教育转型时期。1862 年,美国国会颁布了“赠地法”。“赠地法”明确规定,凡有国会议员 1 人的州,联邦政府向其拨地 3 万英亩,而这批赠与的土地的收益则用于开办和维持农业学院和工业学院。因此,工业、农业学院获得迅速发展,出现了许多著名大学,如 1865 年创立的麻省理工学院和 1868 年创立的被称为“美国农业教育的金矿”的康奈尔大学。19 世纪末的美国共有 69 所农业学院和工业学院,这些学院不仅促进了大学职能的转变,而且推动了美国各州的农业和工业的发展,大学教育与社会生活的联系更加紧密,大学教育本身也更加开放和民主。此前的 1815 年至 1915 年的 100 年间,美国约有 1 万人到德国留学,带回了德国的学术成果和大学理念。1876 年,美国建立了约翰·霍普金斯大学,它被称为“巴尔的摩的柏林大学”和美国现代意义大学的开端。约翰·霍普金斯大学以培养研究生为大学的职责,同时强调学术研究,实行研讨班制、选科制和讲座制,通过研究生院把教学与科研结合起来,成为后来居上的学术型大学典范。

此后，耶鲁大学、哈佛大学以及哥伦比亚大学也纷纷改革，转变为近代大学。1904年，在美国威斯康星州州长拉福莱特的大力支持下，威斯康星大学校长范·海斯提出"威斯康星计划"，该计划的核心内容是高等学校要主动地承担起为社会服务的职能。美国高等教育又向前迈出了重要的一步。同时，这一步也深深地影响了世界各国的高等教育，使世界公认的大学职能从教学、科研发展为教学、科研和社会服务。

二、中国大学的由来

（一）中国早期的大学

中国古代的大学与西方古典大学差异很大。中国古代的大学大体上分为：书院、私学、中央专科学校、中央官学四种形式。隋唐建立科举制度后，科举考试成为各种大学人才培养的选拔模式。

"大学"一词，在中国很早就出现了。在殷商甲骨卜辞中已有"大学"的记载。① 中国远古时期最早的学校，有"五帝"时期传说之中的"成均之学"②、"虞庠之学"③。到了约公元前21世纪建立的夏朝，适应统治者"建国君民"、"化民成俗"④需要，"庠"、"序"、"校"等学校即已出现；到了商代，又出现了"学"和"瞽宗"等新的学校形式。⑤

集前代之大成的西周形成了初步的学制体系。那时的学校分为乡学（地方官学）和国学（中央官学）。国学又包括小学和大学。大学主要是周天子所设立的"辟雍"，另外还有诸侯设立的"泮宫"。五学之制，已具分科设教的雏形。辟雍设立在都城，辟雍居中，称"太学"，四周环水；北为上庠，南为成均，西为瞽宗，东为东序。五学中又以"辟雍"为尊，因此，西周天子所设立的大学被统称为"辟雍"。此外，大学还称为学宫、明堂，明堂为"大教之

---

① 宋镇豪：《从甲骨文考述商代的学校教育》，载王守信、宋镇豪、孟宪武主编：《2004年安阳殷商文明国际学术研讨会论文集》，社会科学文献出版社2004年版，第7页。

② 《周礼·春官·大司乐》："大司乐掌成均之法，以治建国之学政，而合国之子弟焉。"

③ 《孟子》："设庠序学校以教之。庠者，养也；校者，教也；序者，射也。夏曰校，殷曰序，周曰庠。学则三代共之，皆所以明人伦也。"

④ 《礼记·学记》。

⑤ 《礼记·明堂位》："瞽宗，殷学也。"

宫”①,即大学所在地。西周天子所设的大学有典籍记载,还有金文可证。

《礼记·学记》记载,国学所收皆为上层贵族子弟,其学制为小学七年、大学九年。《尚书大传》记载:“公卿大夫元士的嫡子为十三入小学,二十入大学。国学的教育包括德(六德:知、仁、圣、义、忠、和)、行(六行:孝、友、睦、姻、任、恤)、仪(六仪:祭祀之容、宾客之容、朝廷之容、丧纪之容、军旅之容、车马之容)、艺(六艺:礼、乐、射、御、书、数)四个方面。……大学教育的目标是‘明人伦’。”

西周大学的特点是“学在官府”,即政教不分、官师不分。在西周,即使身为最高统治者,也十分尊重教师。《礼记·学记》中有云:“是故君之所不臣于其臣者二”,这二者之一就是“当其为师,则弗臣也”。齐桓公称管仲为“仲父”;武王以师礼待吕尚,称其“尚父”,均表明其“以父道承之”。教师受到尊重,也要求教师本身具有高尚的道德和知识“修养”,以为学生之表率。②

(二)封建时代的大学

1. 私学的兴起

到了春秋战国时期,中国社会发生剧烈变革,中国社会开始向封建时代过渡。这一时期突出特点是王权失坠、诸侯并起,周天子名存实亡。相应地,学术垄断被打破,诸子百家之学渐渐强过官府垄断之学。“士”阶层的崛起导致了官学的没落和私学的兴盛,出现“天子失官,学在四夷”③的情况。私学作为一种全新的教育制度,为中国教育史开辟了新纪元。

孔子被认为是中国私学的首创者。在教育程度上,私学有经师讲学(相当于大学)和蒙养教学(相当于小学和中学)两级;在教育形式上,私学分为师授和家传两类。《史记·孔子世家》载:“子以诗、书、礼、乐教弟子,盖三千焉,身通六艺者七十有二人。”私学促使了官师分离、政教分离,教师收徒讲学,很大程度上使政治统治者对文化和知识的垄断被打破,教师以一种专门的职业形态存在;在私学对学术的独立追求下,不同的学派应运而生,从而促进了学术以及文化的繁荣,为“百家争鸣”局面的出现奠定了基础。兴起于春秋战国时期的私学凭借其强大的生命力,自产生之日起至其后的两千多年

① 〔清〕惠栋:《明堂大道录》。

② 《周礼·春官·大司乐》:“凡有道者,有德者使教焉。”

③ 《左传·昭公十七年》。

里，从未间断，有着深刻的历史意义。

两汉时期，官学与私学并存。经师讲学之风在私学盛起，使得私学的学生人数甚至远超太学。两汉的私学聚集了不少大师级人物，最著名的有马融、李膺、郑玄等，其弟子常有“数百千人”①。私学弟子分两种：一种是“及门弟子”，即为接受师教亲赴门下，由于人数众多，常常由高业弟子传授他们知识；另一种则是“著录弟子”，他们的姓名录于私学的门生之列，但不必亲自来受业，由于不受场地限制，著录弟子时常能多至万人。道、玄、佛、儒四家私学在魏晋南北朝时期竞相争雄，名师辈出，学术也呈现出繁荣景象。唐宋时期的官学十分强盛，科举制也日益完善，私学在那时不像两汉时期那样繁盛。元明清时期，许多学者和学派在官学、私学与书院同时施教，从而使得私人讲学得以继续繁荣发展。明清时期的早期启蒙思想家黄宗羲、顾炎武和王夫之等人，不愿任教于官学或官学化的书院，他们主张经世致用，以救国仁民为旨，一边讲学授徒，一边著书立说。

2. 官学的发展

春秋战国时期，我国兴起公室养士制度，后来逐渐转型为官学。齐桓公创立的稷下学宫是最为著名的公室，其盛行于齐宣王时期，当时稷下学宫的学士达“数百千人”。稷下学宫虽然是官办学校，且师生“皆赐列第为上大夫”②，但却与“学在官府”不同，只进行学术活动，是“不治而议论”③。作为一种高等学府，稷下学宫的教学内容不受拘束，学者各授其所长，争鸣交流，学术氛围十分活跃。著名学者如荀子、孟子、淳于髡、慎到、邹衍等，都曾亲率弟子游学稷下。而稷下学宫的教学与学术探讨相结合的方法、百家争鸣的学风、学官议政的传统等，都深深影响着后世封建官学的确立与发展。

秦代实行“以吏为师”、“以法为教”④，使学校教育的发展受到很大的局限。经过“休养生息”制度之后，西汉的经济和社会都获得了新的发展，官学制正式被汉武帝确立起来。汉代的官学也分为中央和地方两类。地方官学大多是中小学性质，中央官学则设大学（称“太学”）、贵族学校和文艺专科学

① 《史记·田敬仲完世家》。
② 《史记·田敬仲完世家》。
③ 《史记·田敬仲完世家》。
④ 《韩非子·五蠹》。

校。汉武帝创立的太学是以传授知识、研究学问为主要任务的最高学府,是中国严格意义上大学的开始。太学的教学形式为高年级辅导低年级和大班讲课相结合,大班课程皆由名流教授。太学的学生初称"博士弟子",后简称"诸生"或"太学生",教师称"博士",教学内容主要是儒家经典。博士传经则遵守"家法"或"师法"的规定,"家法"重立说,分门派;"师法"重传授,明本源。太学提倡问难论辩,鼓励自由研讨,坚持以自修为主。晋代,除了太学,又出现了专为士族子弟设立的大学——国子学。隋初,立国子寺为专门管理教育的行政部门。

唐代官办大学达到了一个新的高度,专门设立了教育行政机构——国子监,当时的学校仍被分为地方和中央两级。唐代有专修儒经的高等学府——太学、崇文馆、弘文馆、四门学和国子学,也有专科大学——书学、算学、医学和律学。宋元明清各代逐步放宽了官办大学的入学资格,可以以钱捐买国子监生的身份与资格(即所谓例监、捐监或贡监),学生人数也因此大大增加,如国子监生人数在明代永乐二十年(1422 年)达到 9 900 余人,超过以前各代的人数。官办大学类型更加丰富,如宋代新设了武学和画学;元代增设了蒙古国子学、回回国子学;清代则新增了俄罗斯学馆;等等。中央官学制也随着封建制度的日益腐朽而逐渐衰败,国子监和太学等官办大学逐渐沦为科举制的附属品,完全丧失了其应有的生机。

3. 书院制度

随着中央官学的逐渐腐朽,作为中国封建社会特有的高等教育形式的书院逐渐兴起。若问起书院的起源,可追溯至东汉时期带有蒙学性质的"精舍"或"精庐"。"书院"之名源于唐,分为官办和私设两种。私设的书院如梧桐书院、松州书院,以收徒讲学为辅,而以创办者个人治学读书为主;官办书院如集贤书院、丽正书院,以校勘和收藏典籍为主,"为修书之地,非士子肄业之所"①。直至五代末,才真正出现了以聚徒讲学为主要目的的书院。书院制度渐趋完备是在北宋初年,而至清末书院则改为学堂,至此,书院制度在我国历史上持续了千年。

北宋时期出现了著名的"四大书院"——岳麓书院、白鹿洞书院、应天府

① 〔清〕袁枚:《随心随笔》。

书院和石鼓书院,书院在此时可谓发展蓬勃。南宋时期,书院的发展也十分旺盛。当时的书院成为主要的教育机构,其数量之多、规模之大,皆可谓空前,几乎取代了官学。书院重视治学读书,提倡质疑问难,并在一定程度上支配和影响着当时的知识界和社会的风气。由于科举制度日益衰败,许多著名学者放弃官学,转而投身于书院讲学,众多有志于学的学子被书院吸引。南宋著名理学家朱熹先生曾先后主持修复了白鹿洞书院以及岳麓书院,朱熹先生拟定的《白鹿洞书院学规》被后世书院作为榜样。元代的书院的管理和讲学水平较低,但总数达到了 227 所。明代,书院由衰败转向兴盛,嘉靖年间(1522—1566 年)书院达到最盛,总计有 1 200 多所。著名的心学大师王守仁先生在长达 20 年之久的时间中,投身贵阳书院、龙冈书院、稽山书院、濂溪书院和敷文书院讲学,为书院的发展做出了极大的贡献。顾宪成和高攀龙先后任主事的无锡东林书院是明末影响最大的书院,"远近名贤,同声相应,天下学者,咸以东林为归"①。顾宪成为东林书院题写的对联:"风声雨声读书声声声入耳,家事国事天下事事事关心",反映了东林书院师生致力裁量人物、讽议朝政,积极参加社会政治活动的特点。因此,东林书院不仅成为当时的思想舆论和政治活动的中心,而且成了当时的教育和学术中心。

清代初期对书院采取抑制的方针,后又在严格监控下积极促进书院的发展。最盛时期,清代的书院数量达 2 000 多所。但清代的书院没有独立性与自主权,其与官学几无差别。清代的书院大致分为四类:第一类以考课为主,即最普遍的书院类型,类似科举之预备场所;第二类是学习经史,兼修自然科学与工商诸科,这类书院可以看做是近代新式学堂的前身;第三类是继承明代书院遗风,主要教授理学;第四类是以博习经史辞章为主。近代自然科学和西方工业文明传播至中国,预示着中国的封建社会教育制度的瓦解,中国封建时代的大学教育在完成了它的历史使命之后,面临着新的历史改造。

(三)中国近代大学

中国近代大学是在内忧外患中艰难起步的。在侵略者坚船利炮的攻击和各方面的步步紧逼之下,一部分官僚开始推行以学习西方科学技术为主要内容的"自强新政",史称"洋务运动"。洋务派先后创办了 30 多所新式学

---

① 《金匮县志》。

堂，主要分为三类：一类是科技学堂，具有代表性的是1880年开设的天津电报学堂；二类是军事（“武备”）学堂，具有代表性的是1866年设立的福建船政学堂，军事学堂几乎占所有新式学堂的一半；三类是外国语（“方言”）学堂，具有代表性的是1862年创办的京师同文馆。

洋务学堂以“西艺”、“西学”为主要教学内容，从事专门教育，而不以科举应试为目的。它不是中国原有高等教育自发演化的结果，而是直接从外国移植而来的。只存在了短短30多年便夭折的洋务学堂顺应了“西学东渐”的潮流和西方近代大学教育的发展趋势。中日甲午战争的失败宣告了洋务运动的衰败，洋务学堂也岌岌可危。梁启超分析了洋务学堂失败的原因，主要有三点：“一曰科举之制不改，就学乏才也；二曰师范学堂不立，教习非人也；三曰专门之业不分，致精无自也。”①这也正是清末教育走向衰败的通病。

京师大学堂是近代中国科举与学校、旧学与新学、“中学”与“西学”之间冲突和矛盾的产物。1896年起，清政府的一些官员多次奏请设立京师大学堂，可惜均未果。1898年，在戊戌变法期间，康有为奏请光绪皇帝“远法德国，近采日本，以定学制……京师议立大学堂数年矣，宜督促早成之”②。1898年7月，清政府准许设立京师大学堂，并草定《京师大学堂章程》，同时决定由梁启超“略取日本学规，参以本国情形”。1898年12月30日，京师大学堂的师范馆正式开学。1904年清政府颁布的《奏定学堂章程》（癸卯学制）规定：京师大学堂务必八科齐全，包括经学科、政法科、文学科、医科、格致科、农科、工科、商科。京师大学堂是近代我国第一所国立大学。

在京师大学堂设立期间，仍有一批官办高等学校具备近代大学雏形，如：1895年创立的天津中西学堂，其于1903年改名为北洋大学堂，又于1951年组建为天津大学；1896年创立的四川中西学堂，即后来的四川大学；1896年创立的南洋公学，其于1920年改名为交通大学；1902年，太原令德堂书院改名为山西大学堂，即现在的山西大学。还有两所私立大学称得上清末的高等学校——中国公学和复旦公学。各省设立的各专门学堂有127所，如焦作路矿学堂等，高等学堂有27所，另有若干所教会大学。这些大学的设立成为中

---

① 梁启超：《学校总论》，载《梁启超全集》（第一册），北京出版社1999年版，第20页。

② 康有为：《请开学校折（1897）》，载陈学恂主编：《中国近代教育文选》，人民教育出版社1983年版，第109页。

国近代大学的开端。

蔡元培于辛亥革命后就任教育总长，他对清末的封建教育制度进行了一系列的、有针对性的重要改革。他主持起草的《大学令》中明确规定了大学的教育宗旨——“教授高深学问，养成硕学闳材，应国家需要”。1912 年 5 月，京师大学堂正式更名为北京大学。1916 年 12 月，蔡元培正式担任北京大学的校长。参照德国的大学制度，蔡元培以“思想自由，兼容并包”治校，北京大学一时名师云集、生机勃勃，其办学理念和运行机制开中国近代高等教育之先河。

民国时期，我国的高校进一步发展。20 世纪 20 年代初，以效仿美国教育制度为主要内容的学制改革在新文化运动的影响下兴起，近代大学教育制度和模式进一步定型。到 1949 年，全国共有高校 205 所，其中公立学校 124 所，私立学校 60 所，教会办的学校 21 所，我国近代大学的基本格局形成。

（四）新中国的大学

随着新中国的成立，我国高等教育也进入了历史发展的新阶段。旧中国的高校由人民政府接管。为了学习苏联经验，进行了院系调整、课程和学制改革，并新建了一批高等学校。经过调整后，1953 年全国的高等学校有 182 所，其中，工科院校 38 所，农林院校 29 所，师范院校 31 所，医药院校 29 所，综合大学 14 所，少数民族院校、财经、政法、体育、语言及艺术等院校 41 所，由此奠定了当代中国高等教育的总体格局。1957 年到 1960 年的 4 年时间里，我国高等学校从 229 所猛增到 1 289 所。经过 3 年调整，到 1963 年时，我国高等学校数量又压缩为 407 所，其中本科院校以 359 所的数量占绝大多数。而“文化大革命”时期，我国高等教育事业遭到严重的破坏，大学曾一度停办。

改革开放后，全国高等教育事业逐渐恢复，并健康快速地发展起来。到 2011 年 5 月，全国各类高等学校已达 2 455 所，其中，普通高等学校（不含独立学院）2 101 所，成人高等学校 354 所。

第二节 大学的属性、功能和职能

大学制度是大学理念、功能和职能的载体，大学的内涵、属性、功能和职能是大学制度安排的依据。研究大学制度,必须了解大学的内涵、属性、功能和职能。

一、大学释义

(一) 大学的定义

《简明不列颠百科全书》是这样定义大学的:"大学是高等学府,通常包括文理学院、研究生院和专业学院,并有权授予各个学科领域的学位。"①在中国,大学这个词有广义和狭义之分。广义的大学泛指所有从事高等教育的学校,狭义的大学特指高等学校种类之一。如《中华人民共和国高等教育法》规定:"本法所称高等学校是指大学,独立设置的学院和高等专科学校,其中包括高等职业学校和成人教育学校。""大学,独立设置的学院主要实施本科及本科以上教育。"但是,由于大学发展的动态性、人们认识的多样性和国情时事的差异性,不同国家、不同时期、不同学者对大学的定义是不完全相同的,甚至是完全不相同的。正如英国著名学者哈罗德·珀金(Harold Perkin)所说,"大学"是一个随时空变化而变化的、动态发展的概念,大学"也像其他社会机构一样,从不同的角度——政治的、经济的、组织的、社会结构的、文化的、科学的或政策的角度——去看很不相同"。"一个人如果不理解过去不同时代和地点存在的不同的大学概念,他就不能真正理解大学。"②

对定义大学,有两种代表性的做法。一种是反映"应然",即"大学应是什么"的大学定义。如哈罗德·珀金就认为,"大学"定义包含了人们看待大学的价值取向。因为,"过去的希望、抱负和价值观与现代大学概念紧紧结合在一起"③。由于人们所持的价值取向不同,在识别大学的本质特征、基本属性及形成大学的价值要求等方面也就不同。西蒙·施瓦兹曼(Simon Schwartzman)关于"大学是追求知识的学者的团体"④,纽曼关于"大学是一

---

① 《简明不列颠百科全书》(第二卷),中国大百科全书出版社 1985 年版,第 408 页。

② [美]伯顿·克拉克主编:《高等教育新论——多学科的研究》,王承绪、徐辉、郑继伟等译,浙江教育出版社 1988 年版,第 44～45 页。

③ [美]伯顿·克拉克主编:《高等教育新论——多学科的研究》,王承绪、徐辉、郑继伟等译,浙江教育出版社 1988 年版,第 45 页。

④ [美]伯顿·克拉克主编:《高等教育新论——多学科的研究》,王承绪、徐辉、郑继伟等译,浙江教育出版社 1988 年版,第 234 页。

个传授知识的场所”[1]等就是这样定义大学的。另一种是只对“实然”进行概括，即“大学是什么”的定义。根据“种类加最邻近属”的定义方法，大学被定义为，是实施高等教育的社会组织，即大学是一种“社会组织”(最近邻属)，是一种“实施高等教育的”(种差)的社会组织。大学是实施高等教育的社会组织的定义，是一种既能反映大学本质属性，又能概括不同时空背景下大学共同特征，更具一般意义的定义。基于“大学是实施高等教育的社会组织”的定义，并依据国外大学设置的一般特点和我国《普通高等学校设置暂行条例》，有的学者把“大学”表述为“实施本科及本科以上学历教育的综合性或多科性普通高等学校”[2]。当然，这一定义指的是冠名“大学”的高等学校，没有包括独立设置的学院、高等专科学校和高等职业学校。

(二) 大学内涵的阐述和变迁

人们对大学内涵的认识，随着时空变化和大学自身的发展，异彩纷呈。主要包含以下几种。

1. 大学是学者的社团

大学产生于中世纪，其产生之初便是一个由学者组成的具有行会性质的社团。“按‘大学’一词的原意，只不过是为了互助和自我保护的目的，仿照手艺人行会(gild)的方式组成的教师或学生的团体(或协会)。”[3]中世纪时，“学者的社团”起初是指由研究、探讨学术的教师和学生共同或分别形成的组合。通过这种组合或社团，学者们可以共同切磋学问、互助和保护自身利益、设置行业标准。

中世纪以后，“大学是学者的社团”的定义得到了较为广泛的认可。19世纪德国教育家洪堡创建柏林大学的初衷，不再是组织一个一般意义上的学校或一般意义上的教师和学生的联合体，而是一个能够从全欧洲吸收有志于探索高深学问的学者，由“独立的研究者”(教授)和“受到指导的研究者”(学生)组成的社团，而“教师的事业有赖于学生的参加，否则就难以有所成就。即使学生没有主动汇集于教师周围，教师也会去寻找学生；教师虽训练

---

① ［英］亨利·纽曼：《大学的理想》，载任钟印主编：《世界教育名著通览》，湖北教育出版社 1994 年版，第 790 页。

② 眭依凡：《关于大学组织特性的理性思考》，载《高等教育研究》2000 年第 4 期。

③ ［英］博伊德、［英］金：《西方教育史》，任宝祥、吴元训译，人民教育出版社 1989 年版，第 137 页。

有素，但也因此易于失之偏颇和缺少活力，而学生固然不甚成熟，但较少成见，勇于探索，教师要实现其目标，就必须结合这两者"①。

在20世纪60年代，德国教育家雅斯贝尔斯（Karl Jaspers）认为"大学是一个由学者和学生共同组成的追求真理的社团"②。社会需要并期待在大学的范围之内展开没有偏见的独立且纯粹的科研，获得新知并探索真理。大学是社会诉求的机构，它团结了以探索和传播真理及科学为职业和追求的人，共同追求真理。

美国教育家赫钦斯也指出："大学是人格完整的象征，保存文明的机构，和探求学术的社会（community，即社团的香港译法）。"③"优游于其中的学者，可做思想与知识上的交流，从讨论中探寻真理，从研究中获得新知，不仅能保留文化精华，而且创造新文明，成为一'智者之家'（the home of the intellect），孕育成一方才智的领导者，形成新时代的思想新形态，领导社会、国家与人类迈向新境界。"④赫钦斯进一步希望把现代科技进步带来的便利与传统的大学理想结合起来，创建"一个世界性的学术社会，它的教授可以四海为家，可以视其工作上的便利，随意前往任何地点工作，世界是间没有围墙的大学，大学教师可以在任何便利的地方集会，他们关心的是学科，不必是学校"⑤。

1962年，保罗·古德曼（Paul Goodman）的著作《学者的社团》（The Community of Scholars）正式出版。在书中，他把150个学生与几位教师一起自由地讨论学术问题确定为"学者的社团"的理想模式。⑥

2. 大学是探索和传播普遍学问的场所

大学在中世纪产生。那时大学的正式称呼是——探索普遍学问的机构。最开始时，一所学校要被称为大学，意味着这所学校必须设立文科，并拥有医

① [德]威廉·冯·洪堡：《论柏林高等学术机构的内部和外部组织》，载《高等教育论坛》1987年第1期。

② Karl Jaspers, *The Idea of the University*, Peter Owen Ltd., 1965, p. 19.

③ [美]R. M. 赫钦思：《教育现势与前瞻》，姚柏春译，（香港）今日世界出版社1976年版，第110页。

④ "国立"台湾师范大学教育研究所：《西洋教育思想》，（台湾）伟文图书出版社有限公司1979年版，第916页。

⑤ [美]R. M. 赫钦思：《教育现势与前瞻》，姚柏春译，（香港）今日世界出版社1976年版，第109页。

⑥ Clark Kerr, *The Great Transformation in Higher Education*, State University of New York Press, 1991, p. 52.

科、法科及神科这三种高级学科中的一种。不久之后,大学的学科设置就包括了这四个当时可以称得上是高深学问的学科,并以此区别于探索某一方面学问的"学馆"。

"大学是探索普遍学问的场所"也成为后世的大学理想。纽曼曾指出:"如果要用简短而又通俗的语言来阐明'大学是什么?'可以用一句古语来表达,就是'大学是探索普遍学问的场所'(a studium generale, or school of universal learning)。"①"大学是所有知识和智力发展的王国,应吸纳人类所有艺术、科学、历史和哲学方面的知识,并使其适得其所。"②

赫胥黎也认为"理想的大学应该是个学术思想不受任何束缚的地方,是个能使所有的入学者获得所有的知识和掌握所有的学习工具的地方,而不管这个人的信仰、国籍和贫富如何……大学,指的是一个有关普遍事物知识的团体。"③

1865年,伊兹拉·康奈尔提出"我将创办一所任何人在任何学科都能获得教学的机构"④,这句话至今仍是康奈尔大学的办学宗旨。

雅斯贝尔斯认为:"每一个时代的大学都必须满足实用职业的要求,从这一角度看,它和古老的实用学校是一样的,但是大学却带来了一个崭新的观念,那就是把实用知识收纳在整体的知识范围之内。"⑤因此,大学"对知识的探索无所不包,凡是世界上的知识,都应纳入大学的范围,成为学习的目标"⑥。

3. 大学是探索和传播高深学问的机构

N. M. 普西在《学者的时代》一书中指出:"每一个较大规模的现代社会,无论它的政治、经济或宗教制度是什么类型的,都需要建立一个机构来传递深奥的知识,分析、批判现存的知识,并探索新的学问领域。换言之,凡是需

---

① John Henry Cardinal Newman, *The Idea of a University: Defined and Illustrated*, Loyola University Press, 1987, p. 464.

② John Henry Cardinal Newman, *The Idea of a University: Defined and Illustrated*, Loyola University Press, 1987, p. 437.

③ [英]托马斯·亨利·赫胥黎:《科学与教育》,单中惠、平波译,人民教育出版社1990年版,第129页。

④ 刘宝存:《何谓大学》,载《比较教育研究》2003年第4期。

⑤ [德]雅斯贝尔斯:《什么是教育》,邹进译,生活·读书·新知三联书店1991年版,第176页。

⑥ Karl Jaspers, *The Idea of the University*, Peter Owen Ltd., 1965, p. 56.

要人们进行理智分析、鉴别、阐述或关注的地方,那里就会有大学。”①

在历史上,无论是探索和传播普遍的高深学问的大学,还是探索和传播某一方面的高深学问的学馆,大学产生和发展的历史和逻辑起点是高深学问(higher learning)。因此,大学就是探索和传播高深学问(或称真理)的机构这一观点也被许多教育家所坚持。

洪堡是较早阐述这种大学理念的教育家之一,从他以“柏林高等学术机构”为柏林大学之名,便可窥见这种思想。他在《论柏林高等学术机构的内部和外部组织》中指出:“大学是学术机构的顶峰,是高等的学术机构,它总是把科学当做一个没有完全解决的难题来看待,它因此也总是处于研究探索之中”②,“一旦人们停止对科学进行真正的探索,或者认为,科学是不需要从精神的深处创造出来,而是可以通过收集把它广泛罗列出来的话,则一切都是无可挽回的,且将永远丧失殆尽。”③洪堡认为,大学既不是高级中学,也不是专科学校,而是有着研究性质的学校:它一方面将教学过程与研究过程相结合培养人才,“由科学而达至修养”;另一方面为探索真理、发展科学而进行纯科学的研究。因此洪堡呼吁,要严格、明确地划分专科学校、高级中学与大学之间的界限,不要降低大学这种高等学术机构的水平。

洪堡的这一理念在美国也产生了重大影响,美国教育家弗莱克斯纳便是受其影响的人之一。弗莱克斯纳指出:“大学是学问的中心,致力于在中学之上培养人才,并增进系统的知识,保存知识。”因此,最真诚的学生及最有能力的科学家和学者纷纷来到大学研究和探讨学问。弗莱克斯纳认为,如果“大学被定位为一个‘公共服务机构’,那么大学就会变成一个与现在完全不同的东西,这个东西可能会有自己的作用,但它肯定不再是大学了”。由此看出,他反对把大学变成一个公共服务机构。当时没有任何一所大学符合弗莱克斯纳的这种大学观点和理念。因此,弗莱克斯纳创造了一个新名来命名他心目中的大学——高深学问学院(school or institute of higher learning)。他

① [美]约翰·布鲁贝克:《高等教育哲学》,王承绪、郑继伟、张维平等译,浙江教育出版社1998年版,第8页。

② [德]威廉·冯·洪堡:《论柏林高等学术机构的内部和外部组织》,载《高等教育论坛》1987年第1期。

③ [德]彼得·贝格拉:《威廉·冯·洪堡传》,袁杰译,商务印书馆1994年版,第79页。

说:“为了表明真正大学的理念,就得用一个新术语——或许是高深学问学院,以便自动地把与这种学术机构无关的低水平的活动排除在外。”①

布鲁贝克指出:“高等教育研究高深的学问”,“教育阶梯的顶层所关注的是深奥的学问。”②“高等教育与中等、初等教育的主要差别在于教材的不同:高等教育研究高深的学问。在某种意义上,所谓‘高深’只是程度不同。但在另一种意义上,这种程度在教育体系的上层是如此突出,以致使它成为一种不同的性质。教育阶梯的顶层所关注的是深奥的学问。”“这些学问或者还处于已知与未知之间的交界处,或者虽然已知,但由于它们过于深奥神秘,常人的才智难以把握。”③是故,大学从产生之日起就是知识性的机构,不仅要讲授和传递知识,而且要“分析和批判现存知识”、“探索新的知识”。

在很多美国教育家的著作中都透露着“大学是探索和传播高深学问的机构”这一理念,如,在亚瑟·列文的《美国高深学问1980—2000》(Higher Learning in America 1980-2000)、博克的《高深学问》(Higher Learning)、维布伦的《美国高深学问》(The Higher Learning in America)、赫钦斯的《美国高深学问》(The Higher Learning in America)等著作中,都没有使用“高等教育”(higher education),而是使用了“高深学问”(higher learning)的概念,强调“高深学问”是高等教育和大学的逻辑起点或者说核心因素。

4. 大学是独立思想和批判的中心

大学从创立之初就是一个享有一定的自治权和学术自由的机构,因此大学能够保持以真理为标准来探索高深学问的品质,并排除外界各种压力。批判的思维及独立的思想是大学传统及其理念所固有的东西。

洪堡认为,大学是受国家保护的学术机构,但它同时享有完全自主的地位。洪堡以文化国家观为基础,认为大学作为科学和学术机构,目的是发展理性,其本身属于国家事业的一部分。而且,大学以国家的目标和利益为重,其只需根据为科学而科学的原则,按照科学活动本身的需要来进行活动。

---

① 本段引文出自 Abraham Flexner, *Universities: American, English, German*. Oxford University Press, 1930. p. 230, p. 214, p. 214.

② [美]约翰·布鲁贝克:《高等教育哲学》,王承绪、郑继伟、张维平等译,浙江教育出版社1998年版,第112页。

③ [美]约翰·布鲁贝克:《高等教育哲学》,王承绪、郑继伟、张维平等译,浙江教育出版社1998年版,第2页。

“国家的行为也应该服从于理性原则，承认科学活动的自主性，为科学活动提供保护和支持，使理性按其自身的原则得以发展。”①因此，“就总体而言，国家决不能要求大学直接地和完全地为国家服务；而应当坚信，只要大学达到了自己的最终目标，它也就实现了，而且是在更高的层次上实现了国家的目标”②。他的大学性质观及文化国家观奠定了学术自由和大学自治的大学理念的基础。因此，在洪堡那里，学校应有自治的权力，教师应有教的自由，学生应有学的自由，师生都应有研究自由。

弗莱克斯纳指出，“大学像慈善组织、政府、教会等人类社会所有其他机构一样，都是特定时代的产物，应该根据社会的发展而调整，但这种调整不是迎合时尚、随波逐流，因为大学不能什么流行就迎合什么，它不是风向标。大学必须将社会所需要的东西（what the society needs）而非社会所想要的东西（what the society wants）提供给社会”③，如若不然，大学就会犯灾难性的荒唐的甚至是毁灭性的错误。

雅斯贝尔斯认为，大学是一个“国中之国”，它的存在相对独立于社会，从而能够独立地对高深的学问进行探索。他认为，作为追求真理机构的大学应以真理为唯一标准，拒绝服从于任何权威；不论大学产生了怎样的智力的或者社会的后果，其都只服从于真理。“大学是一个时代的智力良心（intellectual conscience），大学人不必为现实的政治负责，主要因为它对发展真理负有无限的责任。”“这意味着大学要求绝对的教学自由，国家应保证大学不受任何党派政治的控制，或不受政治哲学或宗教神学的强迫，而独立开展科研和教学的权利。”④因此，从课程内容的选择到科研课题的确定，教师应有绝对的教学自由，同时教师也应对自己的行为负责；相对应的，原则上学生也有学习的自由。而正是这种学术自由、教学自由和学习自由构成了探索真理的重要保障。

赫钦斯曾明确地提出，“大学存在的假设基础是：在一个国家中应该有

---

① 陈学飞：《美国、德国、法国、日本当代高等教育思想研究》，上海教育出版社1998年版，第146页。

② ［德］威廉·冯·洪堡著：《论柏林高等学术机构的内部和外部组织》，陈学飞译，载《高等教育论坛》1987年第1期。

③ Abraham Flexner, *Universities: American, English, German*. Oxford University Press, 1930. p.5-6.

④ Karl Jaspers, *The Idea of the University*. Peter Owen Ltd., 1965, p.132, p.141.

一种组织，其目的在于对各种最重要的智性问题进行最深入的思考。它的目的是引导整个教育体系，探讨理论和实践工作者所面临的理论和实践问题。它是一个思考的社团”。因为，自古以来产生的各种组织机构中，似乎唯有大学“具有一种强烈而严肃的使命，这就是思考。大学是独立思想的中心，既然它是一个思想中心，一个独立思想的中心，那么它也是一个批判的中心”①。

5. 大学是社会服务站

“大学是社会服务站”的命题一度被认为由科尔最先提出，但在著作《大学的功用》一书的后记中，该书作者科尔却对此予以了否认。“大学是社会服务站”还有多种表述方式：大学是一种公共服务机构，大学是社区发展的动力站，大学是社区发展的服务站，大学是一种知识工业或国家工业等。这些表述方式尽管有一定的区别，但无不表明了大学是一个直接为社会服务的机构这一实质。

世界经济合作与发展组织教育研究与革新中心的报告指出：“从历史上看，大学为社区服务的观念源自美国赠地学院创办的时代。”②科尔也指出：“公共服务概念始于美国的赠地学院运动。”③ 1962 年，美国颁布《莫里尔法案》，该法案规定“在每个州联邦政府至少资助一所从事工艺和农业教育的学院，并向这些州的受资助学院提供联邦土地……这些学院既要不排斥经典学科、科学和军事战术课程，又要教授和工艺与农业有关的学科”④。虽然《莫里尔法案》并没有提出明确的要求，但一些赠地学院却将直接为社会服务作为其目标。康奈尔大学的创建者伊兹拉·康奈尔在康奈尔大学获得特许状的庆典上指出：“这所学院（康奈尔大学）将使科学直接服务于农业和其他生产行业。”⑤赠地学院不仅培养专门的工业生产和农业生产人才，还研究工业生产和农业生产的新技术、新方法和新问题，并传播、推广技术和科学知识。

---

① R. M. Hutchins, *The University of Utopia*. The University of Chicago Press, 1936, p. 41, p. 84.

② Centre for Education Research and Innovation, *The University and the Community*, OECD, 1982. p. 36.

③ Clark Kerr, *Systems of Higher Education: Decisive Issues*, International Council for Education Development, 1978. p. 91.

④ 王英杰：《美国高等教育的发展与改革》，人民教育出版社 1993 年版，第 9 页。

⑤ 王英杰：《美国高等教育的发展与改革》，人民教育出版社 1993 年版，第 10 页。

范·海斯是倡导“大学为社会服务”理念的重要教育家之一。1904年，范·海斯在出任威斯康星大学校长的就职典礼上指出：作为威斯康星州所有人的大学，威斯康星大学应该为实现全州的改革目标服务。范·海斯指出，大学的主要职能是服务、科研和教学，作为一所州立大学，威斯康星大学的服务、科研和教学都应当考虑到本州的实际需要，换句话说，它必须考虑并重视每一项社会职能的实际价值。大学应为社会的发展服务，州立大学则应为州的经济和社会发展服务。① 通过为政府部门提供专家咨询服务和向社会推广知识、技术两方面的活动，范·海斯推进了威斯康星大学为社会服务的职能，使大学与社会及政府部门之间建立了亲密的双向服务与合作关系，从而使威斯康星大学与州融为一体，整个州似乎都成了大学的校园。② 威斯康星大学通过服务社会，从一所普通的州立大学逐渐成长为美国有影响的大学之一，促进了学校自身的发展，同时也推动了威斯康星州的发展。威斯康星大学的办学理念深深地影响了其他州立大学甚至是私立大学，这种理念在美国也迅速地传播开来。正如布鲁贝克和鲁迪所言：“范·海斯在任威斯康星大学校长期间所取得的巨大成功，激励其他州立大学也采用类似的政策，服务的理念成为越来越多的大学的办学原则之一。”③由此，社会服务不仅被美国大学视为一项重要任务，也成为一种具有世界影响的大学理念，传播到亚洲、欧洲和世界其他地方。

科尔是“大学是社会服务站”这一理念的支持者。他指出，当社会以知识为核心时，作为知识生产者、批发商和零售商的大学义不容辞地要为社会提供服务，并在日益壮大的知识产业中成为这种产业的中心。④

6. 大学是一个统一的有机体或多元化巨型大学

有人认为，大学是由多种群体、组织或团体组成的多元化巨型机构，还有人认为大学是一个有机体。这两种大学理念互不相同但又相互联系。

弗莱克斯纳指出，大学理想或理念把大学各个部门统一在一起。“真正

---

① 邬大光：《范·海斯的高教思想》，载《高教文摘》1990年第6期。

② John S. Brubacher & Willis Rudy, *Higher Education in Transition: A History of American Colleges and Universities*. 4th edition, Transaction Publishers, 1997, p. 166.

③ John S. Brubacher & Willis Rudy, *Higher Education in Transition: A History of American Colleges and Universities*. 4th edition, Transaction Publishers, 1997, p. 168.

④ [美]克拉克·科尔：《大学的功用》，陈学飞等译，江西教育出版社1993年版，第80页。

的大学是一个有机体,目的与精神统一,目标明确而崇高。……大学不是由行政力量,而是由相同的理想或理念所形成的,大学是富有生命力的有机体。"①科尔认为:"传统大学是一个部分和整体紧密地联系在一起的有机体;多元化巨型大学的很多部分可以取消也可以增加,无论取消或增加都对整体没有多大影响,甚至既不会遭受任何损失,也不为人所注意。"②而哈佛大学前校长、当代美国著名教育家德里克·博克也指出:"现代大学已不再是修道院式的传统的封闭机构,而变成身兼各种功能、沟通生活各界的超级复合型的社会组织。"③

科尔指出:"关于多元化巨型大学这一术语,我指的是,现代大学是一种'多元的'机构——在若干种意义上的多元:它有若干个目标,不是一个;它有若干个权力中心,不是一个;它为若干种顾客服务,不是一种。它不崇拜一个上帝,它不是单一的、统一的社群,它没有明显固定的顾客。"④"它的特点在于综合,任何地方的大学,都无法超过英国尽量为本科生考虑,德国尽量为研究生和研究人员考虑,美国尽可能为公众考虑的目的,是为了保持不易保持的平衡,越采取混合式越好。"⑤因此,"多元化巨型大学是一个不固定的、统一的机构"⑥。

多元化巨型大学采取了兼容并包的方针,它不是一个社群,而是有若干个社群:自然科学家社群、社会科学家社群与人文学者社群,教师社群和学生社群,本科生社群和研究生社群,等等。每个社群各不相同,甚至互相矛盾,但是它们共存于同一所大学之中。巨型大学有多个目标,因为有多个社群,每一个社群都有自身为之奋斗的目标。它有若干个权力中心,因为多元化巨型大学中有许多代表各种利益的团体,如学生团体、教师行会、管理者团体等;它为若干种顾客服务,亲近政府但也不排斥平民,它不忠诚于任何一种信念,不专注于任何单一职能,各个部分处于共存的状态。它把自己全方位地

---

① Abraham Flexner, *Universities: American, English, German*. Oxford University Press, 1930. p. 179, p. 231.

② [美]克拉克·科尔:《大学的功用》,陈学飞等译,江西教育出版社 1993 年版,第 13 页。

③ 赵一凡:《美国文化批评集》,生活·读书·新知三联书店 1994 年版,第 34 页。

④ [美]克拉克·科尔:《大学的功用》,陈学飞等译,江西教育出版社 1993 年版,第 96 页。

⑤ [美]克拉克·科尔:《大学的功用》,陈学飞等译,江西教育出版社 1993 年版,第 96 页。

⑥ [美]克拉克·科尔:《大学的功用》,陈学飞等译,江西教育出版社 1993 年版,第 12 页。

开放给了社会，大学的校园开始成为美国最繁忙的交通路口之一，成为来自全国几乎每个州的、每个角落的农场主、商人、政治家和学生的聚焦点。

多元化巨型大学的生命力就在于它的"多元化"。而这种多元首先应该是从文化的意义上来说，巨型大学中有多种文化的共存与发展，任何一种文化在其中都能够找到其生存的空间。从这个意义上来说，在这样的充满变幻的大学中，大学在各个历史时期的理想几乎都找到了适合自己生存的土壤。尽管它们目的各异，但它们都在为自己信奉的真理献身。尽管也存在着许多冲突、不和谐之处，但是它在维护、传播和考察永恒真理方面是无与伦比的；在探索新知识方面是无与伦比的；在整个历史上的所有高等学校中，在服务于先进文明的如此众多的需求方面也是无与伦比的。由此我们或许看到了当代大学与传统大学的不同，它正在根据时代需要不断调整和改变自己。

二、大学的属性、功能和职能

（一）大学的属性

1. 大学组织的学术性

组织理论认为，组织目标、管理主体和管理客体是组织相互结合、相互作用的基本要素。从中世纪到今天，西方对大学的理解虽不尽相同，但无论从组织目标、管理主体还是从管理客体来讲，至少有一点是相同的，大学一直是一种学术组织。从大学的历史看，大学的形态和功能都在不断变化发展之中，但大学产生的最初动因——研究"高深学问"的学术宗旨没变。[①] 无论是学者的社团，是传授普遍知识的场所、探索和传播高深学问的机构、独立思想和批判的中心，还是社会服务站和多元化巨型大学，这些对大学不尽相同的理解，并不是对大学作为一种学术机构理念的否定，而是这一理念的不同识别和随经济社会变迁的发展。时至今日，"学术"仍然是大学的基本组织属性，是大学的"中心"概念，是大学组织存在的基本边界。

任何社会组织都是为实现某种目标和任务而建立的、围绕某种目的的，"一种追求自己目标的社会单元"[②]。从外部看，作为现代大学的直接渊源，

① 马廷奇：《学术性——大学组织活动的基本逻辑》，载《煤炭高等教育》2005 年第 6 期。

② 朱国云：《组织理论——历史与流派》，南京大学出版社 1997 年版，第 248 页。

欧洲中世纪效仿工商业行会建立大学的目的,就是维护大学的自决权,维持大学的对外统一性,对外部势力和当局对大学内部事务的干预进行抵制。从大学内部看,由于高度的专业化,从一开始大学就有着分裂的状态。这些专业和学科各自确定自己的工作方向,各自拥有相对独立的世袭领地和研究范围,并有着自己的研究方式和思想体系。① 大学组织内部的目标事实上并不完全一致,但在大的方面仍然是以承传、发展和应用知识作为共同的目标。

在主体方面,中世纪大学作为"学者的行会",出现过两种模式——以巴黎大学为代表的"教师行会"和以波隆那大学为代表的"学生行会"。但"学生行会"迅速衰落,也反映了在大学里学术能力决定了教师主体性地位的必然。与其他人员相比,教师"最清楚高深学问的内容,因此他们最有资格决定应该开设哪些科目以及如何讲授。此外,教师还应该决定谁最有资格学习高深学问(招生),谁已经掌握了知识(考试)并应该获得学位(毕业要求)。更显而易见的是,教师比其他人更清楚地知道谁最有资格成为教授。更重要的是,他们必须是他们的学术自由是否受到侵犯的公证人"②。克拉克·科尔认为:"在非常实际的意义上说,教职员整体就是大学本身——是它最主要的生产要素,是它荣誉的源泉;教师们是这种机构的特有合伙人。"③

在客体方面,高等教育组织与许多非营利组织、政府组织和企业组织不同的原因,是由于高等教育组织是以知识这种特殊的操作材料为核心的。"知识材料,尤其是高深的知识材料,处于任何高等教育系统的目的和实质的核心。不仅历史上如此,不同的社会也同样如此。"④这就是说,大学的活动都与知识相联系,都体现继承和发展知识、创造和传播知识的宗旨。

随着时代的变化,今天的大学与传统的大学,在办学目标、任务、学校功能、组织结构和活动方式等方面都有了许多的不同。这些不同也引发了知识操作方式的变化。尽管如此,大学组织区与其他社会组织的关键区别仍然在

---

① [美]伯顿·克拉克:《高等教育系统——学术组织的跨国研究》,王承绪、徐辉、殷企平等译,杭州大学出版社1994年版,第17页。

② [美]约翰·布鲁贝克:《高等教育哲学》,王承绪、郑继伟、张维平等译,浙江教育出版社2001年版,第32页。

③ [美]克拉克·科尔:《大学的功用》,陈学飞等译,江西教育出版社1993年版,第71页。

④ [美]伯顿·克拉克:《高等教育系统——学术组织的跨国研究》,王承绪、徐辉、殷企平等译,杭州大学出版社1994年版,第1页。

于知识操作的学术性，把知识作为特殊的操作材料仍然是大学组织系统的基本目标和实质，改变的只是高深知识的操作技术和操作规则。随着内外关系的日益复杂，在使大学活动程式化和整体化方面，行政管理作为一种特殊的作用更加突出，大学的内部活动主要分裂为学术活动和管理活动，内部组织主要分裂为学术部门和管理部门，内部组织的群体主要分裂为教学科研人员和行政管理人员。① 但学术活动仍然是实现大学任务决定性的前提，行政活动虽然在维持大学的发展中不可或缺，但本质上只是服务于学术活动的“手段”，行政活动仍然必须服从和服务于学术活动。

分散在大学内部各种组织形态中的教师，处于学术活动的中心，是大学活动根本意义上的主体。正是大学教师在教学和研究等学术活动中不容改变的主体性，使得“大学教师们常常认为他们自己就是大学。高等教育最重要的使命——研究和教学——正掌握在他们（大学教师们）的手中。没有教授，大学就难以成其为大学”②。

2. 大学组织的自治性

大学自治的概念出自中世纪的大学，并有着深刻的历史渊源和社会经济原因。一是古希腊和古罗马城邦自治的观念源远流长，是欧洲中世纪大学自治成长的历史土壤。③ 到 12 世纪晚期，欧洲的城市居民和工商业贵族结成了城市自治联盟，向封建领主发动了争取自治权的斗争并获得了自治权。④ 二是与当时技术领域存在的阶层垄断和由此引发的保护本行业利益的自治性行会相类似，在知识领域被教士阶层所垄断的情况下，“知识的手工业者”为了保证研究者与学习者自愿参加研究与学习活动的权利，争取和维护自己的利益，而结合成相应的自治性团体，从而形成了中世纪具有行会性质的大学，由此大学也就获得了各色行会都多少具备的特权。三是在中世纪“知识分子”主要指随着城市的发展，以教学为职业、从事精神劳动的教士。具有一定自由流动性的知识分子阶层的形成，特别是由具有行会性质大学的形

---

① 赵文华：《试论高等教育系统学术活动主体》，载《江苏高教》2000 年第 6 期。

② ［美］亨利·罗索夫斯基：《美国校园文化——学生·教授·管理》，谢宗仙、周灵芝、马宝兰译，山东人民出版社 1996 年版，第 5 页。

③ 和震：《西方大学自治理念的演进》，载《学术研究》2003 年第 10 期。

④ 史静寰、李淑华主编：《外国教育思想通史》（第三卷），湖南教育出版社 2002 年版，第 460 页。

成，使得“各大学在它们出现的城市里，由于它们成员的数量和质量，是一种令其他势力感到不安力量的表现”①。出于保持自己“独立自主发表自己意见的权利，自由迁徙的权利”②，教师常常以罢课、迁校要挟市政和教会当局。而为保证大学相对自治的“特权”，教会和市政当局迫于大学的价值和知识分子行会的影响，都会让渡一些治外法权及其他一部分世俗权利给大学。这样在国家、教会与大学之间就形成了一种默契：大学通过国家与教会的财政支持与政治庇护得以延续、发展与壮大；国家、教会依靠大学培养的人才与研究的学问，巩固其已有的地位，树立更高的威信。它们之间的这种相互依存但又相互对立的关系，成为后来政权组织与大学之间的控制与反控制、自由与限制自由矛盾关系的肇始。

按照这样的历史逻辑，大学自治是与学术自由相互联系的一个概念。罗伯特·伯达尔指出，作为个体的学者在研究和教学的过程中是否能免受解除职务和其他惩罚，是判断大学是否拥有学术自由的重要标准；而大学自治则涉及其内部学者群体的活动范围和自我管理权利的限度。③ 这里，大学自治是大学学者群体意义上的自治，而学术自由则是大学学者个体意义上的自治。孟禄也认为：“学术自由是指在高等教育机构中教学并证明真理的自由，或探求真理而不受政治、官僚或宗教权力干预的自由。”④“探求真理而不受政治、官僚或宗教权力干预的自由”同样也就可以在大学自治层面理解。而作为两个相互区别的概念，大学自治更多的是一个反映“大学是一个按照自身规律发展的独立的有机体”⑤的外部统一性的概念，而学术自由则是一个反映作为个体的学者在日常学术活动中抵制外来的侵扰、承担责任的精神气质和自律意识的概念，大学自治实质上就是以保障追求真理和探求学问作为出发点的大学自治。

---

① ［法］雅克·勒戈夫：《中世纪的知识分子》，张弘译，商务印书馆 1996 年版，第 15 页。

② ［美］伯顿·克拉克主编：《高等教育新论——多学科的研究》，王承绪、徐辉、郑继伟等译，浙江教育出版社 1988 年版，第 28 页。

③ 陈学飞：《美国、德国、法国、日本当代高等教育思想研究》，上海教育出版社 1998 年版，第 87 ~ 88 页。

④ Paul Monroe(ed.), *A Cyclopedia of Education*. The Macmillan Company, 1925, p. 700.

⑤ ［美］约翰·布鲁贝克：《高等教育哲学》，王承绪、郑继伟、张维平等译，浙江教育出版社 2001 年版，第 15 页。

与大学自治即与大学不受政治、官僚或宗教权力干预，维持其外部统一性的自由相联系，大学追求知识和真理的自由则是与大学的把知识作为特殊的操作材料联系的自由。满足好奇心，自由探索知识，实现人的个性和精神的发展，是学术自由思想的目的和本质。罗伯特·奈斯比特指出，学术自由是教师所独享的自由，这种自由是在普通公民所共享的言论自由和思想自由的基础之上的，教师是某一学科权威机构的特定角色决定了他们享有这一权利。只有这样，教师才能不受外界侵扰，顺利完成学术任务。① 比奈梅指出，学术自由的意义在于“整个社会充分的发展及追求真理的进步”②，而“大学在探索新知识方面的能力是无与伦比的；在研究、传播和维护永恒真理方面的作用简直是无与伦比的；综观整个高等院校史，大学为先进文明的社会众多领域方面所作的贡献也是无与伦比的”③。

以保障追求真理和探求学问作为出发点的大学自治理念，在欧洲中世纪大学诞生时已得到证明。但中世纪大学对学术自由和大学自治的追求和向往并没有上升到系统的理性认知层面，更多的是学者们自发的实践活动。当这种权利成为后来大学的追求时，其含义也随国家和经济社会发展不断发生变化。近现代意义上的大学自治和学术自由，是在 19 世纪经历了文艺复兴运动、宗教改革运动之后，基于中世纪以后教会、国家对大学的严重干预甚至束缚而提出并在近代各个民族国家得到确立的。

首先是“哲学自由”思想被启蒙运动者引入大学，要求学者的理论及研究，“除了各研究者的良心与责任以外，应有免于一切权威的自由”④。由此，德国在 17 世纪末 18 世纪初掀起了德国大学发展史上的第一次思想解放，建立了哈勒大学（1694 年建立）和哥廷根大学（1734 年建立），这也使德国成为近代大学的发祥地。在柏林大学的创建中，洪堡等人提出新的“大学自治和学术自由”，此乃德国大学发展史上的第二次思想解放。坚持新人文主义观的洪堡等人一方面提出复兴“文艺复兴”，否定颓废衰败的人文主义；另一方面，他们与启蒙运动者不同，他们认可大学维持一般性学术并主张学术实用

---

① Robert A. Nisbet, *The Degradation of the Academic Dogma*. Transaction Publishers, 1997, p. 64.

② 陈学飞：《美国、德国、法国、日本当代教育思想研究》，上海教育出版社 1998 年版，第 231 页。

③ Clark Kerr, *The Uses of the University*. Harvard University Press, 1995, p. 34.

④ 周志宏：《学术自由与大学法》，（台湾）蔚理法律出版社 1989 年版，第 13 页。

性的观点,认可“德国人及希腊人的创造和创作精神与国家民族要建立在艺术、文学、科学和哲学等思想因素或精神的基础之上的原则和信念”①。柏林大学第一任校长、德国著名思想家费希特(Johann Gottlieb Fichte)指出,大学应以“对世界的进一步创造”为学术任务,而宁静是有益的,自由是必备的,这两点应该是大学全部的外在组织的依据。②

威廉·洪堡在其名为《论学术自由唯一可能遇到的干扰》的就职演说中,第一次经典地阐述了以柏林大学的成立为发端、以大学自治保障学术自由和以认识论为依据主张的现代大学自治理论。他说:“这所大学以‘不听信不足够的理由’为学术自由的思想,其科研和教学的主旨为追求真理。”学术自由成为“教师在各自专业领域内享有自由发现、探讨、教授、出版其所发现的真理的权利,并且这种自由的权利不听从任何权威的指挥,也不受任何的限制。任何社会的舆论和政党都不得对其干涉”③。德国皇帝威廉三世指出,大学是科学工作者自由发挥的包罗万象的广阔天地,他也十分支持大学自治和学术自由,并强调“科学无禁区,科学无权威,科学自由”④。

从现代资本主义开始,通过大学自治维护学术自由的理论,又进一步得到自由资本主义政治理念的支持,同时在普遍理性主义的支持下,大学自治、学术自由成为大学的必要条件。关于对大学自治内涵的概括,阿什比认为自治的实质性要素包括:大学自由分配资金的自由。大学管理免受非学术人员介入的自由,遴选学生的自由,教师聘用及其工作条件落实的自由,制定评价方法和标准的自由,课程设计和授课自由。⑤ 伯特·伯达尔认为,大学自治包括程序性自治和实质性自治两类。⑥

20世纪以后,大学开始发生遽变。第二次世界大战后高等教育发展迅速,市场与大学的矛盾逐渐凸显,进一步冲击着学术自由和大学自治,甚至出

① 李盛兵:《研究生教育模式的嬗变》,教育科学出版社1997年版,第40页。

② [德]威廉·冯·洪堡:《柯尼斯堡计划》,1809。

③ 陈列、俞天红:《西方学术自由探析》,载《高等教育研究》1994年第1期。

④ 李工真:《德意志道路——现代化进程研究》,武汉大学出版社1997年版,第58页。

⑤ [英]艾里克·阿什比:《科技发达时代的大学教育》,滕大春、滕大生译,人民教育出版社1983年版,第7页。

⑥ Robert Berdahl, *Coordinating Structures: The UGC and US State Coordinating Agencies.* in Michael Shattock, *The Structure and Governance of Higher Education.* Society for Research into Higher Education. 1983, p. 69.

现了所谓的大学的“合法性危机”①。现代大学已成为社会大系统中的一个复杂的子系统,是整个现代社会发展的“轴心机构”和基石,早已完全不同于中世纪那种“象牙塔”式的精神生活中心。现代学术自由和大学自治既满足适应社会需要的理念,又满足大学的学术独立;既作为一个现代社会组织,又作为一个传统的学术机构,早已不再是建立在传统的高等教育认识论基础之上的理念了。

事实上,大学的自治一直以来都不是绝对的。它主要包含两方面内容:一是管理上的自主,二是学术上的自由。先说管理自主。大学的自主管理受限于两种因素:第一,大学不再是象牙塔,它从历史上的独立地位转到广泛、自主地承担社会责任的地位,大学与社会相互依存,大学越来越深入到历史和社会政治的舞台,积极参与社会活动,并不能离开社会而独立存在。第二,完全的经费独立才能实现完全的自主,但这几乎是不可能的。随着规模的不断扩大,大学越来越依赖国家给予其赖以生存和发展的物质基础,而由于拥有包括教育经费在内的办学资源配置权,政府对大学的管控也越来越多。再说学术自由。学术自由并不是绝对的,而是有限度的。这是因为思想能对现实的社会产生消极的或积极的影响。这种影响是与大学所承担的社会责任直接相关联的,学术自由也要建立在对社会负责的基础上。因此,社会、政府等外界力量十分有必要约束和监督学术自由。

3. 大学组织的社会性

根据组织学原理,一个社会组织的生存和发展,主要取决于三个条件:一是社会对组织的需要,二是组织自身的功能能满足社会需要,三是联结社会需要与组织功能之间的制度环境。三者缺其一,一个组织便很难生存和发展。尽管大学的职能与其他社会组织相比有其特殊性,但大学毕竟还是一个社会组织,它的存在和发展也必须遵循其他社会组织应遵循的一般规律。

大学是较高层次的教育,是人类社会发展到一定阶段时出现的一种特殊的活动形式。欧洲中世纪产生了大学,这其中有着经济、社会和文化等

---

① 国家教育发展与政策研究中心组编:《发达国家教育改革的动向和趋势》(第二集),人民教育出版社 1987 年版,第 468 页。

多方面的因素的共同影响。首先是经济的发展促进了农业和手工业的繁荣,从而带动了商业和贸易的发展,形成了新兴城市。城市的形成,不但为学者提供了学习、交流和研究的场所,而且城市行会的组织和管理也为大学提供了参照的蓝本。其次,由于社会的发展,各行各业愈来愈专业化、复杂化,对专业人员如医生和律师等的需求也越来越高。但是,老的教育机构无法满足这样的需求,大学便应运而生。最后,经院哲学和基督教文化的兴盛,以及古代文化和教育遗产等,都成了中世纪大学产生和发展的条件。

在教学方面,从表面来看,大学教学的内在逻辑是学生在老师的指导下学习知识,是总体知识被个体化的过程,但实质上却是个体的社会化过程。大学是把自己造就成某种雏形的社会而不是游离于社会之外,只有这样才能将"操演今后生活"的机会和场所提供给未来的社会成员。大学教学是以"实现人的最大可能性"来完成个体社会化的目标,同时也不会刻意去模仿社会。大学教学是为满足社会需求而存在。从科学研究方面看,19 世纪以前,科学知识,特别是自然科学知识的生产,主要是在大学之外进行。大学科研职能的确立,既是提升教学水平的需要,更是经济社会发展对科学需要的结果,也是大学对社会知识生产客观需要的应答。传统的知识生产与社会经济发展没有直接的相关性,实用性也不明显,知识生产活动多出自某些学术精英的"闲逸的好奇",成果的评价也多出自于科学共同体内部的人。洪堡在这种知识生产模式下提出了大学存在的条件——寂寞与自由,并要求国家取消将政府的眼前利益与大学直接挂钩。① 虽然如此,这时大学的科学研究并没有也不能够完全脱离社会。洪堡曾明确对政府提出建议,他认为政府应着眼长远利益,抛开眼前利益,用财政资助大学。弗莱克斯纳也曾研究并说明"无用知识的有用性"。随着社会的发展和知识生产的模式的改变,人们不再单纯地由于个体的好奇心来提出问题,而是取决以社会应用的背景为基础来提出问题;成果的评价和使用由学术团体内部转向团体外部,问题的解决也需要多学科的人士合作。满足社会的需要也最终成为知识生产的内部逻辑。

---

① 贺国庆:《德国和美国大学发达史》,人民教育出版社 1998 年版,第 46 页。

从大学发展的历史可以看出,大学的发展就是大学为适应社会现实环境的需要而不断改变自己的过程。当大学自身的功能和特点与社会发展的需求相适应时,大学便找到了其作为一个机构的生存和发展的理由。当社会环境发生重大改变时,大学必须以变应变。大学唯有适应社会的变化,不断地调整和完善自己,其发展才会获得有力的社会支持,而大学才能充分地发挥它的社会作用。否则,大学的生存和发展就会受到威胁。

17、18 世纪的欧洲社会经济大发展,而与之形成鲜明对比的是大学的状况,那时的大学处于衰落的“冰河期”。“教育化石”般的大学“蜷缩在神秘的教堂式建筑中”,未能对文艺复兴与宗教改革运动后欧洲资本主义和现代科学技术的发展变化作出回应。其直接后果是“学校门可罗雀”①,并一度导致了一种大学之外的研究机构“学社”(academy)的盛兴。在考查这段历史后,英国的高等教育史学家哈罗德·珀金告诫世人:“英格兰高等教育的真正复苏是与大学几乎无关的新兴教学和研究机构的兴起。这说明了这样一条真理:如果社会不能从原有机构中获得它所需要的东西,它将导致其他机构的产生。”②

另一方面,欧洲中世纪教会或国家对大学自治的赋予,并不是基于对大学自治和学术自由本身的遵从,而更主要是出于对大学所带来的繁荣和财富的需要。即使是洪堡,作为现代学术自由的奠定者,他对大学自治的确认主要是基于大学作为专门生产知识的组织参与到社会分工时的意义,而并非完全基于学术自由本身。洪堡认为,唯有保障学术自由、确立大学自治,才能使学者自觉采取互相配合的行动,或自由地选择及探索各种问题,以最实际的方式、最高的效率共同拓展科学领域,满足国家和民族的需要。

而学术自由是大学充分发挥其作用的一个非常必要的条件。因此,政府往往会在一定范围之内做出让步甚至给予一定的投入以保障国家的长远利益。典型例证是 19 世纪柏林大学创立之时,为了弥补德国在普法战争中的物质创伤,德国在保障柏林大学的自由和自治的基础上,又给予其充足的经

① [美]伯顿·克拉克主编:《高等教育新论——多学科的研究》,王承绪、徐辉、郑继伟等译,浙江教育出版社 2001 年版,第 34 页。

② [美]伯顿·克拉克主编:《高等教育新论——多学科的研究》,王承绪、徐辉、郑继伟等译,浙江教育出版社 1988 年版,第 32 页。

费，其目的是希望柏林大学因此能够报效国家。哈罗德·珀金说："国家（德国）直到1918年（在某种程度上可以说直到1933年甚至更后来）都没有失望过。"①柏林大学在满足国家需要方面的贡献和学术上的成功，提供了一个很有说服力的证据给后来的大学，让它们更为顺理成章地争取学术自由的权利。而德国政府对待柏林大学的方式和态度也成了各国政府被其国内大学所要求给予自由权利的楷模。

事实上，不论是中世纪还是近现代，大学自治和学术自由的获得，其实都带有许多有形与无形的条件。大学遵奉中世纪时唯一的意识形态——宗教神学，是中世纪欧洲国家与教会确认大学自治的前提。中世纪大学"虽然拥有高度的自治权，但当时的学者并无学术的自由可言，因为在当时由罗马教会的最高权力所担保并巩固的'教会一元化真理体系'的支配下，人类的理性只能在教会有权者所设定的范围内进行活动，任何对正统教义的怀疑和挑战，都被视为异端而加以镇压"②。而且，即使大学被赋予了"对主教、市镇、教皇或国王这些统治者来说具有极强的威胁性"的权利，然而一旦大学对这些权利的运用超越了统治者所能容许的范围，或违背了统治者的意志，大学也就很难逃脱责罚。

此后，宗教权威被宗教革命打破，取而代之的是国家权威。16世纪英国大学由于未能做到"为亨利八世与教皇的'离婚'提供反教皇理由，从而，亨利八世让大学尝尽苦头。1535年，克伦威尔……几乎摧毁了当时最大的学科，大学开始部分地适应、满足世俗统治阶级的需要……大学由从事特定的专业训练机构转变为社会统治的工具机构"③。即使是在以"哲学自由"打破教会对学术垄断的哈勒大学和哥廷根大学，世俗政府的力量也依然强大，普鲁士"禁止写作违反国家和王室利益的一切东西"，而哈勒大学则奉行校长就是"国王"。大学再也不可能超然于政治之外。

上述情况证明，所谓"真正的"大学自治和学术自由并不存在。如阿特

① ［美］伯顿·克拉克主编：《高等教育新论——多学科的研究》，王承绪、徐辉、郑继伟等译，浙江教育出版社1988年版，第36页。

② 周志宏：《学术自由与大学法》，（台湾）蔚理法律出版社1989年版，第11页。

③ ［美］伯顿·克拉克主编：《高等教育新论——多学科的研究》，王承绪、徐辉、郑继伟等译，浙江教育出版社1988年版，第29～30页。

巴赫所言:"如果曾经有个'黄金时代',这时的大学真正是自治的,可以不受外界权力机构的干预而处理自己的事务,那么,这个时代早已过去了。"①虽然大学要求自治的论据是符合逻辑的,但历史证明,自治和自由并不能自动地促进学术繁荣,而学术干预并不一定会阻碍学术发展。18 世纪,自由曾一度地使英格兰的大学走向沉寂和堕落,而 19 世纪的德国大学却在国家控制之下结出辉煌的学术果实。

大学成为现代社会发展的中心,对经济社会发展起着举足轻重的影响。德里克·博克在他的著作《走出象牙塔》中,集中、系统地分析、讲述了大学的社会服务功能,他认为大学的社会责任是服务社会。美国学者德莱赛尔也认为:"大学不但从社会得到了权威和支持,而且必须以社会为导向,承担起社会责任。"②

联合国教科文组织在一份名为《教育——财富蕴藏其中》的报告中指出:"大学应超越下述两种逻辑之间的对立(这种对立是人们错误地强加给它们的):公益事业的逻辑和劳动力市场的逻辑。"③在首次世界高等教育大会上,联合国教科文组织提出了"针对性"(relevance)——"应当介于社会期望与学校的行为之间的适应来衡量高等教育","高等学校要经常性地考虑经济、生产领域与科学技术的变革,劳动界和高等教育系统应当共同评估和确定教学过程"。④

大学的社会性特征是大学与生俱来的特征之一,而随着社会的发展,大学的这一特征越来越突出。

(二) 大学的功能和职能

在许多研究中,大学功能经常与大学的职能混用,实际上,二者是两个不同的概念。"功能"表示的是大学的能力和作用。"职能"表示的是大学的职责任务。

---

① [美]菲利普·阿特巴赫:《比较高等教育——知识、教育与发展》,符娟明等译,文化教育出版社 1986 年版,第 57 页。

② Paul L. Dressel, *Handbook of Academic Evaluation*. Jossey-Bass Publishers, 1976, p. XI.

③ [法]雅克·德洛尔:《教育——财富蕴藏其中》,联合国教科文组织总部中文科译,教育科学出版社 1996 年版,第 13 页。

④ 王晓辉:《联合国教科文组织首次世界高等教育大会的主要内容》,载《世界教育信息》2000 年第 5 期。

1. 大学的功能

大学的功能是对社会产生的效用,是大学与社会关系的集中反映。由于这个问题的重要性,古今中外的许多学者都对其进行过研究。约翰·布鲁贝克从教育哲学的角度把美国关于高等教育存在和发展的研究分为以认识论为基础和以政治论为基础两种。我国有学者把大学的功能分为目的性功能和工具性功能。由于社会和大学发展的持续性和变动性,这方面的讨论还会长期进行下去。我们觉得,从现实的角度看,大学的功能根本上在于促进人的发展和社会进步。

(1) 促进人的发展

古希腊社会的奴隶主阶级由于不用参加体力劳动,因此有大把的精力和时间用于满足精神方面的追求。发展智慧、学习知识,其目的不是为了经济发展或社会的政治的需要,也不是为了个人生存的需要,而是为了满足和追求个人的精神生活,即出于"闲逸的好奇"。毕达哥拉斯的教团培养"把智慧作为追求对象"的人;柏拉图学园的目的是"为使人们从现象世界转向永恒不变的理念世界";亚里士多德认为,必须为教育而教育,让教育以自身为目的,才能达到真正的自由。教育要促进人的理性的充分发展,促进人的智慧、道德和身体的和谐发展,从而将人从褊狭和愚昧的束缚中解放出来。如果教育是为达到其他的目的,如政治、道德或其他方面,那么教育只达到了一种奴隶性的、较低级的阶段。"一个人所持的目标大有关系。假如他从事或学习某事物,是为自己或为朋友或为事业本身之完美,则其行动显然便不是褊狭的。但是如果是为他人而工作,则同样的行动,将被认为是下贱的和奴役的。"①

欧洲文艺复兴时期,亚里士多德的"人本自由"思想被人文主义者继承。人文主义者以人为中心,追求人的自由权利,以人权反对神权,极力提倡社会的自由和人的意志自由的发展。以剑桥大学、牛津大学为代表的英国大学,固守注重性格养成和理性培养的传统。按照纽曼的说法,大学是一个教化机构,其使命是为社会培养有教养的绅士。② 他认为,大学教育是理智的,而非道德的,发展人的理性,理智训练,是大学教育的目的;其次,大学教育的重点

---

① 张法琨选编:《古希腊教育论著选》,人民教育出版社 1994 年版,第 294 页。

② John Henry Cardinal Newman, *The Idea of a University: Defined and Illustrated*, Loyola University Press, p. 152.

非增长扩展知识,而在于推广和传播知识。纽曼甚至说:“如果哲学的与科学的发明是大学的目的,那么,我看不出为什么大学应该有学生。”①在纽曼看来,大学的存在,既非道德性——无法使人变得神圣,也非专业性——不是为了工作做准备,更非研究性——不是为了使人变得有学问,而是为知识而知识的理性——为获取知识做准备,大学存在的真正目的和使命是——“培养良好的社会公民”。直到19世纪,欧洲大学教育的目的,依旧是培养带有“自由人”特征的绅士。

工业革命开始后,工业文明高度发达带给人类物质繁荣的同时,在一定程度上导致了人的异化,人们更多地倾向于对物质的追求。工具理性渗透到社会生活的方方面面,人及社会自身也逐渐成为功能性、物质性的存在。科技理性的凸显,使得科技教育渐成大学的主要内容,大学培养绅士、探索学问、追求真理的传统受到挑战,功利性日趋突出。

对此,社会开出了不同的药方。洪堡认为:“大学的真正成绩应该在于它使学生有可能,或者说它迫使学生至少在他一生当中有一段时间完全献身于不含任何目的的科学。”②弗莱克斯纳提出:“大学之所以存在,至少部分原因是它们能够影响思想和生活变动的方向。”③纽曼认为“大学是传授知识的场所。”“知识之所以高贵,之所以有价值,之所以值得追求,其原理不在于它的后果,而是因为它内含着一种科学或哲学的胚芽”。④ 康南特认为:“如果我们试图用一句话来概括高等教育的目标的话,可能最好的概括就是寻求真理。”⑤雅斯贝尔斯提出了通过“完整知识教育”培养“完人”的理论,他认为教育人不在于培养人的某一种技能或发展人的某一个方面,教育是目的而不是手段,其目的是要使人在各个方面都能得到发展,让人作为完整的存在。“大学的科学课程则希望深入知识的根源,抱着知识一体化的想法,以在整

---

① [英]约翰·亨利·纽曼:《大学的理想(节本)》,徐辉等译,浙江教育出版社2001年版,第8页。

② 符娟明等:《比较高等教育》,北京大学出版社1987年版,第31页。

③ [美]亚伯拉罕·弗莱克斯纳:《现代大学论——美英德大学研究》,徐辉等译,浙江教育出版社2001年版,第10、35页。

④ 徐辉:《一种内涵深刻的古典大学观》,载《高等教育研究》1992年第4期。

⑤ [美]德里克·博克:《走出象牙塔——现代大学的社会责任》,徐小洲、陈军译,浙江教育出版社2001年版,第43页。

体的科学之中找到每个个别的职业的根。……让整体的知识涵盖实用的知识。"①

马克思、恩格斯从社会发展的规律出发,创立了人的全面发展学说,认为人的全面发展是一个与社会有机统一的历史过程,社会发展的最终目标和最高理想是"以每个人的全面而自由的发展为基本原则的社会形式"②,人的全面发展是人的体力和智力得到充分的自由发展和运用。而教育与生产劳动相结合是"造就全面发展的人的唯一方法"③。大学教育作为高层次的系统的基础性教育,对于人的全面发展具有不可替代的作用。

现代社会的迅速发展,对大学促进人的发展提出新的要求。1998 年,联合国教科文组织发布《21 世纪的高等教育:展望和行动世界宣言》,强调应以"是否符合社会的期望来衡量"高等教育的切实性,还提出由于社会环境巨变,"高等教育本身正面临着巨大的挑战,而且必须进行从未要求它实行过的最彻底的变革和革新,以使我们目前这个正在经历一场深刻的价值危机的社会可以超越一味的经济考虑,而注重深层的道德和精神问题。"④国际 21 世纪教育委员会提出了教育的"四大支柱",即:学会认知、学会做事、学会共同生活、学会生存。⑤ 这可以看做是社会对现代高等教育在促进人的发展方面的基本要求。

大学教育的根本目的是培养人。尽管在不同的时代,人们对人才培养的目标有不同的要求,人才培养模式也因社会和大学的不断发展变化而相异,但大学所具有的促进人的发展的功能从来没有改变。促进人的全面发展无疑是大学的终极目标,培养全面发展的人是大学的目的性功能。

(2)促进社会进步

社会发展是综合因素的作用,教育是其中的一个重要的因素。社会发展根本上表现为在生产力的推动下,社会形态由低级向高级阶段的演进过程。在人类社会生产力的发展过程中,先进生产力取代落后生产力,都是由科学

---

① [德]雅斯贝尔斯:《什么是教育》,邹进译,生活·读书·新知三联书店 1991 年版,第 176 页。

② 《马克思恩格斯选集》(第二卷),人民出版社 1995 年版,第 239 页。

③ 《马克思恩格斯选集》(第二卷),人民出版社 1995 年版,第 212 页。

④ 赵中建:《全球教育发展的热点——90 年代来自联合国教科文组织的报告》,教育科学出版社 1999 年版,第 134 页。

⑤ [法]雅克·德洛尔:《教育——财富蕴藏其中》,联合国教科文组织总部中文科译,教育科学出版社 1996 年版,第 75、88 页。

技术的进步或突破引起的。传统上,大学只有储存、传递知识的功能,它对生产力的作用是通过培养的人来间接实现的。大学通过对劳动力的再生产和再改造,来实现对生产力要素的重新组合与转化。随着知识经济时代的到来,科学技术发展迅速,大学从社会的边缘逐渐走向社会的中心,不仅向社会提供人才,而且通过创造知识、创新技术、发展高新技术等直接推动社会先进生产力的发展。① 因此,一个国家的文化、科学、经济、政治和军事等方面与大学日益相关,一个国家实力的标志已将大学发展纳入考量范畴。各国政府无不加强对大学的投资,致力于大学教育的改革,推动和促进企业界与大学的合作,以刺激和鼓励大学在其科学研究、文化传播、人才培养等传统功能之外,还能发挥其“创造财富”的功能。大学正成为社会的知识工厂和思想库,成为科技进步的“孵化器”、经济增长的“动力源”、社会进步的“加速器”,成为现代社会的“轴心机构”。

大学教育要对社会发生作用就必须首先满足社会要求,适应社会发展。大学对社会需要的满足,要求大学必须根据社会发展的状况不断调整自身发展的内容和方向。科尔说,一千年来,大学在周围社会中被认可的专门行业与大学的生命是联系在一起的,大学也将继续对新出现的专门行业做出贡献。② 对于大学来说,尽管最初的变革是一种痛苦的经历,但其也为大学带来了勃勃生机。大学只有从封闭走向开放,消除与社会的距离与隔阂,才能成为整个社会中最具活力、最能代表先进文化的机构。

当然,大学对社会的服务,绝不是被动的服从,而必须发挥引领社会发展和解决社会现实问题的作用。如阿什比所说:“如今在所有的社会组织机构中,能胜任人类远大目标的指导任务和人类未来利益的管理任务的,似乎以大学最为适宜。如果这是大学恰如其分的职能,那么,大学为公众服务最需要的工作……是把大学独具的多种学科的多类智慧,用到解决适应社会变化的研究中去。”③大学应引领社会发展转变,而非仅仅被动满足社会需求。这里所说的引领,实质上是理智的、智慧的引领。从大学自身的发展来看,现代

---

① 孙冰红:《大学教育与社会发展论》,西北农林科技大学博士学位论文,2005 年。

② [美]克拉克·科尔:《大学的功用》,陈学飞等译,江西教育出版社 1993 年版,第 78 页。

③ [英]艾里克·阿什比:《科技发达时代的大学教育》,滕大春、滕大生译,人民教育出版社 1983 年版,第 149 页。

大学已不再是弗莱克斯纳所说的一个由知识分子盘踞着的城镇，也不再是纽曼心中那种僧侣居住的村庄，而更像科尔所说的那种魅力无穷、五光十色的大城市——智力城。它不仅要批评社会，还要满足社会发展的需求，更要引导社会的进步；它不应迎合社会的各种需求，特别是不合理的需求，而应该引导社会需求，引领社会独立思考及批判社会不合理的需求，应该像一座灯塔，照亮社会前行的道路。

大学发展的历史表明：大学在不同的时代、不同的国家，多次凸显了引领社会发展的作用。11 世纪意大利半岛出现了近代意义上的大学，于是有了历史上的文艺复兴；12、13 世纪英国有了牛津大学和剑桥大学，很快出现了工业革命，有了代议制；19 世纪德国大学的优势，使德国成为第二次工业革命领先的国家；1862 年《莫里尔法案》(Morrill Act)的颁布，确立了教育为社会服务的主题，"威斯康星之火"燃遍了美国的东西海岸；20 世纪的美国，发达的高等教育助推了发达国家的形成；当今世界，凡是发达的国家几乎都有发达的高等教育作支撑。弗莱克斯纳曾指出："大学不是某个时代一般社会组织之外的东西，而是在社会组织之内的东西。……它不是与世隔绝的东西，历史的东西，尽可能不屈服于某种新的压力和影响的东西。恰恰相反，它是……时代的表现，并对当时和将来都产生影响。"①1990 年，49 位美国的大学校长联合发表《都市大学宣言》，宣称要建立一种成功的新型大学以适应社会的需求和挑战，"使之在接受高等教育全部教学、科研和社会服务传统价值观的同时，要增加自己领导都市地区的责任，利用人力和财力资源改善生活的质量"②。

大学显然不能解决所有问题——这也并不是大学的职责所在，但现代大学作为探索高深学问、培养专门人才和服务社会发展的学术组织，作为独立思想和批判的中心，有责任也有可能在探索未知、解决社会现实问题、促进社会发展等方面做出应有的贡献。

2. 大学的职能

人才培养、科学研究、社会服务和文化传承与创新，是现代大学的主要职

---

① [美]克拉克·科尔：《大学的功用》，陈学飞等译，江西教育出版社 1993 年版，第 26 页。

② 施晓光：《美国大学思想论纲》，北京师范大学出版社 2001 年版，第 177 页。

能。这些职能是在大学发展的过程中逐步形成的。

(1) 人才培养

大学本质上是一种培养人的社会组织。“大学是以人才培养为主线,将其他学术活动有机联系起来的学术机构。”①不论是哪个时期、哪种类型和层次的大学,都以人才培养为基本任务。

从大学发展的历史来看,大学最初只是为培养人才而设立的。在中国,“五帝”时的“成均”就提出“合国之子弟”②的目标,夏商周的“校”、“序”、“庠”“皆所以明人伦也”③。在后来两千多年的封建社会中,中央官学、中央专科学校、私学、书院等,无非都是“化民成俗”④,培养封建社会的统治者及相关人才。其中,中央官学主要培养封建国家行政官吏,中央专科学校主要培养法律、科技和艺术专门人才,私学主要培养经学、文化和科技人才,书院主要培养学术人才。

在西方,人类最早的学校是培养文士的学校。古埃及的学校主要有宫廷学校、寺庙学校和文士学校;罗马帝国的大学主要是培养希腊语、拉丁修辞以及一部分法律、医学、建筑专门人才;甚至到中世纪早期的欧洲教育,也主要是培养“服从、贞洁、清贫”的基督教修道主义品质的“骑士”。

随着社会经济的发展,大学培养的人才逐渐加强了专业性。中世纪,欧洲社会需要医学、文艺、法学和神学方面的人才,来管理市政、维护法律、主持宗教事务等,出现了如法国的巴黎大学、英国的牛津大学、意大利的波隆那大学等,通过法律、文学、医学、神学四科来培养教会、国家和有关专业最需要的医生、律师、法官、牧师及官吏。所以,欧洲中世纪的大学主要是“培养专业人才的职业学校,只是在有限意义上可以说是为学习本身的概念而存在的。大学在满足专业、教会和政府各种人才的需要的过程中不断发展”⑤。

工业革命以后,随着科学技术的飞速发展,社会分工越来越细,人类社会进入了一个社会分工高度发达的阶段,人对职业的依赖性进一步增强。

---

① 张俊宗:《学术与大学的逻辑构成》,载《高等教育研究》2004 年第 1 期。

② 《周礼·春官·大司乐》。

③ 《孟子》。

④ 《礼记·学记》。

⑤ [美]伯顿·克拉克主编:《高等教育新论——多学科的研究》,王承绪、徐辉、郑继伟等译,浙江教育出版社 2001 年版,第 26 页。

这种变化促进了大学人才培养功能的调整，培养适应经济发展、科学技术进步需要的专门人才成为大学的主导性功能。“大学的一个重要使命，是利用人类智慧所发明的最经济、最直接和最有效的方法，把普通人培养成为优秀的医生、药剂师、律师、法官、经济管理者、公务员、中学理科和人文学科教师等。”①除少数大学坚持古典教育传统外，绝大多数大学以及后来适应社会需要建立起来的许多新大学，都开始倾向于培养技术人才，适应社会发展对专门人才的需要。今天的大学仍然是以人才培养为中心的学术组织。

（2）科学研究

西方早期从事科学研究的场所，是与大学分而设之的科学院或科学团体，如意大利西芒托学校、英国格雷山姆学院、法国法兰西科学院等。“大学工作不含科学研究”，“大学没有在整个社会的创造性智力生活中发挥重要作用”，甚至，许多引起和推进工业革命的技术发明和科学发现都与大学无关。正因如此，阿特巴赫指出，“大学在18、19世纪早期还处于一种休眠状态，缺少一种切实的，在知识上的职责，强调传授已有的文化，严格限制发挥社会作用，所有这些都造成了动力上的不足。这个时期的教训可能是这样：大学不是科学与知识成就的必要组成部分”②。

自然科学先是在大学之外崭露头角，然后才以“自然哲学”的外衣进入大学。17到19世纪，自然哲学逐渐分裂为各门独立的自然科学而成为现代学科诞生的重要标志。尽管一直被视为低于神学、法学的“次等学科”，自然科学却推动了大学人才培养方式从传统向现代的转型。一些新成立的大学如哈勒大学等也开展了对自然科学的研究。然而，真正把科学研究作为大学的一项重要职能并实现教学与科研结合的突破，是在洪堡大学创办的过程中完成的。

1806年耶拿战役的失败和1807年《堤尔西特和约》的签订，唤起了德国人的爱国思想和振兴德意志民族的强烈愿望。在“国家必须用精神力量去补偿物质上的损失”理论的影响下，威廉三世接受了重建大学的主张。以洪堡等人为代表的新人文主义者把科学研究作为培养人才的方式引入大学，认

① ［西班牙］奥尔特加·加赛特：《大学的使命》，徐小洲、陈军译，浙江教育出版社2001年版，第74页。
② ［美］菲利普·阿特巴赫：《比较高等教育》，符娟明、陈树清译，文化教育出版社1985年版，第28页。

为科学研究是对知识和真理永无止境的探索追求，当科学研究成为大学师生学术生活的方式时，将极大地提高人认识自己和认识世界的能力，并提出了“大学应当同时进行科学研究和教学两项工作”的办学思想。在中世纪大学教学活动的基础上，大学引进了科研活动，以研究促进教学，教学与科研相统一，由此，“讲座制”（chair system）、“讨论课”（Seminar，又译“习明纳”、研讨课）等有利于科研创新的教学方法应运而生。然而，纯理论的基础研究是洪堡大学模式的主要方向，大学仍游离于经济、社会之外，是一个“独立王国”。尽管德国大学的“徽章”为科学研究，但在很长时间里，那些带有实际目的的应用研究并未在德国的大学中站住脚。当德国的工业化需要大批工程技术人才，而德国大学还固守“纯学术”研究时，社会就在大学之外通过创办技术学院来满足要求，其在后来发展成德国著名的工业大学。

洪堡等人的思想引起了大学划时代的变革——一方面开启了近代大学集科研、教学于一身的先河，另一方面也促使大学进一步地摆脱宗教的控制。中世纪的大学在以德国柏林大学为代表的近代大学的诞生之时画上了句号，随后，科学及科学研究在大学中的地位得以确立，发展科学与培养人才的分离状态得以结束。这一系列事件的产生推动了德国经济和科技的发展，使其成为19世纪继法国之后世界高等教育和科学的中心，并对世界其他国家的高等教育发展模式产生了极大的影响。继柏林大学之后，科研和教学相结合成为许多大学的办学模式，大学里也出现了自然科学方面的实验室。科学研究正式进入大学的课堂，并迅速成为大学一项新的职能。大学在探索和扩大人类知识领域方面承担起更加重要的任务。直到今天，科学研究仍然是世界各国大学的一项重要职能。

（3）社会服务

客观地说，大学从产生开始便承担了服务社会的职能，但早期大学服务社会的职能是通过为社会培养人才实现的。而把直接为社会服务当做一项重要职能并将人才培养、科学研究和社会服务三大职能整合为一体的是美国的高等教育。1862年，由林肯总统签署的《莫里尔法案》规定：联邦政府每州至少资助一所学院从事农业和技术教育。该法案出台后，美国的高等教育发生了巨大的变化，一是公立高等教育的发展得到直接的推动，尤其是因该法案颁布而成立的一批农工学院，或称“赠地学院”，适应了美国工农业迅速发展和人口增长对高等教育的需求,走上直接为社会服务的道路。二是突破了大学仅培养医生、律师、教师、绅士和牧师的传统,高等教育直接面向社会,促使高等教育为农业、工业生产培养应用型人才。

由于《莫里尔法案》的颁布,威斯康星大学迅速地发展起来,并在"为社会服务"中取得极大成功。时任该校校长的范·海斯明确提出"服务应该成为大学的唯一理想","大学应当成为服务于本州全体人民的机构","教学、科研和服务都是大学的主要功能。更为重要的是,作为一所州立大学,它必须考虑每一项社会功能的实际价值。换句话说,它的教学、科研、服务都应考虑到州的实际需要"。① 按照这一思想,威斯康星大学建立了推广教学中心,把大学教育与社区普及性教育结合起来,开设"短期课程",传授农业科技知识,加强了与州政府的合作;一批教授在州的各种委员会中兼职,帮助起草法案,规划道路、桥梁和建筑,帮助乳制品业的发展;为社会提供许多有关解决卫生、经济、管理与教育方面问题的咨询;学校的工厂与实验室还直接为校外机构作土壤、矿石、燃料与水的成分的化验分析;等等。② 正是在威斯康星等一批大学的示范影响下,为社会服务作为继人才培养、科学研究之后的"大学第三项职能"得到了确立和公认,直接为社会服务为核心的"威斯康星思想"从此成为大学服务社会的典范。

1887 年,美国国会颁布了《哈奇法》,要求各州充分利用农业院校的学术、科研力量,普遍建设农业试验站,促进了农业教育和科研事业的发展,进一步推动大学更好地服务社会。美国结合本国社会发展的实际需要,将"社会服务"的职能赋予了大学,把全世界的大学带进了一个崭新的发展阶段。社会服务在美国大学得到广泛推广,其他国家也相继效法,服务内容和形式也越来越丰富。

(4) 文化传承与创新

文化传承与创新的职能,从大学产生时就已经存在。甚至可以说,中国古代的大学和西方中世纪以前的大学,主要职能就是文化传承与创新。那时的文化传承与创新,是在探索高深学问和为社会培养人才的过程中实现的。

---

① 邬大光:《范·海斯的高教思想》,载《高教文摘》1990 年第 6 期。

② 胡建华、陈列、周川等:《高等教育学新论(新世纪版)》,江苏教育出版社 2006 年版,第 247 页。

近代以来,随着科学技术的发展和社会对大学的工具性依赖增强,大学在忙于应对社会需求的过程中淡化了与生俱来的文化传承与创新职能。近年来,全球化浪潮推进了各国文化的交流、融合与碰撞,各国高等教育也在国际化进程中更加近距离地互相学习、交流、竞争和映照。各民族的文化能否既能保持自己的优良传统,又能吸纳别人的精华,在继承、借鉴和创新中促进本国文化的发展和不同文化的和谐共生,成了世界面临的新问题。肩负着引领社会思想任务的大学,必须对这个问题作出回应。2011 年 4 月,胡锦涛同志在庆祝清华大学建校一百周年大会的讲话中指出:"高等教育是优秀文化传承的重要载体和思想文化创新的重要源泉。""必须大力推进文化传承创新"。① 由此,文化传承与创新的问题在中国教育界引起了极大关注,各大学都在探索如何强化文化传承与创新的职能。相信在不久的将来,这个问题也会引起世界各国大学的重视并逐步形成共识。

从大学职能的演进可以看出,人才培养、科学研究、社会服务和文化传承与创新的职能并不是自大学产生起就同时确定的,而是随着大学的发展逐步形成的。从根本上说,大学职能的演变是大学对时代和社会变化的回应。只是当社会发育到一定程度,社会需求积累到一定程度时,大学的新的职能才会得到发展、确立和公认。历史发展到今天,人们对大学职能的认识仍在不断深化和创新,社会也在不断向大学提出完善职能的要求。随着时代的发展,大学的职能还会有所变化。

第三节 大学制度

组织是围绕某个中心活动而组织起来的社会单元,而制度就是规范组织活动的规则体系。大学制度就是大学管理与运行的规则体系。大学制度在大学建立之时产生,并在大学发展的过程中不断发展和完善。

---

① 胡锦涛:《在庆祝清华大学建校 100 周年大会上的讲话》,http://news.xinhua.com/politics/2011-04/24lc_121341791.htm.2011-04-24.

一、制度、大学制度和现代大学制度

(一) 制度

“制度”一词在中国历史上久已有之。《商君书》中就已经有了治理国家必须订立制度的思想,①《礼记》中也提出了设立规则而有章可循的思想。②这些“制度”的意义已经与我们今天的理解十分接近了。③

制度学派被认为较成功地对制度进行了研究,但即使在制度学派内部也存在对制度不尽相同的理解。早期制度学派理论代表人物凡勃伦认为:制度是大多数人所共有的一些“固定的思维习惯、行为准则,权力与财富的原则”④。V.W.拉坦认为“制度是一套被用于支配特定的行为模式与相互关系的行为准则”⑤。A.爱伦·斯密特(A. Allan Schmid)认为:“制度是有关人们有序关系的集合,它界定人们的权利、责任、特权以及所面对的其他人的权利”,“制度意味着和特定权利的总合,它常常分成一些组合。”⑥斯韦托扎尔·平乔维奇的观点是:“制度可以定义为对人类重复交往所作的法律的、行政的和习惯的安排。”⑦诺思给制度的定义是:制度是“一系列被制定出来的规则、守法程序和行为的道德伦理规范”⑧,它“包含着一套以章程和规则为形式的行为约束,一套从章程和规则出发来检测偏差的程序,最后还有一套道德、伦理的行为规范,这类规范限定了章程和规则的约束方式的轮

---

① 《商君书》:“凡将立国,制度不可不察也,治法不可不慎也,国务不可不谨也,事本不可不抟也。制度时,则国俗可化而民从制;治法明,则官无邪;国务壹,则民应用;事本抟,则民喜农而乐战。”

② 《礼记》:“故天子有田以处其子孙,诸侯有国以处其子孙,大夫有采以处其子孙,是谓制度。”

③ 《辞海》对制度的解释:“①要求成员共同遵守的、按一定程序办事的规程或行为准则。②在一定历史条件下形成的政治、经济、文化等方面的体系。”

④ [美]凡勃伦:《有闲阶级论——关于制度的经济研究》,蔡受百译,商务印书馆1983年版,第138~141页。

⑤ [美]V.W.拉坦:《诱致性制度变迁理论》,载R.科斯等:《财产权利与制度变迁——产权学派与新制度经济学学派译文集》,上海三联书店、上海人民出版社1991年版,第329页。

⑥ [美]A.爱伦·斯密特:《财产、权力和公共选择——对法和经济学的进一步思考》中文版序,黄祖辉、蒋文华、郭红东等译,上海三联书店、上海人民出版社1999年版,第7页。

⑦ [南]斯维托扎尔·平乔维奇:《产权经济学——一种关于比较体制的理论》,蒋琳琦译,经济科学出版社1999年版,第3页。

⑧ [美]道格拉斯·诺思:《经济史中的结构与变迁》,陈郁、罗华平译,上海三联书店、上海人民出版社1993年版,第225~226页。

廓”[①]。柯武刚、史漫飞把制度看作“是一套关于行为和事件的模式”，是“各种带有惩罚措施、能对人们的行为产生规范影响的规则”[②]，认为由于“文献中的‘制度’一词有着众多和矛盾的定义，不同学派和时代赋予这个词如此之多可供选择的含义，以至于除了将它笼统地与行为规则性联系在一起外，已不可能给出一个普适的定义来”[③]。因此，对制度最一般的表述还应是T. W. 舒尔茨“管束人们行为的一系列规则”[④]的定义。需要指出的是，制度学派的“制度”既包括政治法律制度等成文的规则，又包括只存在于人的观念中、靠人的自我约束和舆论监督来实施的道德、风俗、习惯等。

在制度学派那里，制度既可以是一个具体的制度安排，即“制度安排的定义是管束特定行动模型和关系的一套行为规则”[⑤]，也可以是一种制度结构。林毅夫认为，制度结构是“一个社会中正式的和不正式的制度安排的总和”[⑥]。因此，从新制度经济学的角度理解，所谓大学制度，既包括一个大学中的某一项具体的制度安排，也包括某一个大学中呈现一定结构的所有的制度安排，还包括这一大学所处国家或地区政府和社会对该大学进行管理并呈现一定结构的所有制度安排，还可以是一个国家或地区政府和社会对该国家或地区内不同大学进行管理，也同样呈现一定结构的所有的制度安排。

当然，对制度的理解，还有各种角度，从高等教育的角度讲，制度就是高等教育管理与运行的规则体系。

（二）大学制度

制度是组织赖以存在和发展的基础。“任何组织都与其相应的制度密

---

① ［美］道格拉斯·诺思：《交易成本、制度与经济史》，载《经济译文》1994年第2期。

② ［德］柯武刚、［德］史漫飞：《制度经济学——社会秩序与公共政策》，商务印书馆2001年版，第32～33页。

③ ［德］柯武刚、［德］史漫飞：《制度经济学——社会秩序与公共政策》，商务印书馆2001年版，第32～33页。

④ ［美］T. W. 舒尔茨：《制度与人的经济价值的不断提高》，载R. 科斯等：《财产权利与制度变迁——产权学派与新制度经济学学派译文集》，上海三联书店、上海人民出版社1991年版，第253页。

⑤ 林毅夫：《关于制度变迁的经济学理论——诱致性变迁与强制性变迁》，载R. 科斯等：《财产权利与制度变迁——产权学派与新制度经济学学派译文集》，上海三联书店、上海人民出版社1991年版，第377页。

⑥ 林毅夫：《关于制度变迁的经济学理论——诱致性变迁与强制性变迁》，载R. 科斯等：《财产权利与制度变迁——产权学派与新制度经济学学派译文集》，上海三联书店、上海人民出版社1991年版，第378页。

不可分,组织要生存和运作,就必须有制度化的安排。"①大学制度,即大学运行与管理的规则体系,是大学追求理想、发挥功能、履行职能的载体。早在17世纪,捷克的教育家夸美纽斯(Johann Amos Comenius)就强调了学校制度对学校存在与发展的意义,认为制度是学校一切工作的"灵魂","哪里制度稳定,哪里便一切稳定;哪里制度动摇,哪里便一切动摇;哪里制度松垮,哪里便一切松垮和陷入混乱"②。在我国,一些学者认为"大学制度是大学存在和发展的根基"③。

其实,从某些方面来讲,一部大学的历史就是一部大学制度的变革史。高等教育的发展史已证明了大学制度对大学的存在和发展的重要意义。中世纪大学围绕学校自治与学术自由建立的一系列制度,为大学的生存发展奠定了基础。柏林大学弘扬了学术自由的传统,建立了教学科研结合等制度,推动了德国教育的发展并为其他国家提供了经验。美国大学综合借鉴了欧洲各国大学发展的经验,对大学制度进行了本土化改造,形成了美国独具特色的大学制度(这一点,后面的章节还要讲到)。这些无不说明,制度在保证组织的正常运行与承载组织的理想中发挥了重要作用。教育思想与实践离开了制度这一保障机制,就难以实现其潜在的意义。今天世界各国的大学制度,与欧洲早期的大学制度和本国早期的大学制度都有了巨大区别,正是这些区别反映了大学在以变应变中不断适应社会发展的需要,让自己始终站在时代的前列,引领着社会的发展,并使沧桑的校园始终保持蓬勃旺盛的精力。

当然,也可以把大学制度看作是一种资源配置的工具。虽然大学不是经济组织,但大学内部和外部都聚集了多种办学资源,大学制度同样具有配置高等教育资源的功能。从大学的外部看,办学资源的流向反映了政府的导向和社会的意向;从大学内部看,办学资源的配置反映了大学的建设格局和发展方向,校内的权力配置体现了由谁来主导学校的发展。正如阿什比所说的"每个大学能否健康发展就在于校内由哪些人主持。"④显然,资源配置的科

① [美]理查德·斯格特:《组织理论:理性、自然和开放系统》,黄洋等译,华夏出版社2004年版,42。

② 任中印:《夸美纽斯教育论著选》,人民教育出版社1990年版,第243页。

③ 杨运鑫:《大学制度:大学存在和发展的根基》,载《辽宁教育研究》2004年第1期。

④ [英]艾里克·阿什比:《科技发达时代的大学教育》,滕大春、滕大生译,人民教育出版社1983年版,第62页。

学性和合理性,对大学的发展会产生重大影响。

(三)现代大学制度

"任何类型的大学都是遗传与环境的产物。"①这句话中的"环境"是指大学所面临的社会现实,"遗传"则是指大学发展的内在逻辑。对"遗传"与"环境"对大学发展的影响,人们有不同的看法。有的认为大学的"内在逻辑"就是大学自身的运动特点,是大学的"独立本质"②,是用来消解社会影响中的负面效应的力量。有的认为"高等学校的定位是各学校自己的战略行为,是竞争中的抉择,即高等教育系统功能的形成是各个高校独立进行战略规划的自发结果,而不是系统设计的结果"③。这种观点主要是强调高等教育在高校发展历程中的自生秩序。还有一种观点则认为"高等教育有效的系统功能有赖于建立明确区分高等学校举办者和办学者的学校设置和管理体制,且两者职责分明。"④这种观点主要是强调高等教育体制的设计和强化管理。从理论上说,社会制约和自生秩序是高等教育的两个方面,不可偏废。朴雪涛从大学教学和科学研究分野的角度,认为大学的"内在逻辑"与"社会需要"的矛盾是人为夸大的结果,离开大学的社会需求解读大学的理念,不符合历史的真实。⑤ 制度学派关于制度变迁的"路径依赖"理论⑥也认为,制度的演进都要受到历史传统和所处环境的制约。

作为遗传的产物,大学制度产生于大学的建立,并循着大学发展的内在逻辑不断发展和完善。近代高等教育肇始于中世纪大学。作为学者的行会,中世纪大学为维护自身利益而争取国家支持,甚至利用教会和国家之间的矛盾,获得了许多特权,如许多大学有权设立特别法庭,大学教师有参政权,大学有颁发证书、罢教和迁移的权利,大学教师有免税免役权,等等。这些与

---

① [英]艾里克·阿什比:《科技发达时代的大学教育》,滕大春、滕大生译,人民教育出版社 1983 年版,第 125 页。

② 胡建华:《高等教育学新论》,江苏教育出版社 1995 年版,第 58 页。

③ 冯向东:《高等学校定位——竞争中的抉择》,载《北京大学教育评论》2004 年第 2 期。

④ 王义遒:《我国高校的恰当定位为什么这么难》,载《高等教育研究》2005 年第 2 期。

⑤ 朴雪涛:《试论大学理念及其变革》,载《沈阳师范学院学报(社科版)》2002 年第 3 期。

⑥ P. David, Why Are Institution the "Carriers of History": Path Dependency and the Evolution of Conventions, Organizations and Institutions. *Structural Change and Economic Dynamics*, Vol. 5, No. 2, 1994; [美]阿瑟:《经济学的自我增强机制》,载《经济社会体制比较》1995 年第 5 期; [美]诺斯:《制度、制度变迁与经济绩效》,航行译,上海三联书店 1994 年版,第 150 页。

“大学自治”和“学术自由”相关的内容，为后来大学的相对独立地位奠定了基础。同时，根据分科教育的需要，中世纪大学形成了最初的学院制度。现代大学所具有的主要特征在中世纪已基本形成。19世纪初柏林大学创立，总结和完善了中世纪大学“学术自由”、“大学自治”的传统，提出并实践了“教授治校”、“教学与研究相统一”等原则，推动了大学制度的发展。美国人以实用主义精神对德国大学“教学与研究统一”原则进行了改造，把应用研究纳入了大学，用“院系—研究所”建制取代了德国大学的教授讲座制，并在发展过程中形成了建立大学教授协会等一系列保护学术自由的制度。威斯康星大学、康奈尔大学等开辟了大学直接为社会服务的领域，并由此影响了大学职能和制度结构的变化。20世纪初，现代大学在中国建立。蔡元培在北京大学建立了学校评议会及各科教授会等保障“思想自由、兼容并包”的制度。新中国的大学，在继承中国大学传统和借鉴他国经验的基础上建立了自己的制度体系，并且，这一制度体系正在改革中不断完善。

作为环境的产物，不同国家、不同时期造就了不同的大学和大学制度。最初以行会形式出现的中世纪大学在欧洲各国传播开后，这些国家纷纷创建了与自己的国情特点相适应的大学。在法国，1789年资产阶级革命爆发，国民议会通过了目的在于使高等教育国有化的《公共教育组织法》，在法国各地创建了一系列由政府不同部门管辖的不同类型的学院，确立了近代公立大学的制度模式。而在德国，出于民族振兴的目的，产生了以柏林大学为代表的“国家设施型大学”的制度模式。法国、德国大学的制度模式在其后不断的发展中影响了包括俄罗斯、中国、日本等国近代大学制度的设定。在英国、美国、日本等国家，其大学制度的形成和变迁都与本国的经济社会发展密切相连。中国现代大学制度，则是适应中国现代经济社会发展的产物。

纵观大学制度的演进，我们或许可以得到这样一些结论：第一，作为制度，现代大学制度不是某一所大学的一项具体制度，而是大学管理与运行各个方面共性制度的集合。第二，作为制度，现代大学制度不能离开大学自身发展的规律，也不能离开一定的社会经济条件，因此，大学制度既要继承传统，又要体现时代需要；既强调共同性，也尊重差异性。第三，作为一个具有相对性特征的概念，现代大学制度不是一个静态的概念，它是动态、开放和发展的，随着时代的发展，将不断注入更多新的因素而舍弃一些过时的、失效的因素。从这样的结论出发,现代大学制度可以被定义为:一种与传统大学制度相对应的,与大学自身变化及现代政治、经济、科技和文化发展相适应的大学管理与运行的规则体系。

二、大学制度的内涵

(一)大学内部的制度

大学内部的制度包括校内的决策制度、执行制度、管理制度、学术制度、教学制度、服务制度、会议制度等,是学校内部管理与运行的规则体系。大学既是一种学术组织又是一种社会组织。一方面,大学和许多社会组织一样也具有明显的行政组织的特点,一定程度上按科层制的原则进行制度设计和运行。另一方面,作为一种学术组织,大学又不同于企业组织、政府组织和许多非营利组织,在很大程度上需要按照学术活动和教育规律进行制度设计和运行。因此,“大学在结构和管理上呈现出行政管理的科层系统和学科专业事务的学术系统并存的特有现象。大学是一个按照自身规律发展的独立的有机体”①。

与一般社会组织科层制相比,大学的结构和管理呈现出二重性特点:一是,大学根据业务性质建立有专业分工的体系,但工作目标特别是学术系统的工作目标并不完全明确,科层控制系统控制较少;有一定的职责划定,但职责的界限并不完全清晰,层级之间职责的区分度较低。二是,大学有校—院—系等若干层次组成的等级体系,但层级和结构相对简单;部属接受主管的命令,但很少直接进行控制和监督;有职权关系的等级划定,但科层系统和学术系统交叉时,按等级排列可能产生混乱。三是,有正式的规章制度,但由于专门的、灵活的、有弹性的工作,需要组织赋予较强的自主性,自治要求和程度都较高,对外界的刚性控制较排斥;组织成员间的活动与关系受规则限制,但非人格化程度较低。四是,对人员有纵向的资格的限制,但高度的专业化使得人员横向流动性极弱;有考核制度,但对工作目标及其实现程度的考核较困难。正因如此,迈克尔·科恩和詹姆斯·马奇把大学描绘成一种“有

---

① [美]约翰·布鲁贝克:《高等教育哲学》,王承绪、郑继伟、张维平等译,浙江教育出版社 1987 年版,第 15 页。

组织的无序状态”,认为大学的管理程序并非严格遵循科层逻辑或者民主逻辑。①

大学结构和管理上的二重性,在权力角度又表现为大学内部行政权力与学术权力的并存。一般来说,大学内部的行政权力是指大学组织中的行政机构和人员,为实现大学的组织目标,按照一定的规章,影响和支配大学内部行政事务的一种权力形式;学术权力是指学术组织和人员,为实现大学的学术目标,按照学术规律,对学术事务、学术活动以及学术关系施加影响和控制的一种权力形式。但不同研究者仍然有不同的解释。约翰·H.范·德格拉夫将学术权力定义为:“从高等教育管理的最上层(即国家)到最基层(即教师)等各个层次的管理机构和人员所享有的高等教育管理权力。”②彭江也认为,学术权力“是学术活动主体所拥有的对学术资源的控制力”,“甚至和大学相关的一些行政部门的管理人员也拥有这种学术权力”。③ 有研究者认为,“行政管理并不是特别针对高等教育的具体事务,而是带有普遍适应性的一种管理方式。行政管理可以是学术事务的管理,也可以是非学术事务的管理”④。还有一种观点认为,大学的非学术性事务是由大学行政权力管理的,即使大学的行政权力被赋予管理学术事务的职责,其也不具有学术权能。石小明还从行政权力与学术权力的角度,把西方主要国家大学的权力结构大致归纳为三种类型:“以欧洲大陆的德国、法国、意大利等为典型的学术权力为主的权力结构;以美国的一些巨型大学为代表的行政权力为主的权力结构;以英国的传统大学最为典型的学术权力与行政权力制衡的权力结构。”⑤

行政权力与学术权力并存是大学内部权力结构的特有现象,有其由大学组织特点决定的自身存在的合理性。一方面,学术权力是大学作为学术性组织自然拥有的权力。作为一种学术组织,大学追求高深学问的目标,教师的主体地位,把高深知识作为特殊的操作材料,以人才培养为中心兼有教学、科

---

① [美]M.D.科恩、[美]J.G.马奇:《大学校长及其领导艺术——美国大学校长研究》,郝瑜等译,中国海洋大学出版社2006年版,第213、235页。

② [美]伯顿·克拉克:《学术权力——七国高等教育管理体制比较》,王承绪等译,浙江教育出版社1986年版,第174页。

③ 彭江:《初论现代大学制度的本质及逻辑》,载《高教探索》2005年第6期。

④ 别敦荣:《学术权力的特征与运行机制》,载《清华大学教育研究》2000年第2期。

⑤ 石小明:《国外大学的管理构架》,载《21世纪》2005年第1期。

研和社会服务的功能等，客观要求对相关学科领域的专家赋予按照学术规律处理相关学术事务、学术活动以及学术关系的权力。另一方面，行政权力属于法定的权力，其基础是大学社会性的组织属性。作为一种社会组织，由于知识操作形式和内外关系的进一步复杂，大学已发展成为目标、主体、活动类型不尽相同甚至可能存在一定矛盾和冲突的异质性结构，行政管理作为一种特殊的职能在使大学活动程式化和整体化方面的作用更加突出，大学本身不得不通过行政手段来协调运转。

但大学学术权力和行政权力的作用本身又都有其局限性。大学的特殊属性要求大学的行政管理也需要按一定的特殊规律运行，管理大学时盲目地生搬硬套科层组织模式，会带来灾难性的后果，使大学的正常模式遭受巨大破坏。一方面，以知识作为特殊的操作材料，使得大学难以将“生产效率”定量化，难以将“产品质量”标准化，难以将“生产过程”阶段化，难以将“工作职责”精确化，科层制在学术系统中本身就难以执行。另一方面，从大学内部高度分裂的专业化组织形态来看，必然要求大学组织内部控制权的相对分散，在“生产点”上以知识密集为特点的组织状态，要求给予各个学科和专业的教师或学者必要的自由环境和独立决策学科范围事务的权力。大学作为一个自治整体还需要在内部继续划分为若干的自治单元，并赋予它们一定程度的自治权。如果在大学组织内部恪守科层制度来强化一致性，必然会使教师或学者个体以及基层学术组织丧失首创精神。另外，科层制强调的组织内部的分工，强调等级和单向的命令服从，容易造成行政权力的泛化和职能部门的异化，造成办事推诿、机构臃肿、人浮于事、效率低下等，使科层制走向自身的反面，破坏学术自由和学术规律的客观要求，给学术事业造成巨大的危害。

相反，无视行政权力显然也与大学本身的要求相悖。因为，学术权力的局限性决定了其需要行政权力来协助。作为由早期学者的行会直接传承下来的内容，以学术自治为核心的学术权力具有与生俱来的一些弊病。如布鲁贝克所言：“尽管赞成学术自治的论据看起来很合乎逻辑，然而，我们必须记住，有时是经验而不是逻辑制约着学术传统。……历史会使我们想起，由于行会自行其是,因此很容易带来某些弊端,如散漫、偏执保守、排斥改革。”① 而且,早期的大学或许还可以由学者们自行决策大学内部事务,它们是远离社会生活的“象牙塔”。但随着大学日益走近社会的中心,大学自身及生存环境也越来越复杂,组织内外有许多事务需要专门的行政机构和人员来进行处理,单靠学术权力已难以保持学校的正常运行和功能的实现。因此,布鲁贝克指出:“高等教育系统越卷入社会的事务,就越有必要用政治的观点来对待它,就像战争的意义太重大,不能完全交给将军一样,高等教育也相当重要,不能完全交给教授来决定。”②

显然,行政权力和学术权力应该共同存在于大学之中,成为作为统一整体的大学的不可分割的有机组成部分,通过分权制衡,相互补充、相互支持、相互促进,共同维护大学的有序运行,促进大学的发展。同时,大学的管理者应学会用学术思维解决学术问题,用管理思维解决管理问题。

(二)大学外部的制度

大学外部的制度是处理大学与政府、社会之间关系的规则体系。许多研究者都认为,大学制度包括外部与内部两个层面。如张斌贤认为“现代大学制度主要是一种处理大学与外部(确切地说是大学与政府与社会)同时也包括学校内部各种关系的一种规范体系”③。陈德敏、林勇认为,现代大学制度包含两个层次——现代大学内部管理机制和现代大学办学体制。④ 眭依凡认为,现代大学制度分为两个层次:宏观和微观,即“大学他治”、“大学自治”。⑤ 袁贵仁认为现代大学制度就是要处理好大学和大学的关系;大学和教师、学生的关系;大学和政府、社会的关系。⑥

大学制度之所以呈现内部和外部两个方面,从理论上说,是由于教育规律所决定的。教育规律包括内部规律和外部规律两个方面,其内部规律就是

① [美]约翰·布鲁贝克:《高等教育哲学》,王承绪、郑继伟、张维平等译,浙江教育出版社1987年版,第32页。

② [美]约翰·布鲁贝克:《高等教育哲学》,王承绪、郑继伟、张维平等译,浙江教育出版社1987年版,第32页。

③ 张斌贤:《现代大学制度的建立与完善》,载《国家教育行政学院学报》2005年第11期。

④ 陈德敏、林勇:《初论建设有中国特色的现代大学制度》,载《中国高教研究》2001年第3期。

⑤ 眭依凡:《从宏观和微观结合上关注大学制度创新》,载《中国高等教育》2003年第23期。

⑥ 袁贵仁:《建立现代大学制度,推进高教改革和发展》,载《中国高等教育》2000年第3期。

学校内部运行的规律，如治校规律、教学规律、学术规律、管理规律、人才培养规律等；其外部规律就是教育与当时当地的政治、经济、科技、文化发展相适应的规律。既然教育规律分为内部和外部两个方面，大学制度设计就应该包括内部和外部两个层次。而从实践的角度看，大学从产生起就与社会有着千丝万缕的联系，尽管在象征性教育阶段和实用性教育阶段大学与社会的联系程度有很大的区别，但大学从来没有离开过与社会的联系。历史上，不同国家大学的发展都曾得到过政府、社会的支持，当然，也曾发生过诸多的冲突。而随着社会的发展，社会、政府与大学越来越相互依存，联系也越来越密切，大学的发展更加离不开政府和社会的支持，政府和社会也更加离不开大学的帮助和支持。各国政府对大学越来越重视，并不断地扩大对大学发展的影响，社会越来越关注大学并希望参与大学的建设和监督大学的行为，大学非常希望得到外界的支持，但又担心政府和社会的过多介入会影响学校自治和学术自由。因此，在大学与政府、社会之间的关系问题上必须有科学的制度安排。

在大学外部的制度安排方面，最重要的就是要处理好政府管理与学校自治的关系，既能保证政府对大学的有效管理，又能保证大学的自主权，使大学的发展实现合规律与合目的的统一。

三、大学制度的共性与个性

大学制度既有共性又有个性，这是由大学的传统和不同的时代、国情和学校特点决定的。在共性方面，大学制度在长期的发展中形成若干普适性的内涵，如学校自治、学术自由、教授治学、民主管理、院系设置等，这些普适性的内涵是几乎所有大学都具有的。在个性方面，一是受时代的影响，不同时代的大学形成了不同的制度体系。二是受国情的影响，不同国家形成了不同的制度安排。如以行会形式出现的中世纪大学传播到不同国家后形成了法国型模式、英国型模式、德国的国家设施型模式、美国的法人型模式等。三是受学校职能发展的影响。如大学的职能从传授高深知识的单一职能逐步发展到人才培养、科学研究、社会服务、文化传承创新，学校的任务不断加重，结构日趋复杂，因此制度设计也日趋复杂化。四是不同大学办学特色的影响。不同的大学由于发展定位不一样，需要有不一样的制度特别是大学内部的制度来保障发展目标的实现。可见,大学制度是共性与个性的统一,研究大学制度,必须兼顾两个方面。在实践中,人们常常是注重了共性而忽视了个性,以致对一些具有国情特点或创新特色的制度设计持否定态度。

大学发展的历史表明,大学制度是共性与个性、传统与现实结合的产物。要了解大学制度的内涵,必须在把握共性、熟悉传统的同时,高度重视不同国家、不同时代的差异性,历史地、现实地、具体地认识大学。正如伯顿·克拉克所言:"大学的含义可以说是因时而异,因地而异,它依靠改变自己的形式和职能以适应当时当地的社会政治环境。同时,通过自己的连贯性及使自己名副其实来保存自己的活力。谁都在谈论大学,但是大学作为学者进行教学、科研和从事社会服务的场所,我们只有在不同时代、不同地点的具体环境里才能弄懂大学的这些具体任务是什么。"①

① [美]伯顿·克拉克主编:《高等教育新论——多学科的研究》,王承绪、徐辉、郑继伟等译,浙江教育出版社1988年版,第22页。

第二章
英德美日大学制度变迁

英国、德国、美国、日本都是高等教育比较发达的国家，都曾创造了适应本国、适应时代经济社会发展要求的大学制度模式。总结和研究四国在建立现代大学制度过程中的经验，对于促进我国高等教育改革，建立具有中国特色的现代大学制度具有重要的启迪意义。

第一节　英国大学制度变迁

一、英国大学和高等教育结构的演变

（一）英国大学的历史发展

英国大学最初是为争取特许状即法律地位和学术活动自由而组织起来的中世纪学者行会组织。在1836年伦敦大学成立以前600多年的时间里，分别创办于1168年和1209年的牛津大学和剑桥大学是英格兰仅有的两所大学。牛津大学和剑桥大学在创办后的最初几个世纪，“在教学内容上均以神学和古典学科为主。创办于15世纪的苏格兰圣·安德鲁斯大学、17世纪的格拉斯哥大学和18世纪末的阿伯丁大学，也大致沿用牛津和剑桥的路线办学”①。当时的大学是贵族和富人的特权学校，完全是作为教会教育和经院哲学的中心而存在的，一直属教会管理，学校教师全部是神职人员，他们臣服于宗教法庭的裁决和教会的权威。13、14世纪，牛津大学和剑桥大学开展了争取大学自治运动，争取到了一些国王直接授予的特权，但大学由教会管理的传统并未改变。15世纪，由于异端问题和教会对大学控制的加强，大学

---

① 许庆豫、葛学敏：《国别高等教育制度研究》，中国矿业大学出版社2004年版，第67页。

对其成员的裁决权受到侵犯，牛津大学和剑桥大学的一些重要特权均被剥夺，它们只能在很有限的范围内行使自己的权力，并只能就一些对它们的权力的很微小的损害提出异议。16、17世纪，由于文艺复兴和宗教改革运动的影响，牛津大学和剑桥大学也经历了相应的改革变化。由于朝廷的控制逐渐取代天主教势力，影响学校的宗教力量有所削弱，非宗教中产阶级势力有所增强。大学的职能逐渐从以培养神职人员为主转变到以培养绅士为主，这种转变“适应了由于民族国家兴起对官吏的需要，大学从为教会服务转向为国家服务，开始了世俗化的历史过程，标志着英国自由教育传统的形成”[①]。17世纪末至18世纪初，世界学术界普遍重视培根的唯物论哲学和牛顿的数学、物理学，这些新兴的理论和科学知识在一定程度上影响和改变了英国大学的教学内容。自然科学讲座开始出现在牛津大学和剑桥大学。在此期间，牛津大学和剑桥大学发展较快，它们各设20所专业性学院，并大多采用导师制的教学形式。

（二）英国的新型大学和现代高等教育结构

19世纪，由于产业革命，英国的文化科学迎来了大发展，从而对大学提出了在研究、教授实用的新课程方面的新要求。为了弥补古典大学的功能缺陷，一些资产阶级开明人士和学者要求建立一种新的大学，教授世俗的学科知识。1825年英国创办伦敦学院——一所具有自由主义和民主主义精神的私立学院。1836年，英国政府正式承认该学院，并将皇家学院与伦敦学院合并成为伦敦大学。随着第一次产业革命的结束和第二次产业革命的兴起，在经济社会发展的需要的呼唤下，一批城市大学学院在一些文化集中、工业繁荣的城市应运而生，到20世纪初时大多数学院已正式建成为大学，如：1880年建立的曼彻斯特学院、1900年建立的伯明翰学院、1903年建立的利物浦学院、1904年建立的利兹学院、1905年建立的谢菲尔德学院和1909年建立的布里斯托尔学院等。[②] 这些城市大学的共同特点是：与宗教分离，私立，男生和女生均可进入学习，学生多为工商业资产阶级子弟，采用走读和寄宿两种制度，重视商业、数学和科学。

---

① 张瑞璠等主编：《中外教育比较史纲（近代卷）》，山东教育出版社1997年版，第532页。

② 王承绪：《战后英国教育研究》，江西教育出版社1992年版，第264页。

第二次世界大战后,英国又有一批新型高等学校出现。在基尔、约克、苏赛克斯、东英吉利、兰卡斯特、埃塞克斯、肯特、苏格兰及沃里克等地创办了12所新型大学。这些大学都有着以下特点:均属地方性大学,经济上既依靠地方行政部门,又受财政部补助,直接为地方工业发展培养人才是它们办学的方向;在学科设置方面,设立了不同于传统学科的新学科;创办之初就有了学位授予权。第二次世界大战后,英国积极发展的另一种高等教育机构是学院和技术大学。根据1961年《罗宾斯报告》,英国政府将原来的10所工科学院升级,建成独立技术大学。根据1966年政府白皮书,1969—1973年,英国政府又集中力量成立了30所多科技术学院。1971年,创立了一所所谓无围墙的开放大学(Open University),专门提供本科和研究生水平的高等教育给那些向往高等教育但又失去学习机会的人,申请入学不需具备正规学历,但必须经过考试,考试合格方可入学。这种开放大学主要通过函授、电视和广播等方式进行教学,暑假和每个周末进行面授。开放大学自开办以来,发展极其迅速,取得了巨大的成功,这种办学模式为各国所效仿。

总体来看,由于历史传统、经济和政治等因素的影响,英国的高等学校类型及其发展有别于欧洲其他国家。首先,至今英国仍然没有一所直属中央政府的国立大学;其次,高等学校划分的层次繁多,学院一级的学校没有学位授予权,而大学作为最高层次的高等学校,享有学位授予权。大学完全自主,与教育和科学部无从属关系,可以享受国会的津贴,而学院以下的高等学校都从属于教育和科学部,接受其委派的督学员的视察和指导。在其高等教育发展进程中,最具近代意义的变化是伦敦大学和城市大学的兴起。"伦敦大学的建立,标志着科学革命最终开始进入英国高等教育。"①城市学院以及在此基础上发展起来的城市大学的兴起则改变了古典大学对英国高等教育的垄断,进一步丰富了高等教育的类型,拓展了高等教育的外延。由于造就了大批学有专长的工程技术人员和管理人员,城市学院和城市大学为英国工业和科学技术的发展做出了重要的贡献。同时也为扩大高等教育机会,使更多的人接受高等教育创造了有利条件。

20世纪以来,高等教育机构和高等教育办学主体表现出明显的多样化

---

① Eric Ashby, *Technology and the Academies*. Macmillan, 1959.

趋势。自1944年《教育法》颁布之后,英国的高等教育机构分为两大类,一类是大学,实行3年制学制;另一类是继续教育机构中的一部分从事高等教育的机构。后一类高等教育机构的构成情况较为复杂,不但各个学校的学习年限不同,1~3年不等,而且教育水平也差别甚大。有的继续教育机构从事与大学一样的本科教育,但没有学位授予权。1988年《教育改革法》公布之后,所有从事本科教育和研究生教育的高等教育学院、多科技术学院和大学都获得了学位授予权。1992年,《高等教育与继续教育法》又废除维持了20多年的高等教育的双重制,建立了统一的高等教育系统,将所有多科技术学院(约有60所)提升为新大学,与原47所传统大学平起平坐,一视同仁,以取消原来两类院校在招生、学位授予权、教师聘用、经费使用等方面存在的不平等待遇。英国的高等教育至此基本形成了精英大学教育、普通大学教育、非传统大学教育"三头并进"和三年制大学、多科技术学院、开放大学和继续教育机构"四位一体"的较为完整的体系。

二、英国大学制度的历史沿革

(一) 英国大学教育的世俗化及大学制度变迁

都铎王朝时期,英国高等教育由中世纪教育向近代教育转型,其大学制度也拉开了实际意义上的变革的帷幕,大学教育的世俗化是这一时期高等教育的一个突出特点,大学教育逐步摆脱宗教的控制,走向独立。在宗教改革之后,教会对高等学府的控制逐渐减弱,大多数的大学校长都是非教会成员。虽然在大学中教会仍培养着未来的神职人员,但教会已不再直接管理控制学校。1571年,剑桥大学和牛津大学都成为具有法律地位的制度化组织,且拥有与地方自治区相当的法律地位。1604年后,为了让大学能更好地维护其既得权益,每所大学都有资格分别派驻两名议会代表,由此大学脱离教会干预的地位得以进一步确立。

大学脱离教会后在组织形式上的变革,进一步促进了学院制的确立。16世纪晚期,英国大学的学术中坚力量迅速变为大学分散的学院,政府的介入加强,促进了大学管理的规范化。到19世纪70年代,英国的大学进入了实质性的改革与扩张时期。市民大学成为英国大学改革与扩张的主角,给许多人提供了在过去不可能有的接受大学教育的机会,不仅打破了剑桥大学和牛津大学持续数百年的垄断状况，同时还促进了旧大学自身制度的改革，为英国高等教育今后一段时期的“二元化”道路奠定了基础。

直至20世纪60年代，为使英国的高等教育走上“二元化”的道路，政府提出了积极发展多科技术学院等政策。1965年4月，在“伍尔维奇（Woolwich）演说”中，时任教育部部长的克罗斯兰（A. Crosland）首次表明，政府将以“二元体制”——公立的教育学院、多科技术学院等和自治的大学——发展高等教育的意图。1966年，政府提出“关于多科技术学院及其他学院的计划”，把多科技术学院作为大力发展的目标。从1969年至1973年，在政府的这一政策指导下，英国通过整合产生了30所多科技术学院。这种二元体制为高等教育规模的扩张发挥了作用，它是适应规模扩张而产生的。但是，随着多科技术学院在读学位课程的人数比例的上升，以及学生数量的不断增加，多科技术学院日益倾向“大学化”，英国高等教育体制“一元化”改革势在必行。1988年英国出台了《教育改革法》，1989年，多科技术学院及其他50所学院依据这一法律，开始成为具有法人资格的机构，逐渐脱离了地方教育行政部门的管理。1992年，《高等教育法与继续教育》出台，规定多科技术学院拥有授予学位的权力，可以升格为大学，38所多科技术学院由此改名并升格，高等教育体制顺利地由“二元制”转变为“一元制”。由于多科技术学院拥有了授予学位的权力并升格为大学，学位授予委员会没有必要再运行存在，同时，也再次改变了管理与分配大学财政拨款的机构，英国撤销了多科技术学院及其他学院基金会和大学基金会，分别成立了四个高等教育基金会——北爱尔兰高等教育基金会、威尔士高等教育基金会、苏格兰高等教育基金会和英格兰高等教育基金会。由“二元制”到“一元制”的转变，被英国的学者称为“英国高等教育史上从未有过的结构改革”，并将之喻为一场“静悄悄的革命”。

当前，为了深化高（校）等教育改革，英国政府决定吸纳200个高校的领导者参与建立一个“国立大学领导网络”，以便他们通过对话与网络，在未来教育政策的制定上给政府提建议，并为需要进行变革的学校提供支持和帮助。在这个网络中，一方面，作为网络成员的学校可以获得一个更为广泛的交流空间，多种实践经验与观点在此得到论证、检验和推广；另一方面，参与其中的高校领导可以吸取不同学校的改革教训，分享不同学校的改革经验。

同时,这些网络成员校长们的观点和建议还会被网络负责人融入网络培训计划中,高校领导可以获得更高层次的培训,让各大学的领导者相互分享观点和经验,并审视自己的领导风格和对学校的影响力。

(二)英国高等教育立法

与大学教育世俗化过程相伴,英国高等教育制度在立法上大致分为三个阶段。第一阶段:12 世纪至 15 世纪,该阶段教育完全被教会控制。第二阶段:16 世纪至 19 世纪,该阶段国会的作用日益扩大,并运用法律干预高等教育。第三阶段:20 世纪至今,该阶段高等教育法规得以完善和发展。总的来说,英国基于国家体制和高等教育传统而形成的高等教育法规具有以下四个特点。

第一,中央与地方相结合的立法体制。在大不列颠及北爱尔兰联合王国中,有北爱尔兰、苏格兰、威尔士和英格兰四个各具特点、相互独立的法定公共教育制度。不同的议会法案分别管理着这四种教育制度,它们的经费和行政也各自为政。1944 年,英国《教育法》明确规定每一个地方当局"在它认为方便时建立教育委员会,以充分履行它在教育方面的职能"①。

第二,英国的主要法律内容全面,且各补充修正法数量多,内容和主题专一。英国目前称得上教育总法的是 1944 年颁布的《教育法》和 1988 年颁布的《教育改革法》。作为教育法的补充与修正的相关法案主题专一。例如,英国国家制定了专门的《大学与学院资产法》《教师退休法》和《大学考试法》等。②

第三,经济因素明显制约着教育立法及其内容。以 1988 年《教育改革法》为例,当时英国处于经济困境,为了及时摆脱这种危机,英国政府将其对教育的投资一减再减。为解决因此带来的教育经费困难的局面,通过立法,政府将学校引入市场竞争中。学校只有和社会紧密联系,为社会和企业提供实际的服务及人才,并从中获得资金才能发展,学院式教育的旧模式被彻底地改变了,教育面向社会的大门被打开。

第四,"大学自治"通过法律手段得到保护。一直以来,"大学自治"就是英国高等教育的基石之一。1963 年《罗宾斯报告》称:"我们并不认为大学自

---

① 忻福良:《各国高等教育立法》,上海交通大学出版社 1992 年版,第 239 页。
② 忻福良:《各国高等教育立法》,上海交通大学出版社 1992 年版,第 240 页。

治是一种特权，而认为是能更好地发挥学术功能的必要条件。”①从牛津大学、剑桥大学，到后来的伦敦大学、威尔士大学等，都得到了皇家特许，获得“自治大学”之称。地方教育当局一般管理着大学以外的高等教育机构，依据1944年《教育法》的约定，地方性的高等教育机构属于“公立”教育，其“自治”权小于大学。随着1988年《教育改革法》的实施，从1989年4月1日起，部分由各自所在地区教育当局管辖的教育学院、师范学院以及多科技术学院等高等学校获得独立法人地位，“大学自治”的范围从“大学”发散到“多科技术学院”和“高等教育学院”。

三、英国大学制度构架及特点

（一）宏观层面

1839年，英国在枢密院设置的枢密院教育委员会是英国最早设置的中央教育行政机构。当时为了加快教育世俗化的进程，政府设立了枢密院教育委员会，该委员会监督并掌管教育补助金的使用和分配。政府还规定，接受补助金的学校必须受到国家委任的视学官的督察。1856年，枢密院教育委员会被政府改组为教育局。1899年，教育局被废除，政府成立了“教育署”。教育署由议会直接管辖，署长是内阁成员，负责视察教育活动，核发补助经费，统一管理初、中等教育，制定教育政策。为避免官僚主义，政府同时成立了教育咨询委员会，由21名教育家和专业工作者组成，为教育署提供咨询。1902年，英国颁布《巴尔福教育法》，地方教育当局为教育行政主体，地方分权自治与国家统一领导相结合的管理体制开始形成。1944年，英国政府设立《巴特勒教育法》，该法将教育署改组为教育部，其部长担任单独法人。1964年，教育部又被改组为教育科学部，负责大不列颠及北爱尔兰联合王国各大学与政府之间的资助和联系事务及英格兰的各类各级教育。1993年，英国政府单独设立了教育部，将教育与科学事务分开。作为中央一级教育行政机构，教育部设有继续教育及高等教育局、中小学教育局和师资及统计局、财务司。教育部原则上主要负责英格兰的各类各级教育以及苏格兰、威尔士、英格兰的大学、学术研究和文化行政等，大学享有独立和自治权。教育部

① 忻福良：《各国高等教育立法》，上海交通大学出版社1992年版，第241页。

主要负责对高等教育机构的财政拨款。法律规定教育大臣的权力，其中有些特别明确的权限，如不管理教师的任命和晋级等事务，不直接管理和设立任何学校，不直接控制大学，不决定课程，等等。同时，必须经过议会的质询、承认，以及各种咨询机构如中央教育咨询委员会等的咨询建议，教育大臣才能行使行政决定权。

近年来，通过引入市场机制和竞争机制，政府引导了高等教育的走向。主要采取以下措施：第一，建设新的大学系统，形成现代大学与传统大学多元共生的主体格局。通过新的大学系统的构建，形成更能体现社会需要和反映政府意志的新的大学模式，打破传统大学支配整个高等教育的局面。同时，新的大学系统带来的压力与竞争，也刺激着传统的大学进行改革。第二，改组高校拨款机构，加强政府对教育事业的干预和控制，促进大学间的竞争。政府由管理者变为投资者，以“绩效”标准代替原先的政府经费包干形式拨款，形成了大学之间的竞争关系，学术在与社会需要相结合的过程中获得了拓展。第三，建立中介机构。中介机构作为大学与政府之间的“缓冲器”，一方面使大学管理获得政府财政资助，另一方面又避免了政府的直接干预对大学自主传统造成损害，保证政府对大学管理的公正性和克服因引入市场机制对教育质量产生的负面效应。

（二）微观层面

英国高等院校的内部组织一般由校、学院和系三级构成。校一级由校务委员会、理事会、评议会和副校长构成。其中，校务委员会、理事会是最高层管理机构。校务委员会是形式上的最高机构，规模从 50 ~ 600 人不等，由产业界、劳动界、市政官员、各种协会和组织的代表、校友及教师和学生等组成，其作用是向社会提供学校的信息以及进行宣传活动等。理事会是高等院校的实际权力机构，一般由 30 人左右构成，大部分成员是地方教育当局、产业界、校友以及社会知名人士等校外人员，它的主要职责是筹划办学经费、制订计划和维修设备以及负责校长的任命、升职升薪和教师的任命等。评议会是直接与各学院和系接触的管理机构，享有制订学校学术政策的全部权力，其成员从 50 ~ 200 人不等，由校内教师以及一些学生代表组成。副校长是英国高等院校的“首席学术和行政官员”，校长是名誉职务，副校长主持学校工作。副校长一职须得到理事会和评议会双方的支持才能当选，他们大都是著名学者(3/4 以上)。在高等院校副校长的选拔过程中,政府始终不介入,完全由理事会和评议会组成的联合委员会负责。学院和系是具体负责课程教学的主要部门。课程的设置要由学院和评议会负责审批。在财政预算方面,一般是由系提出预算建议,然后经学院审查,最后由校一级负责官员审查。如果政府拨款确定之后,整个过程就以相反的方式开始进行。

(三)制度特点

英国大学制度总的框架是:政府通过竞争与市场手段,加强对大学的宏观调控;通过建立中介机构,参与处理大学、政府与市场的关系;维护大学自治与学术自由并通过市场化的方式增强大学主动适应社会的能力;逐步加强教师和学生在大学治理结构中的地位,使他们成为大学多级治理结构中的权力级,大学治理主体逐步多元化,形成各治理主体之间相互独立、相互联系,既分工合作又相互制衡的权力结构。在这种权力结构中,英国的高校是具有独立法人地位和公共性质的自治机构,在法律和政府监督评估的约束下,自主地履行教学、研究和社会服务的职能。其制度特点突出表现为自主和自律的统一。

1. 自主设立管理机构,选择管理模式

英国高校自主选择管理模式,自主决定内部最高决策机构、主要执行人员和学术管理、行政管理机构和制度等。从学校和院系、中心之间的权责划分看,存在三种体制类型。第一类为重心下移型(分散型)。这种体制下,学院拥有财务自主权,也拥有决定聘任教师数量、人选和调剂聘任等级的权力,同时负有组织教学、科研、服务社会等职责。第二种为集中与分散结合型。各学院担负教学、科研、社会服务的职能,各学院创收的 40% 上缴学校,学校进行再分配。第三种为集中型。从各种模式的运行效应看,以前两种为佳。

2. 自主制订和实施发展战略

英国高校根据各自实际,自主制订学校发展战略,包括发展目标和具体措施,并注重将中长期发展战略与年度工作计划密切结合,学校总体战略与下属各单位的发展战略、工作计划密切结合。学校发展战略的主要内容包括:主动与地方经济建设和社会发展需要相结合,开展科研活动,培养应用人才,在壮大财力的同时提升科研水平;树立市场经营观念,大量增加后勤服务收入;大力推进国际化进程;资源配置向大学科倾斜等。

3. 自主管理人力资源和经费使用

英国大学的人员聘任一般采取校内外公开招聘方式,本人申报,学校审查书面材料,面试通过后签订合同等程序。聘任教师权全部在学校,或由院校共享。根据教学研究的需要,部分专业人员为固定教职(聘为讲师、高级讲师、副教授、教授),部分人员为与研究项目及经费联系的合同岗位。在经费使用上,各高教拨款委员会以总额拨款形式将教学、科研资金拨付给各高校,高校有权自主使用,使用情况因体制、职能重心的不同而有所差异,但自求收支平衡是学校的责任。

4. 自主组织教学、科研和社会服务

英国高校拥有颁发证书和授予学位权。高校自主设置专业,通过分析和讨论本校供给条件和社会需求,校内决策机构对新增专业达成共识并做出决策,即可增设相应专业;自主招收研究生和留学生,规模自定;自主开设课程并依据一定程序报批,报批内容一般包括开设该课程的能力、需求,课程建议,该课程是免费还是自费以及课程内容,等等;自主设立科研和促进成果转化机构,制定鼓励科研政策,促进学校科研活动与服务地方经济社会发展的有效结合。

第二节 德国大学制度变迁

一、德国大学和高等教育结构的演变

(一) 德国大学的历史发展

在世界高等教育发展史上,德国高等教育起步较晚。与其他欧洲国家的教育一样,德国的高等教育同样始于宗教发展的需要,由于受意大利和法国中世纪大学的影响,最早出现在德国的高等教育机构也是中世纪大学。1348年德国才建立第一所大学,即在今捷克境内的布拉格大学,且在办学上完全模仿意大利大学。1386年,德国又按照法国巴黎大学模式建立了海德堡大学。文艺复兴运动与宗教改革运动期间,德国出现了兴办大学的热潮。16世纪时,德国有了42所大学,成为欧洲各国大学数量最多、最密集的国家。然而,此时的德国大学却是规模不小,质量不高,有仿效,无创新。在学科设

置上主要是神学、法律、医学等学科门类，主要培养神职人员和邦国政府的行政管理人员。

从1694年哈勒大学创办到1736年哥廷根大学建立，德国高等教育进行了第一次革命，改革了课程设置和教学形式，迈出了高等教育现代化的第一步。① 德国大学真正崛起是在高等教育第二次革命以后，即19世纪初，洪堡改革高等教育，创办柏林大学之后。洪堡以前的中世纪模式大学的特点是：宗教对大学的影响占主导地位，培养官吏、神职人员、医生和律师的模式不适应科学发展对大学提出的要求。洪堡的改革思想，一方面是提出了大学要为发展科学服务，要开展科研，这主要是针对当时大学只是培养专门人才；另一方面是提出“学术自由”和“大学自治”，这主要是针对当时的宗教控制大学。在担任教育部部长期间，按照这一改革思想，洪堡于1810年建立了柏林大学。这所大学具有如下特色：在教学内容上，它增加了自然科学和哲学的课程内容，减少了神学的课程内容，使学生能够接受科学的教育；在教学方法上，它建立“讲座”制，注重学生个人发展，把学生和教授的共同研讨与教授的讲演结合起来，使学生接受到正规的科研训练；大学的教师要把教学与科研结合起来，要开展科研；不规定和要求学生必须达到毕业的学习年限，学生能够自己掌握自己的学习进度。摆脱了宗教严密控制后的这一大学模式，表现出了强大的生命力，更有利于基础理论学科的发展。此后，德国的大学几乎都按照这种模式创立、改造。

洪堡建立的新型大学，虽然摆脱了宗教控制，但其专业设置仍以理论学科为主，没有工程学科。18世纪在欧洲发生的工业革命，对工业技术的需要促进了工程教育的发展，德国一批以工程教育为主的独立的工业大学或专科大学发展起来。自1799年第一所工业大学柏林工业大学建立后，到19世纪，德国先后建立了多所工业大学或专科大学。希特勒统治德国时期，高等教育受到极大破坏，许多大学关闭。第二次世界大战后至20世纪50年代，联邦德国的高等教育以各州为主导获得了逐步的恢复和发展。这个时期除大学外，联邦德国还建立和继续发展了一批师范学院。20世纪50年代初，联邦德国共有高等学校143所，到1960年，增加到152所。60年代以后，为

---

① 许庆豫、葛学敏主编：《国别高等教育制度研究》，中国矿业大学出版社2004年版，第108页。

顺应社会要求进一步扩大高等教育的强烈呼声,改变高等教育只为少数人服务的状况,联邦政府开始主导高等教育体制上的改革。1969 年,当时的联邦德国总理宣布"教育和培训,科学和研究,在我们必须实行的改革中占有优先的地位"①。1976 年《高等学校总法》通过后,联邦政府和州政府的领导人共同做出了一个决定,高等学校实行"开放招生"以扩大高等教育的规模。1990 年,联邦德国共有高等学校 248 所。

(二)德国高等教育的基本结构

德国高等教育的发展从私立学校开始,现以公立学校为主。高等学校分为大学和专科学校两类,大学几乎全是公立学校,专科学校中有部分教会办的私立学校。目前,在私立学校就读的学生只占全部学生的 1.2%(其中,大学不到 1%,专科学校占 7%)。现行高教体系有两个层次:第一层次是大学。第二层次是专科学校。从层次上看,本科生教育是德国高等教育的主体。本科教育是十三年制中等教育基础上的一个完整阶段,不再分层次。在本科学习阶段结束以前,不能获得任何资格和称号。尽管由于专业的不同,本科阶段的学习年限有长有短,毕业时获得不同的称号,但仍然属于同一水平。博士生教育在本科教育之上,代表更高层次,也是目前德国高等教育中的最高一级。博士生教育不单独设置,它必须与本科教育结合在一起。

目前,德国高等学校包括七种类型:大学、综合高等学校、神学院、师范学院、艺术学院、高等专科学校和行政高等专科学校。大学属于学术性高等学校,分为综合大学、工科大学和专科大学,这三类大学之间有着紧密的联系。过去,工科大学和专科大学是综合大学的一部分,各有自己的特点,现在都在发展自己所缺的内容,系科设置日益齐全,共同点日益增多。在各类高等学校中,大学的规模最大,有一半的学校学生超过万人。综合高等学校创立于 1970 年,是 20 世纪 60 年代高教改革的产物。这种高等学校把学制、入学条件、培养目标各不相同的高等学校,如大学、师范学院、高等专科学校和艺术学院合并在一起。根据不同的课程要求,招收十三年制完全中学毕业生,或受过 12 年教育的学生,学制 3 ~ 5 年。神学院也属于学术性高等学校,一般由教会举办并得到国家认可,主要培养神职人员、中小学教师与大学教师,学

① 于富增主编:《国际高等教育发展与改革比较》,北京师范大学出版社 1999 年版,第 232 页。

习年限规定不低于 4 年。师范学院是一种培养基础学校和特殊学校教师的高等学校,招生对象是十三年制完全中学的毕业生。艺术学院属于非学术性高等学校。这类学院包括造型艺术、音乐、电影和电视大学,其任务是为中学培养艺术和音乐教师,学习年限一般为 4 年。高等专科学校属于非学术性高等学校,是根据 1968 年联邦德国各州教育部部长会议决议,为适应社会经济发展的需要,为满足更多青年享受高等教育的要求,由以前的工程师学校、中等专科学校以及相应的教育机构改建而成的,也是 20 世纪 60 年代高教改革的产物,一般招收具有相当于受过 12 年初等教育和中等教育以及具有相同学力的人,学制一般为 3 年。行政高等专科学校面向联邦各州和各州的行政部门,为公共管理部门培养非技术性的中层官员。

二、德国大学制度的历史沿革

(一) 德国大学制度的变迁

德国的高等教育最初处于宗教的控制之下。15 世纪,马丁 · 路德宗教改革之后,建立了与罗马教皇控制的天主教不同的新教。新教的各个教派为了扩展自己的势力,大力发展教育,使德国的整个教育体系得到长足发展和进步。从 16 世纪开始,讲德语的地区先后建立了许多大大小小的邦国,这些邦国开始把教育划归邦国政府管理,并建立了一些属于邦国的、与中世纪大学类似的大学机构。这些大学机构的主要目标是培养神职人员和邦国政府的管理人员。1806 年,普法战争战败的耻辱使德国人意识到,要拯救德国就必须发展德国,尤其需要发展教育,提高国民素质。顺应历史发展的需要,普鲁士政府于 1808 年建立了公共教育部,强化了国家对教育的管理,实行了一系列措施改革发展教育,在德国国内开创了高等教育机构由地方政府创办和管理的先河,从而形成了德国高等教育发展由地方负责的传统。

总的说来,第二次世界大战前德国的高等教育管理主要是以地方管理为主,始终没有形成中央集权式的高等教育管理体制。第二次世界大战后直至 1956 年,对于高等教育的发展,联邦政府首先开始在经费上介入,政府为大学的学生、新建高等学校的基本建设以及科研工作提供了一部分经费资助。到 1964 年,以联邦政府与州政府签订协议的方式,把联邦政府对高等教育的上述经费资助作为联邦政府与邦政府之间的一项制度固定了下来。同年,联邦政府首脑会议通过了《关于联邦各州统一学校教育的协议》,使联邦政府统一各州教育体制有了法律根据。1967 年,成立了“科学委员会”,促成了联邦和各州在高等教育发展上的进一步合作。“科学委员会”成为联邦政府的一个咨询机构,其主要职能是就高等教育的发展向联邦政府提出意见和建议。这些意见和建议对各州没有法律约束力,但“科学委员会”提出的关于扩大高等教育和高等教育体制改革的诸多建议对联邦德国的高等教育发展起了重要作用。1968 年,联邦各州政府首脑会议通过了一项关于建立教育规划共同委员会的决议,出台了《关于建立联邦和各州教育规划共同委员会的管理协议》,使联邦政府协调了对各州高等教育发展规划的管理。1969 年,联邦德国的联邦议会对 1949 年的《德意志联邦共和国基本法》(以下简称《基本法》)进行了修改,规定了联邦政府对发展高等教育的职责,明确“高等教育基本原则的公布是联邦法律总纲的主权”。改变了过去视高等教育只是州政府的责任的惯例,把教育和科研规定为联邦政府和州政府的“共同任务”,并要求联邦政府就高等教育制度的总原则发布一个框架规定,使高等教育机构的扩大和新建以及高等教育发展计划和科研等,都要在这个框架规定的范围内进行。这使得联邦政府有了对整个联邦高等教育的立法权,也使得建立统一的联邦政府教育管理机构成为必要。同年,联邦政府建立了科学教育部。1976 年,联邦德国第一部有关高等教育的法规——《高等学校总法》正式颁布。这是一部全面的有关高等教育制度的法律,对有关高等教育管理的各个方面,包括高等教育的组织管理、招生、课程改革、教学人员以及学校的各类成员参加学校管理都做了原则性的规定。《高等学校总法》公布后,要求各个州在总法的原则下制定各州的高等教育的管理法规。至此,联邦政府从提供经费入手,进而在法律上、组织上参与联邦德国高等教育的发展均得到了保证,联邦政府在 20 世纪 60 年代以后联邦德国高等教育的改革和发展中发挥了极其重要的作用。虽然《高等学校总法》从颁布到现在进行了几次修改,但是,其基本原则仍然是联邦德国高等教育和高等学校管理的主要依据。联邦政府对高等教育的职责主要有:制定有关高等教育的一般性法规,提供贷款或资助给高等学校的学生,为高等学校的科研提供经费,对扩建高等学校和新建高等学校提供基本建设经费,等等。

（二）联邦德国高等教育立法

教育立法和教育政策是联邦德国管理本国教育事业的基本手段和途径。由于联邦德国特有的地方分权与州集权相结合的教育管理体制，在教育立法体系和教育政策制定的程序等方面，有自身的特点。根据联邦德国《基本法》的规定，文化和教育事务的主权在州，国家对教育事务的监督主要是通过州进行的。因此，与其他实行中央集权的教育管理体制的国家不同，联邦德国的教育立法体系主要以州为主，以联邦为辅。

在联邦一级，有关教育的法律规定首先是联邦《基本法》的有关条款，这是全联邦德国教育事业最重要的法律依据。在《基本法》之下，由联邦议会颁布的若干教育法是联邦的主要教育立法，其中主要有 1969 年颁布的《职业教育法》、1971 年颁布的《联邦教育扶助法》、1985 年修订颁布的《联邦德国高等学校总法》等。在联邦教育立法体系中，科学教育部发布的有关条例处于第三级。这些条例具有某种准立法的性质，对全国教育有一定的约束力，但它们又不具有实行中央集权教育管理体制国家中中央教育行政机构发布的行政命令所具有的权威。这些条例的作用实际上是指导教育法的执行，它们的制定通常是为了配合联邦政府的某项教育立法。高等教育立法主要包括《联邦德国高等学校总法》《高等学校和研究机构中科研人员的定期工作合同法》等。1976 年 1 月，联邦颁布第一部《高等学校总法》之后，各州根据联邦的《高等学校总法》，先后颁布了本州的《高等学校法》。

在州一级，教育立法体系可分为三级，州宪法、州教育法和州教育部所发布的行政命令。从各州的教育法来看，其内容极为具体，涉及的范围也十分广泛。从《普及教育法》《私立学校法》到《学校行政法》，有各种明确的立法规定着各类各级学校的教育工作的基本方法。根据各州的教育法，每个州教育部所各自颁布的教育行政法规和规定是州教育法体系的第三级。往往各州教育部会将日常工作中涉及面广或后果严重的、带有政策性的各种问题，以通告或指示的形式下发到每一级教育机构，有时甚至是每一位教师的手中。这些"政府公文"具有一定的法律效力，对于执行不力的单位和个人，将按照有关规定，予以处理。

在实际运行中，联邦政府对本国教育事业的协调，各州对教育事务的管理，更主要和经常的是通过有关机构制定的教育政策实现的。在联邦一级，制定和参与制定教育政策的机构主要是常设各州教育部部长会议、联邦教育和科学部、联邦与州教育计划委员会、联邦德国教育审议会等。其中,尤以各州教育部部长会议最为重要。在州一级,制定教育政策的机构主要是州教育部及其咨询机构。在教育政策的制定和实施过程中,除遵循众所周知的普遍原则(如教育政策必须依据法律的规定,必须与国家和政府现行政策相协调等)之外,联邦德国有关教育决策机构通常依据以下四项原则:一是注重联邦与各州之间的协调和谅解,二是注重长期计划,三是重视专家意见,四是重视社会各界的意见。这些原则有利于决策者从多角度、多方面去考虑问题,从而制定出更为合理的、更易被接受和执行的教育政策。

三、联邦德国大学制度构架及特点

(一)宏观层面

在联邦德国高等教育体制中,大学和其他高等教育机构均由地方政府举办并管理。联邦政府对大学的影响措施是:第一,加强科学审议会的工作。科学审议会既是联邦政府的咨询机构,也是一个大学与州政府的中间缓冲机构。审议会由学者和官员组成,其中学者占60%,由联邦总统任命,官员则由12%的联邦人员和各州的一名代表组成。通过这一机构,联邦政府既可以把握全国高等教育的宏观发展问题,又可通过对各州高等教育计划的评价等方式缓冲州政府对大学的直接干预。第二,加大联邦政府对高等教育的直接投入,扩大联邦政府对高等教育的影响,并减弱大学对州政府的依赖。从20世纪70年代以来,联邦政府的投入占整个高等教育投入的50%,这些投入中的大部分经费是绕过州政府,直接到达大学的,大学在接受这些经费的同时,服从联邦政府的高等教育意愿。第三,通过立法限定各方面的行为。20世纪70年代以来,联邦政府根据新宪法关于"联邦政府就高等教育的一般性原则制定纲领性法律"的规定,制定了一系列法规。"几乎所有涉及高等教育的问题都有相应的法律规定。"①这些法律对州政府控制大学的权力进行了平衡,对大学放任自流的行为进行约束。第四,加强质量监督。为了

① [美]亚伯拉罕·弗莱克斯纳:《现代大学论》,徐辉、陈晓菲译,浙江教育出版社2001年版,第172页。

加强对高等教育的监督,联邦政府颁布了《培养能力审核条例》,使教师教学活动"受到严格的官僚程式化的控制,这在德国教育史上是前所未有的"①。

另外,联邦德国政府还通过促进大学与社会的联系,加强高等教育系统的整合来对大学进行有效的管理。第一,引入社会评价机制。国家引导社会对大学进行评价,过去一向由大学自我评价的方式被逐步改变。1989年《明镜》周刊公布了联邦德国大学史上第一份来自民间的大学排行榜,自此以后,多家著名杂志也加入了这一行列。民间对大学的评价,迫使大学不得不重视与社会的关系问题。第二,加强社会组织与大学的联系。一方面在政府成立的各种有关高等教育的咨询、评估机构中,有意识地吸收社会各方面人员参加。另一方面,借用社会团体力量,如图书馆小组委员会、计算机委员会、联邦德国研究网络等,参加政府关于高等教育规划、拨款等重大决策的制订。这些机构通过在决策中对社会需求的反映,促使大学重视社会方面的需要。第三,根据社会需要,加强高等教育机构的整合。一些州提出了组建综合大学的建议,试图使高等教育机构的联系更加紧密,专业设置更加合理,同时尝试将企业和学校共同举办的、只具有中等教育水平的"双元制"教育模式引入高等教育系统,以加强高等教育为社会服务的能力。第四,加强"第三方经费"的引导作用。国家有计划地把来自民间的研究经费通过一定的组织联系起来,作为大学科学研究经费的重要组成部分,促使学者们在申请这类经费的同时,开展与经费宗旨相一致的应用研究。

(二)微观层面

根据《德国高校总纲法》和各州在总法原则下制定的有关高等教育管理法规,联邦德国高等学校的最高权力机构是校务委员会,校务委员会由教授、其他教学人员、职工和学生四个方面的人员代表组成,其职能是选举校长、副校长,批准学校的总章程等。校长从学校教授中选举产生,实行任期制,任期长短没有统一规定。副校长从校内人员中选举产生。学校设负责行政、财务的常务秘书,该秘书由州政府主管部门任命。担任常务秘书的人相对比较稳定,他们不因校长的更换而变更。校长、副校长和常务秘书组成校务领导机

---

① [美]亚伯拉罕·弗莱克斯纳:《现代大学论》,徐辉、陈晓菲译,浙江教育出版社2001年版,第172页。

构。学校的教授编制由州政府确定,教授由州政府任命。①

联邦德国高校具有学术自治的传统,又有受政府控制的特点。从管理的角度看,作为国家机构的高等学校要服从国家管理(主管教育的职权属于各州),而作为社团法人的高校,又享有一定自我管理的权利(主要在教学、科研和学术活动领域)。这种权限的分割及国家政权联邦制的特点,使得以教授为中心的基层教学管理和行使国家权力的州政府管理成为整个高等教育管理结构中的两个关键层次。根据法律,联邦德国高等学校有权实行自我管理,同时各州主管部门对其又有监督权,即实行学术事务与非学术事务相分离的政策。自20世纪70年代后,联邦德国大学制度发生了这样一些变化:第一,扩大校长的管理权限,强化校长的管理角色。根据《德国高校总纲法》(以下简称《总纲法》),大学校长是高等学校在"法律"和学术两方面的领导人,任期由过去的2年改变为4~8年,校长人选以具有领导和管理学术部门的经验及能力为主要标准,并且不一定由教授担任。原来由州政府派往大学的监督人,不再直接向政府负责,转而向校长负责。第二,由"教授治校"转变为"群体共治",加强大学的决策责任,增强决策的民主化程度。《总纲法》将原来由政府管理的许多职能转移到大学,并要求大学加强决策,要求"有关教学培养、科研及组织的决策都必须有不同群体代表的参与"②。原来单一的由教授组成的评议会改为由教授、学术中层人员、大学生和行政人员四个主要群体的代表组成,代表按比例分别从不同群体中选举产生。第三,改变组织结构,强化组织的管理职责与能力。《总纲法》规定:大学普遍实行校系管理制度,原有的学部被撤销,转而划分为若干系,系为大学的基本单位。原由讲座教授负责的许多工作上移到系级负责,研究所则由原来往往是一名教授主持的格局改变为由多名教授主持。第四,提高大学经费使用的自主权。根据《总纲法》规定,政府向大学的拨款实行"总合预算",不再受政府的类别预算限制,大学可以根据自己的意愿跨类和跨年度使用经费,并鼓励大学向社会争取办学资金。

---

① 于富增主编:《国际高等教育发展与改革比较》,北京师范大学出版社1999年版,第258~259页。

② 陈学飞:《美国、德国、法国、日本当代高等教育思想研究》,上海教育出版社1998年版,第166页。

总体来看,联邦德国高等学校在内部管理上呈现出如下基本特点:一是依附性。联邦德国高等学校是国家机构的一部分,且没有财政主权,因此它对政府拨款的依赖性就很强,高等学校的一些重要规定还需经过州有关部门的批准。二是学术性。高等学校实行自我管理的权限主要是通过学术自治实现的,教授有科研和教学的自由,高等学校可以自主决定授予博士学位。三是民主性。20 世纪 60 年代以前,高等学校的内部管理主要表现为教授治校,而现在高校所有成员均有权利和义务参与学校管理。在高等学校内部最重要的联席组织(评议会等)内,所有成员组(教授、学生、教研人员、行政人员等)均有席位和表决权;但在负责教学、科研和教师聘任的组织内,教授的席位和表决权要占绝对多数。四是公开性。有关学校发展的任何事情都可以公开讨论,政府、社会、公民都可监督,无秘密可言。五是多样性。联邦德国高等学校的内部管理体制存在着一定的差异,有时即使在一个州内体制也各不相同。在教学管理上更是如此,没有统一的教学计划、教学大纲和教材。

(三)制度特点

德维尔特在描述德国大学制度的特点时曾说,德国大学制度是“基于法令、法规和最终决定权的政府权力,由于研究者个人赢得政府的尊重和政府给予研究者个人的实际自由而得到调和”①。在 20 世纪 70 年代以前,联邦德国大学制度的特点主要表现在以下四个方面。

1. 政府直接控制与学者个人的高度自治和自由。政府作为大学的举办者和管理者,通过“双管制”对大学实行直接控制。首先,政府通过行使对大学重大事务、经费使用和人事管理的最终决定权,对大学进行管理。按照法律,联邦德国大学的所有重大事务都需要通过政府教育部门的认可;经费主要由政府提供,使用按政府做出的预算执行;大学教授作为公务员,其数量以及具体人选最终由政府来决定。其次,政府通过委派学监或校务长,代表政府对大学进行管理。委派人员对大学执行政府决定的情况进行直接监督,甚至对学校的一些具体事务也进行管理,他们直接对政府负责,不受大学的节制。在双管制下,作为整体的大学享有很少的自主权。与此相反的是,学者

---

① [荷]弗兰斯·范富格特:《国际高等教育政策比较研究》,王承绪等译,浙江教育出版社 2001 年版,第 167 页。

本身却具有极大的自主权。教授直接受政府的管理,许多事情可以绕过学校直接同政府打交道。大部分教授都有相应的研究所,而研究所被视为"州的机构",其设备、资金、场所完全由教授个人管理。教授开展的研究项目及经费直接从政府那里获得,而政府只管立项,具体研究则完全由教授决定。在讲座制制度下,所有教学活动基本是由教授决定的,教授在大学中拥有绝对的权力。

2. 大学内部管理比较松散,组织权力微弱。与第一个特点相联系,由于重大事务最终都由政府决定,作为组织的大学,实际既无权力也无责任考虑学校的重大决策问题。大学只负责日常学术事务的管理,而这些事务的绝大部分决定权又集中在教授手中,因此,在联邦德国大学内部管理上,呈现出倒置式的管理特点。越往上,权力和责任越小,掌握于教授的权力呈完全分散的状态,组织调控的能力很低。联邦德国大学的组织结构由三级构成。最基层为讲座,通常由一名教授担任,教授拥有决定课程设置、讲授内容以及考试评价的完全权力。与其并行的研究所,是教授开展研究活动的主要阵地,研究所受政府的管理,学校无权过问。第二级为学部,由所属讲座教授组成的"部务委员会"管理,它在很大程度上是一个由"地位相同的高级人员组成的松散的大学组织"①,主要负责各学部课程的总体安排和向政府推荐讲座教授候选人的工作。主任从委员会成员中选举,任期一年,只负责处理日常事务性工作,与讲座相比没有实质性权力。最高一级为大学评议会,由各学部主任和部分教授代表组成。由于政府控制了学校的大部分事务性工作,而教学科研活动基本由讲座负责,评议会实际没有更多工作,即使有一些工作,其最终也是以平衡每个教授的利益为结果。诚如范·德拉格夫所说,评议会"实际是一个俱乐部",一个教授利益的协调机构,既不承担决策的责任,也不负责执行和监督。基于这种制度下的大学校长,只是一种学术代表和学校象征。校长由政府确定候选人,评议会选举,政府任命。选举校长的条件"与其说是出于他的行政能力,莫如说是想以他来象征大学的崇高学术地位"②。

① [加]约翰·范·德拉格夫等:《学术权力——七国高等教育管理体制比较》,王承绪、张维平、徐辉等译,浙江教育出版社 2001 年版,第 21 页。

② [加]约翰·范·德拉格夫等:《学术权力——七国高等教育管理体制比较》,王承绪、张维平、徐辉等译,浙江教育出版社 2001 年版,第 24 页。

联邦德国大学的这种内部管理制度,一方面支持了政府直接管理的体制;另一方面,又为教授提供了更多的自主权和自由权,体现了教授治校的特点。

3. 大学与社会基本隔离,很少联系。由于政府与大学的特殊联系,“绝大多数学者把国家看作是学术事业的唯一的合法赞助人,并强烈抵制在大学事务中给校外人士一席发言之地”,从而使“德国大学在绝大多数时期不受政府以外的社会经济需要的影响”。[①] 与此相应,基于“大学的基本作用是非职业性的,它追求的是纯研究和纯学术”这种观念,教授基本不关心社会、经济的实际需要,仅根据学术本身的需要或自己的爱好进行教学和科研,政府和学校本身又对此无能为力,大学自身很难与社会发生联系。即使一些教授承担了来自社会方面的研究项目,被视为公务员的大学教授也必须向政府主管部门说明。由于社会不能从大学那里得到应有的支持,因此满足社会需求的许多活动都是在大学以外的机构进行的。在科学研究方面,不仅有拥有众多学科委员会的研究会,拥有50多个研究所的普朗克协会这类公立性质的科研机构,还有许多民间科研机构,它们在很大程度上满足着社会对科学研究提出的各种需要。在人才培养上,出现了绕过高等教育系统的“双元制”职业教育机构。这类机构由一些专科学校和公司联合举办,按照各企业的需求特点进行人才培养。

4. 大学与其他高等教育机构平衡发展。联邦德国的高等教育机构主要由两部分组成:一是大学系统,在传统上主要从事研究活动和非职业的学术型人才培养;二是高等专科学校,它们“以职业教育为方向,大学教授只在某种程度上从事应用研究”[②]。这类适应经济社会发展需要而建立起来的专科学校,是绕过大学而建立起来的,其形成和发展未触及大学系统,大学始终保持了自身的特点。两类高等教育机构自成体系,互有侧重,各有优势,并且各自有评价体系。大学以基础研究和普通教育为主,专科学校则以应用研究和职业教育为主。反映到满足社会需求方面,大学毕业生主要分布于政府高级部门、研究机构以及高等学校,而专科学校的毕业生则对实业界“雇主来说

---

① 陈学飞:《美国、德国、法国、日本当代高等教育思想研究》,上海教育出版社1998年版,第20页。

② [荷]弗兰斯·范富格特:《国际高等教育政策比较研究》,王承绪等译,浙江教育出版社2001年版,第168页。

是十分有吸引力的”①。联邦德国三分之二的工程师毕业于高专,50%甚至更多的计算机科学的毕业生拿到的是高专学位,几乎全部中层公务员都是由高等专科学校培养的。尽管高专文凭“事实上被认为是低于大学文凭的”,但来自实业界巨大的需求,则在很大程度上弥补了这一缺陷。拥有高专学位的学生和拥有大学学位的学生,其薪水在工业界并无重大差异,一半以上的招聘广告并不区分大学和高专的学位,高专毕业生的失业率低于大学毕业生。② 大学与其他高等教育机构的这种“共生型”发展模式,对于两类不同的大学来说都是有利的,专科学校在找到自身位置的同时,“作为一种安全阀,它代替大学承担了学生数量上的某些压力,因此大学保持了其‘精英’的地位”③。

1976年,联邦德国颁布《高等教育总法》之后,联邦德国据此对大学的管理制度进行改进,包括建立系一级单位,加强校一级的管理功能,学校决策民主化等,这些改进使联邦德国的大学制度正在发生变化。这一点我们在前面已经提到。

第三节 美国大学制度变迁

一、美国大学和高等教育结构的演变

(一)早期高等教育机构及其特点

北美最早的高等学校是1636年创建于殖民地时期马萨诸塞州的哈佛学院(现哈佛大学前身)。这也是北美整个17世纪唯一的高等教育机构。半个多世纪之后,直到1700年,北美的第二所高等教育机构威廉-玛丽学院才问世。其后,1701年,耶鲁学院成立。在18世纪,新泽西学院(普林斯顿大学)、国王学院(哥伦比亚大学)、费城学院(费城大学)、罗得岛学院(布朗大

① [荷]弗兰斯·范富格特:《国际高等教育政策比较研究》,王承绪等译,浙江教育出版社2001年版,第168页。

② [荷]弗兰斯·范富格特:《国际高等教育政策比较研究》,王承绪等译,浙江教育出版社2001年版,第168~170页。

③ [加]约翰·范·德拉格夫:《学术权力——七国高等教育管理体制比较》,王承绪、张维平、徐辉等译,浙江教育出版社2001年版,第178页。

学)、昆士学院(鲁吉尔大学)、达特茅茨学院相继诞生,组成了美国最早的高等教育机构群。美国最早的这批高等教育机构规模较小,依附宗教组织,属于教会财产,主要任务是培养当时社会需要的官吏和牧师;其中的费城学院虽然是公立,但同样具有浓厚的宗教色彩。这些学院的学位制度基本上沿用英国大学的体制。学生用4年时间学习文法、修辞、逻辑、算术、几何、天文、伦理学、古代史等课程,取得学士学位。如果希望取得硕士学位,那么需要进一步学习3年左右时间的神学和哲学课程。当时,英国大学的学位大多通过国王、法院、国会颁发,而美国早期学院的学位授予通常是学院自身的事务。

这些学院有以下几个主要特点:第一,所有这些学院的教职和管理人员基本上由宗教人士组成。第二,学院的办学宗旨清楚地表明宗教性质。哈佛学院称:为社会造就适合的人才,主要是培养教会人士。耶鲁学院声明:耶鲁学院建校的伟大意图,是按我们的途径培养传教士。昆士学院在自己的办学宗旨中写道:"用具有学术性的语言、理论和应用的文理学科,特别是用神学,培养青年学生,使其能胜任宗教和其他善良工作。"①第三,运用具有宗教性质的方式管理学院。这些学院在办学过程中,实行住校制度,管理人员、教职人员和学生共同生活,共同学习。这样的管理方式既与当时的学院规模较小和学科单一相关,也折射出学院追求的宗教价值。

(二)赠地学院的诞生

18世纪下半叶,美国摆脱了英国的殖民统治,实现了国家独立。产业革命极大地提高了美国的工农业产值。到1890年,美国的工农业总产值已跃居世界第一位。经济发展必然刺激对各类人才的广泛需求。由于私立高等学校收费昂贵,且办学目标只是培养官吏和牧师,已越来越不适应经济社会发展的需要。一些州、市政府于是开始出资建立高等学校。最早的公立高等学校是专科学校和培养教师的师范学校。但是,这些公立高等学校,除了其经费的大部分来自政府外,学校的办学模式仍基本沿用私立高等学校的模式。然而,新的社会现实要求高等教育摆脱古典主义的樊篱,确立实用的和服务于工业、农业、商业和整个社会经济的教育观念。在这样的新形势、新要求下,赠地学院应运而生。1862年出台的《莫里尔法案》规定:凡有国会议员

---

① 滕大春:《美国教育史》,人民教育出版社1994年版,第66~67页。

的州,都可以得到联邦政府拨给的国有土地,州政府以此土地为资本,建立包括农业和机械工程两科的高等学校,为本州的农业发展培养人才,同时向农村提供知识和技术。[①] 这个法案极大地推动了美国高等教育的结构性调整。国会于1890年再次通过了《第二莫里尔法案》。这两个法案的施行,促使美国各州先后一共建立了70多所高等学校,后来统称为"政府赠地学院"[②]。这些学校的学科设置以强调服务于农业生产实际为特点,符合当时美国社会经济发展的需要。这些学校顺应时代要求,迅速发展壮大,其中相当一部分已经发展成当今美国著名的高等学府,如加利福尼亚大学(伯克利)、康奈尔大学、威斯康星大学等。这些学院作为美国高等教育结构中的一批新型学院,丰富了美国高等教育结构,直接促进了美国高等教育的发展。[③]

(三)研究生教育的出现

在赠地学院蓬勃成长的同时,美国研究型大学和研究生教育层次相继出现。如果说赠地学院产生的动力是美国社会需求和政府法律,那么,研究型大学诞生和研究生教育问世的动力则是科学进步的内在逻辑要求和德国大学经验的外来冲击。[④]

美国研究生教育发端于1876年约翰·霍普金斯大学的建立。这所全新的大学建立了美国高等学校中的第一个研究生院。校长吉尔曼宣布:大学的宗旨是促进所有有益知识的发展,鼓励科研,提高学者的水平。[⑤] 立足于这种精神,约翰·霍普金斯大学创办伊始,便将研究生教育视为自己的重要使命。约翰·霍普金斯大学办学五周年之际,即19世纪80年代末,培养的哲学博士人数超过了同期哈佛大学和耶鲁大学的总和。相当一部分学校相继仿效约翰·霍普金斯大学的做法举办了研究生院,促进了美国研究生教育的快速发展。研究生教育在美国高等教育结构中的主要意义在于:第一,完善了美国高等教育结构。第二,强化了科学研究在高等学校的地位。第三,区分了美国高等学校的层次。第四,提供了研究生培养模式。

---

① 于富增主编:《国际高等教育发展与改革比较》,北京师范大学出版社1999年版,第4页。

② 于富增主编:《国际高等教育发展与改革比较》,北京师范大学出版社1999年版,第5页。

③ 许庆豫、葛学敏主编:《国别高等教育制度研究》,中国矿业大学出版社2004年版,第24页。

④ 许庆豫、葛学敏主编:《国别高等教育制度研究》,中国矿业大学出版社2004年版,第24页。

⑤ 王英杰:《美国高等教育的发展与改革》,人民教育出版社1993年版,第16页。

（四）初级学院（社区学院）的兴起

初级学院的出现源于对大学高深学问的孜孜追求。19世纪90年代，美国当时的一大批著名大学校长，如哈佛大学校长艾略特、密歇根大学校长塔潘等都深受德国高等教育思想的影响，认为美国学院的水平只相当于德国的文科中学，应该改革大学结构，把属于中等教育性质的大学前两年的任务交给中学来承担。1892年哈珀就任新成立的芝加哥大学校长，把大学分为一、二年级和三、四年级两部分，前者称为"基础学院"（Academic College），为大学初级阶段，其目标是向下一高级阶段输送优秀学生，后者称为"大学学院"（University College）。完成初级学院学业任务的学生取得协士学位，完成大学学院学业任务的学生取得学士学位。1896年，他把这两种学院改名为"初级学院"和"高级学院"，这是美国高等教育首次使用"初级学院"一词。1900年，芝加哥大学授予63名初级学院毕业学生协士学位。芝加哥大学的主张得到众多大学校长的拥护和赞同。一些大学纷纷效仿将大学四年分为初级和高级两个层次。哥伦比亚大学当时的校长巴特勒指出：在大学两年学业结束时授予一个称号，这是芝加哥大学采取的具有全国重要意义的一步。美国教育总署在当年的年度报告中同样高度评价了芝加哥大学的重大改革举措。报告指出：① 许多学生会发现，在二年级末放弃大学学习是适宜的；② 许多锲而不舍的学生可以在更富有学术挑战的氛围中继续学习至少两年时间；③ 专业学院可以在更高的标准上录取学生；④ 许多中学将会受到启发而提高教育质量，或者举办更高一级的中等教育；⑤ 一些没有条件开设大学高级学院的学校，将会集中精力办好初级学院。①

芝加哥大学周围地区很快建立起一批初级学院，向芝加哥大学高级学院输送优秀毕业生。1896年建立的路易斯学院成为美国颁发协士学位最早的独立于大学之外的私立初级学院。1901年，伊利诺伊州的乔利埃特地区中学在哈珀的倡导和直接帮助下，将学制向上延伸，开设了13和14年级课程，成为实际意义上的美国第一所公立初级学院。随后，加利福尼亚州大力倡导初级学院，最先有了庞大的两年制学院体系，成为其他州仿效的样板。由于初级学院的建立，美国高等教育结构日趋成熟，形成了社区学院、四年制学院

① 王英杰：《美国高等教育的发展与改革》，人民教育出版社1993年版，第24页。

和研究型大学三级体系以及协士、学士、硕士和博士四种学位层次的现代高等教育结构。这种结构对世界各国高等教育产生了极为广泛的影响。许多国家在美国初级学院的启发下建立和完善了专科教育,并使专科教育成为制度性机构。

(五) 高等教育结构的发展和完善

第二次世界大战后,世界各国在经济、科技和综合国力方面的竞争集中体现在人才和智力的竞争上,高等教育发展进入黄金时代,美国高等教育在这一时期得到了迅速的发展和完善。目前,全美共有各级各类高等学校4 000多所,在校生1 400多万。这些学校可分为五大类:第一类是授予博士学位的学校。第二类是授予硕士学位的高等学校。第三类是四年制本科学院,即授予最高学位为学士学位的四年制本科高等学校。第四类是社区学院,学制为两年。第五类是单科专业学院,即独立的专业高等学校,如独立的医学院、法学院、神学院、工商管理学院、艺术学院、工程学院等。美国高等教育结构经过不断调整后,逐渐趋于合理,基本上适应了美国经济社会发展需要。

二、美国大学制度的历史沿革

(一) 美国大学制度变迁

1. 早期高等教育制度与19世纪高等教育制度的成型和发展

美国早期的高等教育制度与早期学院的体制相伴而生。由于这些早期学院大多属于私立,且殖民地的法院规定,筹建和规划学院,需要成立董事会,由董事会规划学院的建立和发展;学院成立后,具体的办学事务转交院长、行政人员和教学人员组成的院务会办理。因此,美国高等教育制度一开始就形成了双重管理体制:一是地方官员和名流组成的董事会,负责审批学院的重大事项;二是学院自身的院务会,从事日常的具体的管理工作。这样的体制延续至今,期间虽然处于不断改革之中,但基本框架没有大的变化。

19世纪初期,美国经济社会的发展迫切要求变革高等教育制度以适应现实社会的需要。尤其是南北战争后,美国实现了统一,新的政治社会条件要求高等教育制度摆脱古典主义的樊篱,确立实用的和服务于工业、农业、商业和整个社会经济的教育观念。由此发端,美国高等教育制度在学习借鉴国外先进高等教育制度尤其是德国高等教育制度的基础上，逐步摆脱初创阶段的古典框架，开始形成与整个社会发展步伐相适应的实用性特征。《莫里尔法案》的出现和赠地学院的诞生正是这种特征形成的标志。

19世纪中后期，美国高等教育制度进入了学习德国高等教育制度的巅峰。酿成巅峰的直接动力是美国前往德国留学的一大批人士返回美国，并在美国高等教育领域发挥重要作用。这其中包括哈佛大学、密歇根大学、康奈尔大学、克拉克大学、哥伦比亚大学、约翰·霍普金斯大学校长。同时，大量的德国学者和著名科学家相继来到美国大学执教，为创新高等教育制度模式提供了条件。在制度变革的驱动下，美国诞生了新的高等教育层次即研究生教育。高等教育的课程结构、培养目标和主要活动逐步调整完善，散发出了新的时代气息，推动美国高等教育形成了研究与教学并重的体制，以及多样化的高等教育经费筹措制度。

19世纪下半叶，美国大致完成了高等教育制度层次结构的建设，形成了包括初级学院、本科教育和研究生教育三大层次的体系。与此同时，高等教育制度还在进行着内涵的充实。选修制度的建构是高等教育制度内涵充实的最为耀眼的一页。这一制度的主要内容是适应社会、经济和科技进步的需要，为学生提供有用的和广泛的知识。通过选修制度的建构，美国高等教育制度日益丰满，对生活和生产的各个领域发挥日益重大的作用。多年后，选修制度成为美国高等教育的主要教学制度，并对世界各国高等教育教学产生了深远的影响。

2. 第二次世界大战后高等教育制度的进一步完善

第二次世界大战之后，美国高等教育经历了一个高速发展时期。在这一时期，高等教育制度具有了新的特点。促使美国高等教育制度产生新变化、呈现新气象的因素，一方面是科学技术的进步和经济的高速发展，另一方面是教育民主化浪潮的蓬勃兴起。在教育民主化浪潮冲击下，美国高等教育机会迅速增加，高等学校学生构成发生了显著的变化，越来越多的黑人和其他有色人种的子弟走进高校，与白人同校学习。高等教育制度体现出浓厚的民主特征，教育的公平性得到展现。

与此同时，高等教育法规在高等教育制度建构中的作用日益强化。在美国历史上，高校享有充分的自治，政府很少干预高等教育事务。然而，第二次世界大战后,美国政府逐步增强干预高等教育事务的力度。导致这种干预的主要原因是日益激烈的国际竞争力。尤其是1957年苏联人造卫星上天后,面对苏联的强大竞争力,美国社会和政府认为,美国的科学技术已经落后于苏联,这种落后如果得不到有效的改变,将会危害美国国家利益。发展科学技术,超越苏联的科学技术水平,需要美国政府高度关注教育,尤其是高等教育。1958年,美国《国防教育法》颁布,这一法令的目的是"大力加强美国的教育制度,使之能满足国家基本安全所提出的要求"。《国防教育法》在美国历史上第一次明确界定了教育的地位。在这部法律中,高等教育成为事关国家安全和社会进步的重大战略性事业。在这里,国家法律直接构成美国高等教育制度的基本内容。如果说19世纪的《莫里尔法案》奠定了美国高等教育基本的存在条件,提供了高等教育发展的社会方向,那么,《国防教育法》则为国家干预和引导高等教育更紧密地为国家利益服务提供了法律根据。

第二次世界大战后美国高等教育制度的完善还体现在经费配置体制的定型和完备上。随着高等教育地位和价值的提升,高等教育发展获得了理想的外部环境,从而促成了高等教育经费配置体制的完备。哈佛大学时任校长卡西指出:"美国高等教育在1945—1970年间所取得的巨大成就就是,高等学校获取了大笔经费以支付不断增长的日常开支。"①这样的成就正是在美国联邦政府和美国社会各界普遍认识到高等教育的巨大价值的前提下取得的。1945年,联邦政府科学研究发展局局长向总统提交的《科学——无疆界的战线》报告中,第一次比较系统地提出了美国政府对高等学校开展科学研究应采取的政策,强调大学是最好的基础科研阵地,要积极资助大学的基础科学研究。联邦政府和各州政府开始制度化地资助高校从事科学研究,或者直接在高校建立研究机构和试验基地,形成了政府资助高等教育的体制。同时,科学研究也激活了高等教育资源的市场配置机制。一些大型企业希望大学提供技术,培养企业需要的人才,传授企业需要的实用知识,因而开始资助大学。这样,美国高等教育在形成政府资助体制的同时,形成了市场配置高等教育经费的渠道。

① 王英杰:《美国高等教育的发展与改革》,人民教育出版社1993年版,第39页。

（二）美国高等教育立法

20 世纪 50 年代末以前，联邦教育立法大部分涉及的是政府如何向高等教育拨款、捐赠等问题，并无太多的附加条件。法案中对高等教育的资助，除了政府补贴外，还包括 1787 年《西北律令》(North-west Ordinance)和 1862 年《莫里尔法案》中的赠地，1887 年《哈奇法案》的研究基金资助，1914 年《史密斯—莱沃法案》(Smith-Level Act)和 1917 年《史密斯—休斯法案》(Smith-Hughes Act)的教学拨款，以及 1944 年的《军人重新调整法案》为军人进入高等教育提供的学费和补贴。但是，这些法案的通过并不是单纯地为了支持高等教育，其目的往往是双重的。《西北律令》的目的还在于去除公共土地和把东部稠密人口向西部分散；《莫里尔法案》的目的还在于回应国家从农业社会转向工业社会的需求；《军人重新调整法案》是从退伍军人的公平待遇出发，满足国家经济建设和国防事业的需要。由此可以看出，从最开始，联邦政府就是在用高等教育实现其社会目的。20 世纪 50 年代末以后，政府加大了对高等教育的影响。正如沙加里亚斯(Zacharias)所指出的：“《1958 年国防教育法》(National Defense Education Act of 1958)和 1965 年《高等教育法》(Higher Education Act of 1965)是联邦政府开始涉足高等教育的基本标志。”①政府对高等教育不再仅仅是经济上的资助，还开始加强了对高等教育的监督和管理。

20 世纪 60 年代，联邦政府开始从社会公平和反歧视的目的对高等教育进行立法，这些法案包括：1963 年的《高等教育设备法》(Higher Education Facilities Act)、《平等报酬法》(Equal Pay Act)，1964 年的《民权法》(Civil Rights Act)、《经济机会法》(Economic Opportunity Act)，1965 年的《高等教育法》(Higher Education Act)，1967 年的《雇佣年龄歧视法案》(Age Discrimination in Employment Act)。1965 年的《高等教育法》所包括的内容非常广泛，但最重要的内容在于联邦政府对学生的资助项目，以向社会提供全民机会均等的高等教育。这些法案也表明，政府对于高等教育的介入程度越来越深，高等教育也越来越依赖于政府，因为政府一旦撤除各种经济资助，高等教育必然

---

① Donald W. Zacharias, *Federal Regulations: Perspective from the University Level*. http://www.eric.ed.gov/2012-10-20.

面临生存危机。

20 世纪 70 年代,联邦立法开始体现出政府试图通过高等教育实现更多的社会目标的意图。这个时期与高等教育有关的法案包括:1970 年的《社会保障法》(Social Security Act)、《职业安全与健康法案》(Occupational Safety and Health Act),1972 年的《高等教育修正法案》(Higher Education Amendments),1973 年的《康复法案》(Rehabilitation Act),1974 年的《家庭教育权与隐私法案》(Family Educational Rights and Privacy Act)、《雇员退休收入保障法案》(Employment Retirement Income Security Act),以及 1976 年的《版权修正案》(Copyright Revision Act)。

20 世纪 80 年代,联邦政府在高等教育方面的立法主要有:1986 年的《统一综合预算协调法案》(Consolidated Omnibus Budget Reconciliation Act)、1987 年的《民权复兴法案》(Civil Rights Restoration Act)、1989 年的《无毒校园与社区重组安全法案》(Drug Free Schools and Communities Act Amendments)。1990 年的《美国残疾人法案》(Americans Disabilities Act)禁止剥夺残疾人进入私立大学和学院的机会,《学生知情权及校园安全法案》(Student Right-to-know and Campus Security Act)要求大学或学院必须披露如下信息:学校毕业率、学生运动员的毕业率、学院间体育活动的收益情况、校园安全政策、校园犯罪统计、校园训练听证会的结果等。1998 年的《高等教育法修正案》提出了校园安全报告的要求。概括地说,20 世纪 70 年代联邦立法以联邦政府资助高等教育扩大教育机会为特征,80 年代以限制对高等教育干涉为特征,90 年代以保护学生免受各种社会不幸为特征。2005 年的《高等教育调整法案》(Higher Education Reconciliation Act)及 2006 年的《联邦学生经济资助计划中期最终规定》(Interim Final Regulations for Federal Student Financial Aid Programs)又对学年定义、远程教育评估、取消学生资助等问题进行了变动和修正。

美国联邦高等教育立法的演进,反映了联邦政府对于高等教育强烈的工具性目的,体现了联邦政府对高等教育的控制在不断地加强。

三、美国大学制度构架及特点

(一) 宏观层面

美国宪法规定,高等教育由州政府管理。在高等教育管理的历史上,美国于1867年成立联邦政府教育办公室,1953年成立联邦教育、卫生、福利部,1979年建立教育部。从1955年开始,各州先后建立高等教育委员会管理高等教育。州高等教育管理机构与联邦教育部没有行政领导关系。联邦政府教育部并不是统管全国教育的教育行政机关,而是面向全国教育系统提供服务的机构。具体地说,其主要职责是收集、分发和交流教育情报;分配和管理联邦政府下拨各州的教育补助金;与各州协作和高等学校合作,实施联邦政府的教育计划和教育项目;从事教育方面的调查研究,向联邦政府、州政府、地方教育行政机关、高等教育机构和其他组织提供教育决策咨询意见、建议和指导意见。除因特殊目的设立的高等学校(如军事学校)之外,联邦政府对高校没有直接管辖权,只能依据国会制定的法规,通过教育拨款把联邦政策渗透到各州和地方,从而对高等教育实施间接管理和控制。

州政府则通过立法、拨款、审批公立学校建立等方式对大学进行直接管理。依据各州宪法和相关法律规定,州一级教育行政机关包括州教育委员会、州教育厅。在美国的50个州中,绝大多数州都设有州教育委员会。州教育委员会的主要职责是:统一管理各州的教育事业,制定州的教育事业发展规划;决定公立中等教育和初等教育的课程大纲和质量标准,管理和协调高等教育;编制教育预算,制订相关教育计划,组织教育评估。相形之下,州教育委员会享有充分的教育管理权。各州一级都是采用相当集权的管理体制。州的教育厅厅长是执行州教育委员会政策的最高教育行政官员。教育厅厅长的主要职责是领导和管理州教育厅,借此执行州教育委员会的政策。州教育厅是实施州教育委员会政策的办事机关。各州政府的高等教育政策的许多内容都是通过州教育厅实施的。

高等院校与州政府之间的关系一般可描述为伙伴关系,双方遵循一定的原则进行合作,为需求者提供中等后教育服务,以实现双方期望的目标。高等院校接受政府的经费支持,培训就业人员,为所在州的经济发展提供类似孵化器式的研究和服务,拓展新的经济增长点。同时,州政府也越来越多地参与到高等教育中来,视高等教育为活跃地区经济的最佳工具而给予重视。州政府是高等教育的立法赞助者和保护者,高等教育对州政治、经济和文化发展起关键作用。

近年来,美国高等教育的州级行政管理呈现出多样化的趋势,主要体现在两方面:一是管理机构的多样化,二是管理方式的多样化。管理机构的多样化受各州的经济、文化、人口差异和入学规模影响。美国各州高等教育管理机构一般分为三大类:管理董事会、协调董事会和规划委员会。在某些州仅仅设有一种高等教育管理机构,在另一些州则可能有两三种机构并存。管理方式的多样化表现在州政府解决高校问题的方式上,存在四种模式:一是政府放任自流模式。州政府对问题采取一种毫不相干的态度,由高校自己解决。二是政府鼓励模式。州政府参与计划制订、目标选择、资料收集、激励机制的创立等。三是政府干预模式。州政府授权中介机构协调或指导政策的制定。四是政府直接提供政策支持和服务模式。正是这种多样化的管理满足了社会千差万别的要求,推动着美国高等教育在不同层次和方向上的发展。

外行董事会(Lay-board)制度是美国高等教育宏观层面行政管理的另一重要方式。自1642年哈佛学院建立外行董事会用以监督、管理学校事务以来,这种制度就在美国高等教育管理领域存在和发展。所谓外行,指的是董事会成员所从事的职业在高等教育领域之外。美国在州政府和高等院校之间设立的外行董事会是一个中介组织,参与政府对高等教育的管理,作为州政府与高等院校之间的一种缓冲体,有利于政府以立法、拨款和规划等形式来管理高校,也有利于高等学校的自我管理。

(二) 微观层面

按照美国的法律,高等学校是公共团体,不受政府的直接控制和管理,办学自主权相当大,表现在六个方面:① 有成立学校的自由。只要符合大学所应具备的条件,任何个人和团体均可申请创办大学,在得到州议会颁发的特许状后一所新大学便宣告成立。② 有权聘任教师和职员。③ 自主选择生源。④ 有权确定专业、教育计划和课程设置。⑤ 自主筹措和分配使用经费。⑥ 有权选择科研合作伙伴。[①]

总体而言,美国高等学校的内部管理体制分为三级。最低一级是系,系主任通常是任期制,主持全系的教学和行政工作。但是,系的管理权是分散的。系的权力首先是在系的教授之间分布,教授们参与系的重大决策,因而

---

① 强连庆主编:《中美日三国高等教育比较研究》,复旦大学出版社1995年版,第28页。

系主任并不能独享系的管理权力。同时,系的权力还需要在副教授之间分布,系的许多事情需要副教授的参与和协助才能完成。作为大学内部最底层的单位,系的权力运行在很大程度上是民主的。

系的上一级是学院。学院通常下辖多个系。承担基础教育任务的学院是文理学院,这样的学院既承担本科教育任务,也承担研究生教育任务。在文理学院之外,还有一些专业学院,专业学院的主要任务是承担研究生教育。无论是文理学院还是专业学院,通常都设有两名院长,分别主持学院工作和分管学院的一部分事务,行使管理权力。在学院一级,与院长平行的还有教授会议。教授会议不定期召开,主要是投票表决学院的一些重大决策。学院一级是典型的二元管理结构。院长及其助手负责预算、决算和人事问题,而教授会议更多地对学术和教学问题表达意见。行使管理权力的院长及其助手需要在二元之间寻求平衡。通常,大多数学院都能在二元平衡中稳步运行。

在大学一级,权力的分布相当复杂。在形式上,董事会是大学的最高决策机关。私立大学的董事会的许多成员是社会名流,而不完全是校内人员。当一些董事年事过高,或无法分担大学董事职责时,在任的董事将通过选举和协商补充新的董事。在公立大学,董事通常是州长任命的。无论是私立大学抑或公立大学,董事任期都没有统一的规定,董事任期较短的只有 2 ~ 3 年,长者则达到 10 年以上。董事会通过会议决定学校的重大事务,会议的召开是不定期的。在董事会的决策中,最为重要的事务是任命大学校长,并把许多大学管理权力授予大学校长。

美国高校董事会机构清晰,责权明确。董事会一般设 1 名主席、1 名或若干名副主席、1 名秘书和 1 名司库。董事会以下设各种委员会来处理具体事务,委员会的成员既包括董事会成员,也包括非董事会成员。虽然各校的委员会数目不一,其具体的职责也不尽相同,但通常都包括一些基本的委员会:常设委员会,在董事会休会期间代行董事会职权;设备委员会,负责制定和确定有关现有的和计划添加的设备方面的政策与办法;投资委员会,负责私人捐赠和现金收入事项;发展委员会,负责面向社会开辟各种筹资渠道;学校事务委员会,向董事会提出学术政策、与教师代表举行会议;学生事务委员会,制定有关学生纪律、生活等方面的政策,加强董事会与学生的联系。此外,如有必要还可根据情况建立临时性专门委员会。董事会通过董事会全体会议和各种委员会会议来开展工作。公立高校董事会会议多于私立高校,平均每年召开10次董事会全体会议,每次会议平均耗时3个小时,每个董事出席董事会会议和委员会会议的时间为平均每年54小时。公立高校董事会会议和委员会会议一般都对公众和媒体开放,以赢得公众的支持,会议结束后还要向州长委员会或州立法机关呈报所有会议记录副本。私立高校董事会平均每年召开4次董事会全体会议,每次会议平均耗时4个小时,每个董事出席董事会会议和委员会会议的时间为平均每年27小时。会议大多不对媒体和公众开放,尤其是在讨论人事决定、法律行动和不动产交易时,更是拒绝外界参与。

校长则是大学的最高行政长官或者说是董事会下的首席执行官员,负责学校的日常事务,由校董事会选任并向校董事会负责。校长上任后,由其任命多名主管学校各种事务的副校长及院长和系主任,组成一个各司其职、层层向上负责的等级制管理系统。在这个系统内,管理权相当分散,各层都具有相对的独立性和自主权,特别是院系一层有权处理诸如教师聘用、课程设置、学位授予、学术活动等重大事宜。校长则在制定有关学校政策、安排协作事宜、法律咨询、与州议会或联邦机构的联络以及与董事会交流信息方面发挥作用,通常有一至若干名助手。大学一级至少有四个行政管理职能领域,即:教学科研与社会服务;行政事务管理和财务管理;学生服务;学院发展,包括筹集资金、公共关系以及与校友联系等。与之相应的有首席学术主管、首席行政事务主管、学生服务主管和开发主管进行负责。同时,大学还有一些学者组织,如主要由教授组成的大学评议会及教师工会。它们虽然不是权力机构,但在确定学校的教育方针、学术与行政人员的任免等方面却有重要的咨询作用,这是使美国大学组织具有较强社团性的原因之一。

美国的高校没有统一的教师制度。教师大致分为这样一些类型:讲座教授、教授、副教授、讲师和助教。讲座教授、教授和副教授中的一些人是终身的,另一些则是合同性质的。在大学内部,教师往往通过参加教授会、学术委员会及各种专门委员会行使教学管理、科研管理、教师聘任与晋升以及对学校行政管理人员进行选拔与评价等的权力来参与学校管理。

（三）制度特点

美国大学制度在发展过程中先仿英国、后师德国，最后综合创新形成自身特色。陈学飞对此曾有一段精辟的描述："美国高等教育从1636年至1776年期间主要效法英国模式。1776年独立后进行过长期的探索，才形成了具有美国特点的大学体系。该体系将英国的注重本科生教育、德国的注重科学研究和自由探索、美国的实用主义熔于一炉。其基本特征是：学术性学科与实用性学科同在一校；教学、科研、服务三者兼容；公立大学与私立大学并举；英才教育与大众教育兼顾；大学自治、学术自由与社会责任相结合，以市场为导向与多种渠道和方式调节相结合，办学方式灵活多样。"①具体地说，美国的高等教育制度具有以下五大特点。

1. 多样性。多元化是美国高等教育结构中的最明显特点。美国大专院校有公立的，也有私立的；有规模大到数万人乃至十几万人的巨型大学，也有规模仅为几百人的学院；有以研究和培养研究生为主的研究型大学，也有以职业培训为宗旨的普通学院；有受制于地方政府的大学，也有学校自行管理的大学。

2. 多层次性。根据不同的办学宗旨和培养目标，美国的高等院校可分为四个层次。① 研究型大学。这类大学特别注重研究工作，设有本科生部和研究生院，授予学士、硕士和博士学位。此外，这类大学都设有法学院、商学院和医学院等高级专业学院，进入这些专业学院的学生通常都必须先获得学士学位。② 综合性大学。这类大学的专业比较齐全，下设数个院系，以本科生教育为主，兼招硕士研究生，但它们没有博士学位授予权，研究工作也不是它们的"重头戏"。③ 四年制学院。这种学院侧重于本科生教育，主要提供人文学科、社会科学和自然科学三大领域的基础课程。学生毕业后获得学士学位；若要继续深造，他们必须报考研究型大学。④ 两年制的初级学院和社区学院。这类学院多数为地方社区所办，主要靠公费维持；私立性质的也有，但规模都比较小。两年制学院主要提供两方面的教育，一是帮助那些因经济条件或学习成绩等原因而不能上四年制学院或大学读书的高中毕业生修完大学本科的前两年课程，以便让他们结业后去正规大学完成本科教育；

① 陈学飞：《美国、德国、法国、日本当代高等教育思想研究》，上海教育出版社1998年版，第65页。

二是提供职业培训，为那些不读本科的人进行财会、护理、家政、导游、消防和果树栽培等方面的技术训练。顺利完成两年培训的人，结业后获得副学士学位证书。

3. 灵活性。美国高等教育注重培养具有实际工作能力、富有创造性且社会适应能力强的人。为此，美国高等院校从招生到管理，从教学方法到教材使用，都采取十分灵活的办法。首先，大学招生不以一次考试作为录取的标准，而是采用多方面考察选拔的原则。录取新生时，大学既要审查学生高中时的学业成绩，又要考虑学生入学考试成绩，同时还要参考他们的入学申请书和推荐信等材料。学生录取后，学校让他们根据学分制的要求自由选修课程，并在此基础上选定专业。大多数美国高校实行“通才”教育，为学生们设置了相当灵活的课程选修范围。教材由开设相关课程的教授决定，只有那些能够反映最新研究成果的教材才会受到青睐。在具体授课上，美国大学教授强调课堂授课和讨论结合起来的方法，鼓励师生交流，提倡“群言堂”式的研讨课方式。

4. 自主性。美国的教育管理体制属分权型。根据联邦宪法，教育归州和地方政府管辖，所以，联邦政府不能在教育事情上“发号施令”。然而，即使各州有权且有责任建立和推行其认为适合该州的教育制度，但高等院校本身也有很大的办学自主权和很强的独立性。凡按正常程序建立起来的大学都有权不经审查自行任命教授，有权决定招收多少学生，有权决定开设什么课程。公立和私立大学都可以从各种渠道筹措资金。

5. 开放性。美国是一个开放的社会，其高等教育也是如此。美国高等教育的开放性主要表现在两个方面：① 广泛开展国际和国内的交流，加强与国内外同行的合作。② 长期以来，美国的高等院校注重把教学、科研与服务社会紧密结合起来，而不是把自己看作一个封闭性的“象牙塔”。高等学校在美国既是教学中心，又是科研中心，同时还是社会服务机构；既是学习知识的殿堂，又是了解社会动态、关注社会进步的窗口。

第四节 日本大学制度变迁

一、日本大学和高等教育结构的演变

(一)高等教育发端发展的基本情况

日本高等教育发端于19世纪明治维新时期,1877年改制成立的东京大学和1897年建立的京都大学是日本最早的大学。在此前后,民间也出现了设置高等教育机构的动向:以庆应义塾大学(1858年)、早稻田大学(1882年)、立命馆大学(1900年)为代表的私立大学正是在这一时期相继诞生的。

日本的大学在发展过程中先是师从法国和德国,1945年后按美国模式改造。但日本没有照搬别国的经验,而是在借鉴中形成自己的特点。最初的大学以传授现代科学技术为主,培养日本经济和政治的“精英”。1918年的《大学令》,使得日本的高等教育得以快速发展,学生由1919年的9 040人,增加到1928年的62 500人,促进了日本经济的快速发展。但是,在第二次世界大战前,高等教育的入学率还相当低,适龄人口接受高等教育的比率不到10%。1945年以后,随着民主化改革的推进,适应经济振兴的要求,日本积极引进美国的教育模式,采用单线型学制(六、三、三、四制),即:小学6年,中学3年,高中3年,大学4年;同时扩充国立大学(一县一大学),放宽私立大学设置条件,使高等教育发生了巨大的变化,高等教育入学率1960年达到10%。20世纪60年代,日本经济进入了高速成长期,个人入学需求急剧增长。针对这种情况,政府一方面扩大现存私立大学的招生规模,另一方面加快了对新私立大学设置的认可,高等教育入学率1965年达到19%,进入大众化阶段,1975年达到40%,1990年达到50%左右后基本趋于稳定,日本的高等教育从此进入普及化阶段。私立大学对日本高等教育走向大众化和普及化做出了重大贡献。2003年日本高等教育的入学率为72.9%(含短期大学和专门学校),本科以上大学的入学率为49%;到2004年4月1日,全日本有大学709所,其中,国立大学87所(占12.3%),公立大学77所(占10.9%),私立大学543所(占76.3%),株式会社立大学2所(占0.3%)。私立大学学生人数达206.1万，占日本大学在校生总数(280.4万)的73.5%。①

(二) 高等教育的结构和类型

目前，日本的高等教育体系完善，层次分明，结构完整。高等教育机构包括大学、高等专门学校、专门学校、短期大学和研究生院等，根据其设立形式，大致分为国立、公立和私立三种。国立大学是国家出资兴办，公立学校是地方政府出资兴办，私立学校大多是个人或企业集团出资兴办。其中，研究生教育和高等专门教育以国立大学和高等专门学校为主；本科教育、短期大学和专修教育以私立高等教育机构为主；公立的各类高等教育机构是地方政府为满足本地需要而开办的，从全国来看，在数量上不占主要地位。

大学一般学制为四年，包括综合大学、多科大学和单科大学。综合大学设有法、经、商、文、教、理、工、医、农等众多学部，学科齐全，条件优良，师资力量雄厚，是日本高等教育的中坚。多科大学的学部数量少，但大都有自己的特长。单科大学只设一个学部或多个相近的学科，专业特长突出。《学校教育法》规定，大学作为学术中心，在传授广博知识的同时，应以教学和研究专门精深的学艺并发展才智、道德以及应用能力为其目的。日本大学的修业年限一般为4年，但医科、牙科及兽医学的大学修业年限为6年。一个学年包括期中、期末考试，原则上为35周。各门课程以10周或15周为单位设置。毕业论文、毕业研究、毕业制作等若对修学具有一定效果，亦可给予适当的学分。高等专门学校以初中毕业生为对象，进行5年的教育，是培养能够适应科学技术发展的技术人员的学校。其中大部分是设有与工业有关的各种学科的工业高等专门学校。此外，还有商船高等专门学校等。对于高等专门学校毕业生可授予准学士称号。专门学校是进行职业教育和学习实际生活中必要的知识、技能、技术的学校，是一种设有专门课程的专修学校。② 学习年限从一年到三年不等，一般以两年为主。短期大学的学习期限通常为两年，医学、护理专业一般为三年。短期大学中，大约60%是女子短期大学，且家政科、人文、教育及社会等学科占半数以上。短期大学的毕业生可授予准学

---

① 张维全：《从日本高等教育的发展看中国大学改革》，载《重庆交通学院学报(社科版)》2005年第2期。

② 日本的专修学校分为高等课程、专门课程、一般课程三种。专门课程的入学条件为高中毕业或具有同等以上学历者。

士称号。日本的研究生院在其国内称为“大学院”。“大学院”设有硕士课程和博士课程。硕士课程学制为2年，博士课程学制为3年。有的学校将博士课程分为前期2年和后期3年。前期的2年亦可看作硕士课程。同样，也有单独设置后期3年博士课程的。因日本大学的医学、牙科及兽医学课程的学制为6年，大学毕业后可直接报考博士课程。此类博士课程的学制为4年，报考这一类的研究生院，必须具备18年以上的学历。设有研究生院的大学，对该院完成硕士课程的毕业生可授予硕士学位。日本的“研究生”类似中国的进修生。“研究生”与以攻读学位为目的的学生不同，主要从事特定的专门研究工作。“研究生”与硕士、博士课程的学生一样上课，可以利用大学的研究室、图书馆等设施，在教授的指导下研究自己的课题。但“研究生”不能取得学分，也不能获得学位。①

二、日本大学制度的历史沿革

（一）日本大学制度的变迁

日本的现代高等教育是在中央政府的集中管理和主导下发展起来的。明治维新之前，现代意义上的高等教育制度在日本尚未建立，教育的管理权主要掌握在皇室、幕府及各地藩国手中。此时缺乏统一的教育管理。18世纪中叶以后，日本在本国经济发展的促进和西方资本主义的冲击下，封建制度逐渐衰弱，出现了资本主义生产关系的萌芽。一些接触西方资本主义文化及先进科学技术的思想家主张学习西方以求自强，反对封建幕府专制统治，为日本相对统一的教育管理体制的建立创造了经济、社会和思想基础。这种统一的教育管理体制的确立，开始于明治维新初期颁布的一系列教育法令。为实现“破从来之陋习”、“求知识于世界”的改革目标，日本政府加强了对教育事业的领导与管理。1871年明治政府在中央设立文部省，主管全国的文化教育。1872年颁布的《学制令》，更具体地确立了日本的教育领导体制，即实行中央集权式的大学区制。在文部省之下，全国共划分8个大学区（一年后减少了一个大学区），各设大学一所；每个大学区又划分32个中学区，每个中学区设中学一所；中学区又各分为210个小学区，每区设小学一所。文部

① 王颖：《日本高等教育扫描》，载《人民日报·海外版》2000年12月5日，第10版。

省所颁布的教育法令，对全国具有强制性的指导与规范作用，地方政府和各级各类学校都必须无条件地执行；上下学区之间存在着紧密的层层统属关系。

大学区制的教育管理体制在1879年颁布的《教育令》中被废除，改行美国式的地方分权制。1880年底，明治政府修改了《教育令》，重新强调中央政府对各级各类学校的控制，恢复实行大学区制，并一直延续到第二次世界大战结束之时。

第二次世界大战后，日本在教育领域继承了明治时期优先发展教育的传统，并推出了新的教育发展措施，使日本高等教育逐步进入世界领先地位。

20世纪80年代以后，日本进行了教育制度改革。1987年8月，日本负责教育改革的临时教育审议会的咨询报告提出，面向21世纪日本教育改革的目标、责任和使命，是培养青年一代具有广阔的胸怀、强健的体魄和丰富的创造力，具有自由、自律的品格和公共精神，成为面向世界的日本人。

21世纪，为了迎接国际化、信息化和高科技化社会的挑战，为了适应国民对教育多样化的需求，为了在国际竞争中求得自身的安全和未来的生存与发展，日本在高等教育制度方面力求"从封闭式向开放型发展，从单一化向个性化、多样化发展，从大众化、普及化向质量提高型发展，从模仿型向独创型发展，从知识型向能力型发展，从过分片面强调智育向注重德、智、体全面素质的提高方向发展"①。

（二）日本高等教育立法

以规范的教育法律法规"明确各自权利和义务"，实行依法治教，是日本教育制度的"一大特色"。② 日本的教育立法历史可以追溯到明治初年，后经不断改革完善，逐步形成了较为系统的教育法律体系。这一法律体系不仅体现在它是由横向的各方面的法律组成的，还表现在它是纵向的，由上位法、下位法（国会制定）、实施令（内阁制定）、实施规则（文部省制定）组成的法律体系。无论是国立、公立大学还是私立大学，无论人事管理还是组织、财务管理，都可以在法律体系中找到自己的法律依据，有法可依；无论是哪一级教育

---

① 赵永东：《从"创新立国"看日本高等教育的若干趋势》，载《发展研究和决策参考》2002年第8期。

② 许庆豫、葛学敏：《国别高等教育制度研究》，中国矿业大学出版社2004年版，第196页。

行政部门，都有法定的权利和义务、法定的办事程序，都必须熟悉法律，依法行政。

1. 有关高等教育的基本法律

1947 年颁布的《学校教育法》是第二次世界大战后日本最重要的教育法律之一。该法是对宪法、教育基本法关于教育制度的原理原则的具体展开，也是日本学校教育制度的基本骨架的体现。该法对大学的目的、教学研究组织、行政管理组织作了法律规定：大学作为学术研究的中心，在传授知识的同时，研究高深专门学问，拓展知识，提高道德水准和运用能力；大学的基本教育研究组织是学部及学部以外的组织，还可设夜校部和函授部；学业年限为四年，医学类为六年；入学资格为高中毕业或同等学力者；大学的教职员有校长、副校长、教授、副教授、讲师、助手及办事职员；设立由教授、副教授为主的，包括职员组成的教授会，负责审议学部的重要事项；文部省下设作为文部大臣咨询、参谋机构的大学审议会及大学设置学校法人审议会。

1956 年文部省发布的《大学设置基准》，作为《学校教育法》的下位法，对高教运行的各个方面都作了详细的规定。还规定了与设置基准相配套的、关于申请设置大学的认可手续规则，不仅将办学标准，还将报批手续、程序纳入法治管理。

2. 规范国立大学的相关法律

关于国立大学的法律、法令有《国立学校设置法》及同法施行令、同法施行规则，《国立学校特别会计法》《关于国立大学评议会暂定措施的规则》《关于任用外国教员的特别措施法》等。《国立学校设置法》于 1949 年 5 月公布实施。该法在 1973 年追加了关于建构新大学——筑波大学的章节。为促进当时正在进行的各大学的自主改革，摆脱旧的管理模式，文部省设置了这所新型的、综合性的大学。1977 年修改、增加了设置大学考试中心的规定。1991 年，追加了设置学位授予机构的规定。

3. 指导私立大学的有关法律

1949 年颁布的《私立学校法》，宗旨有二：一是在尊重私立学校自主性的前提下，确立与文部省的行政关系；二是在提高私立学校公共性的同时（将学校经营主体，由财团法人改为学校法人），建立起民主的校内管理组织，力图使私立学校健全发展。所谓私立学校，是指由学校法人设置的学校，并不是指凡由私人建立的学校就叫作私立学校。所谓学校法人,是指以设置私立学校为目的,并依照法律成立的法人。第二次世界大战前,是以民法上的法人,即财团法人为私立学校的经营主体;第二次世界大战后予以特别法人,即学校法人,虽然也是私法人的一种,但公共性质却大大提高了。私立大学及其设置者,直接隶属于文部大臣,虽与国立大学同属于文部大臣管辖,但使用的分别是“所辖厅”和“监督厅”。因此,在管辖程度上,对私学的监督成分要少些。私立大学与文部大臣的行政关系表现在,文部大臣握有私立大学设、改、发的认可权,还握有当其违法时的下达关闭学校的命令权。文部大臣下设有“大学设置学校法人审议会”,重要决议、命令下达之前,必须听取该会意见。学校与文部省之间的关系、管理的范围和权限非常明确。

1975 年,日本颁布了《私立学校振兴助成法》,国家财政对私学的援助有了法律保障,同时也加强了国家对私学的宏观管理,维持并提高了私学的教育条件,减轻了学生的经济负担,使私学得到顺利发展。

4. 关于育英奖学的法律制度

1963 年,日本政府成立了“育英会”,负责向高等学校和高级中学的学生提供贷学金。《日本育英会法》对育英会的组织运作、财务会计、监督处罚等作了规定。

5. 关于国立大学法人化的法律制度

2003 年初,日本国会通过了《国立大学法人法》。根据这项法律,国立大学将由文部省的直属机构转变为具有独立法人资格的办学实体。政府将经费使用、内部机构设置、校内运行方式等权力和责任下放给大学,并实行对大学的“第三者评价”。大学的办学自主权得到提升。

三、日本大学制度构架及特点

(一) 宏观层面

1. 国立、公立大学与政府的关系

第二次世界大战前,日本的大学教育管理体制实行中央集权制,战后随着《日本国宪法》《教育基本法》《学校教育法》《教育公务员特例法》《教育委员会法》《国立大学法人法》等多部法令依次公布后,日本教育管理体制发生了根本性改革。逐步改变过去的中央集权主义,高校管理体制由政府对国立、公立大学的直接干预转向了间接监督与激励，实现了教育行政的地方分权化，建立了中央和地方两级管理系统。

中央教育行政机构是文部省，为日本内阁的组成部分，其最高领导是文部大臣。地方教育由地方公共团体实行自治。日本的地方公共团体分为都道府县和市町村两级，教育行政机关为教育委员会，行政主管为教育长。文部省主要负责教育制度的制定，全国教育基础设施的规划等。地方的教育委员会则负责地方的教育事务。政府对大学的管理权限因学校的性质不同而有所不同。国立大学、短期大学和高等技术学校直接受文部省管理，都道府县和市立等公立大学受有关地方机关管辖。政府及地方机关只在规定的范围内决定国立、公立大学的人事、经费、学术及其他政策，而在处理学校内部行政、教学、学术等事务上，学校具有较大的自主权。在大学办学自主权进一步建立和完善的情况下，为引入竞争机制提高大学办学质量和效益，缓解政府、社会及大学之间新的矛盾，日本大学在自我评估系统上又设置了校外第三者评估机构，2000 年还成立了以国立大学为对象的大学评估机构——“大学评估、学位授予机构”。实施校外评估的大学越来越多，2000 年全国有 217 所大学接受了校外评估。大部分的评价结果尤其国立大学的评价结果向社会公开。同时为保证包括私立大学在内的大学教育的研究水平，日本政府尝试资格认定方案，并准备在 10 个学术领域选出 30 所重点大学，实行政府特别的财政支持。

与公立大学相比，国立大学作为文部省的内置机构，一百多年来始终处在大学的核心地位而受政府的特别照顾，而且在法律上享有大学自治权，多部法令都明文规定“大学自治”，但这种传统的大学自治是极端的学部自治，或者是以“大学教授会”的组织形式落实自治精神，因而充其量也只停留在大学内部的自治上，而没有提升到办学管理体制和自主运营权的层面上。因为国立大学更多的运营权掌握在文部省，不仅经费全部列入国家预算，连大学的人员编制、课程设置、经费使用方法都有“省令”严格规定，要修改任何课程设置，都必须获得“省令”批准，预算下发后，如果随着科研内容的变化需要调整校内预算用途，也必须向总务省、财务省重新申请。根据大学审议会关于高等教育个性化、教育研究高水平化、经营管理活性化的建议，1991 年初，政府颁布了指导性法规《大学设立标准》和部分修改的《学校教育法》，标志着政府、学校、社会及第三者中介机构之间相互制约、相互联系的新关系的形成。

2. 私立大学与政府的关系

私立大学在日本高等教育中的地位和作用十分重要。日本高等教育快速实现大众化并进入普及化阶段，一个重要的依靠力量就是私立大学的发展。现在私立大学和私立短期大学约占日本大学总数的80%，而且很多私立大学，如早稻田大学、庆应义塾大学、明治大学、中央大学以及同志社大学等在国际上享有盛誉，并对日本教育的发展起着举足轻重的作用。

日本私立大学发展之初，政府不仅没有给予应有的资助，而且对私立学校的设置、办学和管理等作出严格的规定。直到第二次世界大战前，日本高等教育的发展还是以"国家主导型"模式为主，只把私立大学当作国立、公立大学的辅助教育机构，使私立大学的生成和发展受到限制。第二次世界大战后，随着经济的迅猛发展和高等教育需求的急剧膨胀，私立大学的巨大潜力和重要地位凸显出来并逐步引起了日本政府的重视，政府开始改变对私立大学的态度，采取了一系列放宽限制和大力扶持的政策与措施。1949 年制定了新的《私立学校法》，给私立学校与国立、公立学校同等的法律地位，以法律手段限制和制约政府和主管行政部门的不合理干预，并明确了私立大学在发展日本高等教育中的重要责任，保证了私立学校的自主性，并强化了私立学校的公共性和公益性。20 世纪 70 年代，日本不少私立大学由于规模扩大而经费缺乏从而在经营上陷入困境，为保证私立大学的健康发展，也为了减轻私立学校学生的经济负担，日本政府实施了私立大学补助金制度，并出台了资助私立学校的多种措施。为了有效促进私立学校发展之间的公平竞争，公费补助私立大学采用择优倾斜的方式，越是办学条件好、经营稳定和社会贡献大的学校，得到的补助就越多。且对私立大学的补助呈现逐年增长趋势。临时教育审议会在 1987 年提出的第二次咨询报告中指出：日本的高等教育对私立大学依赖程度很高，但对高等教育的财政支出低于欧美各国，因此进一步强调国家振兴私立大学的职责。文部省每年拨给 900 所左右的私立大学、短期大学 3 000 亿日元左右的补助金，平均每校约 3 亿日元，同时还实施税收制度上的优惠政策以及育英奖学金等向私立学校学生倾斜的措施。这些补助和拨款措施大大缓解了私立大学的经费困难，促进了日本私立大学的发展。

私立学校办学自主性受私立教育的自由性影响，虽然本能地排斥政府对其进行干预，但也不能达到完全自由的状态。私立学校教学研究的规模、耗费经费的日益庞大以及经费受生源数量影响的特点，都决定了私立大学必须依赖国家提供的奖励与补助。同时国家还可以通过研究项目的资助及资助数额与办学效益挂钩等方式，间接指导私立学校的办学和学术研究方向。因此，日本私立大学的发展长期以来就是在接受政府公费资助下自主发展的，其办学自主权的运行具有法律性、公益性、自主性相统一的特点，这也是与别国不同的特点。

（二）微观层面

1. 国立、公立大学的内部管理

第二次世界大战前，国立大学设总长（校长）、评议会、教授会。校长先是由文部省任命，后改由教授选举产生；评议会负责审议行政事项；教授会审议学科、课程、学位授予等。战后，国立大学实行校长负责制。校长由教授民主选举产生后由文部大臣任命；主管学校财务和人事的事务局长由文部省直接任命；教授、学部长经民主选举产生后由文部省任命。大学设评议会，由校长、学部长和教授代表组成，是学校的最高决策机构。各学部设立教授会，审议本学部重大事项。

目前，日本国立、公立大学在内部管理上实行校长领导下的评议会和教授会体制。评议会和教授会都是校长的咨询机构，同时也具有审议和某种程度上的管理职能。校长虽然具有管理全校的一切事务的权力，但校内一切重大事项，也都需要经过评议会、教授会决定，这样可以避免原来校长负责制下容易产生的主观独断的弊端。实施法人化改革后，国立大学引进了“董事会”制度，建立和完善最高决策机构，国立大学校长为国立大学法人，另设副校长、监事等若干，实行自上而下的管理。校长在经营、教育两个方面都是最高负责人，在学校的运营发展中发挥领导作用。所有教职员都由校长任命。同时政府制定政策积极鼓励各校在“创收”方面的努力；制定类似于企业会计准则的“国立大学法人会计准则”。学校具有在国家指定的范围内确定具体学费金额的权力，可以对资源自主有效利用，提高办学效益。

2. 私立大学的内部管理

日本私立大学设理事会。理事长是法人代表。校长由理事会聘任。校内设教授会审议学校重大事项。在自主办学的实践中,私立大学开创了有别于国立、公立大学的办学路径。在教师聘用方面,采取了以优厚待遇聘请或返聘优秀的国立、公立大学教师和退休教师做兼职教授的办法;在办学经费筹措方面,开辟了一条在国家和地方政府资助下,以学生学费为主,广泛争取社会企业和公共团体赞助的渠道。尤其靠自身的办学自主优势和灵活多样的办学方针,保证了办学结构和课程门类的完整及适应性,采用了颇具特色的入学考试方法和内容,满足了人们日益多样化的教育需求,培养的人才适应了日本经济、文化和社会发展的需要。

(三)制度特点

1. 教育先行

日本国家的大学制度在设计上充分体现了"教育先行"的理念。在国家安排国民经济计划的顺序时,首先研究教育发展的计划,增加教育投资;在投资比重上,教育投资高于国民收入的逐年增长;坚持以教育所培养的人才促进经济发展,同时经济的发展又可以促进教育的进一步发展,使二者相互促进,相得益彰。日本历届政府把初等教育和高等教育确定为发展的重中之重,政府不断增加教育投资,高等教育得以迅速发展。日本国立和公立大学的经费主要来源于国家政府和地方政府共同负担的公共教育经费,占学校总经费的80%以上。

2. 立法保障

当代日本是一个重视法制的国家,依法治教是日本教育的一大特色。第二次世界大战后,日本颁布了一系列高等教育法规。这些法规对高等学校的设置、更改、废止和运营管理、组织权限以及私立学校的发展等都有明确的规定,把高等教育纳入法制轨道。

3. 结构灵活

日本高等教育结构在第二次世界大战后经济发展的不同时期得到了相应的调整,从而保证了高等教育发展与社会经济发展同步进行,相互促进。正是由于高等教育的发展始终与经济社会的发展保持一致,才形成了与激变着的现代社会相适应的、具有充分灵活性的多层次和多元化的高等教育结构。

4. 政校分开

在高校与政府的关系上，日本大学制度总的发展趋势是政校分开，高校自治。高校能根据社会发展的需要，及时调整学科发展方向、招生规模与层次，适应社会需求。政府对高校的宏观管理，是由相应的组织进行科学管理。譬如，在文部省附设大学设置学校法人审议会，人员主要由校长和社会贤达组成，是受政府控制、民间色彩很强的机构。这些机构虽然是咨询性质的，但握有审定权，具有权威性，对职能部门的行政管理形成制约，从而增强了政府行政管理的科学性。

5. 专家治教

日本《学校教育法》第 59 条明文规定，大学的重要事项必须经教授会审议。在日本大学中，学校的学术管理很大程度上由教师参与决策，教授具有很高的权威。他们通过教授会或选举产生的委员会参与决策学校教育活动中的重大事项，并在其中起着举足轻重的作用。按照《学校教育法》的规定，教授会的组成，“除了教授外，副教授或其他职员也可参加”。教授们参与学术管理，有利于体现大学的学术性特征和保证学校的办学水平。

第五节 四国大学制度变迁的启示

一、四国大学制度变迁的规律

英国、德国、美国、日本四国大学制度的形成和发展虽然各有特点，但其中也呈现出明显的规律性。这种规律性至少表现在以下几个方面。

（一）不断发展完善

纵观四国大学制度变迁的历史，以变应变几乎是它们共同的特点和规律。美国、日本从师从欧洲到自成体系的过程，就是一个适应国家经济社会发展和教育自身发展需要不断发展完善的过程。即使是在大学发祥地的欧洲国家，也是在不断求新求变的过程中完善着自己的制度安排。

进入 20 世纪 50 年代后，各国加大了调整完善大学制度的力度。从政府层面看，一方面是高等教育在促进国家富强、民族兴盛、个人发展中产生了重大作用的现实使各国政府进一步发现了高等教育的重要性；另一方面是高等教育理论的研究，特别是各国教育家们对高等教育的功能、理念、制度和发展前景等问题的深入研究，使各国政府和社会各界对高等教育的作用有了更加深刻的认识。因此，各国政府都采取了许多有效的措施，不断加大对高等教育管理的力度和改进管理方法，政府在高等教育发展中的主导作用越来越强。各国政府都努力在集权与分权之间寻找平衡点，不断探寻政府管理高等教育的有效方式。

从学校层面看，随着大学的功能从传授知识到教学与研究结合再到教学科研服务相结合，大学的组织系统从单一的结构到“多元巨型结构”，从相对封闭的知识城堡到高度开放的系统，使大学的运行常处于“有组织的无政府状态”。因此，各国大学都采取了许多应对措施以使学校内部管理更加适合现代大学的特点。这些措施包括逐步从一长决策制向集体决策制（通过董事会、评议会、教授会等）转变，从学校集中管理向学院制转变，以及努力探索行政权力与学术权力的结合点等。

（二）形成核心理念

伴随着大学制度的形成和发展，各国大学都在相互借鉴或独立探索中形成了若干重要理念，这些理念中的一部分是带有共性的核心理念，这些核心理念虽然并不都是制度性理念，但它们都与大学制度有密切的关系。因此，各国在设计自己的大学制度时，都必然要考虑遵循这些理念或适应这些理念。这些核心理念主要有：学校自治、学术自由、教授治学、民主管理、社会责任等。特别是学术自由，已成为大学的金科玉律。没有学术自由，就不会有学术水平，从而也就不会办出真正的大学。

（三）具有国情特点

大学制度虽然起源于欧洲，但在不同的国家又有不同的特点。努力建立与本国国情相适应的大学制度，是各国大学制度建设的发展方向、基本经验和普遍规律。这一点，有的教育家讲得十分清楚。如康奈尔大学首任校长怀特说：美国大学的结构必须适应美国人民，适应美国的需要，适应现代社会环境，而不是去适应英国的生活或德国的需要，或者去适应以往的时代。

（四）注重学校本位

所谓学校本位，是指在政府与高校的关系中充分尊重大学的主体地位。让大学成为独立的办学实体。英、德、美、日四国在其高等教育发展的历程中，比较尊重高等教育的主体地位，给学校以必要的自治权，政府对高等教育的管理主要是服务和引导，大学不受政府的直接管理和干预。在长达几百年的时间内，大学与社会始终保持一定的距离以维护其学术自由的历史传统。进入20世纪以后，大学与社会的关系日益密切，政府开始增加对高等教育的投入和加强对高等教育的管理，同时，做出了一系列变革高等教育的措施，尽管如此，大学的主体地位仍然得到各国政府的充分尊重。

（五）坚持依法治教

坚持依法治教，是四国大学制度的共同特点。前面已详细介绍了四国高等教育立法情况，从中可以看到，四国都把高等教育立法作为大学制度建设的根本措施，通过制定和颁布实施一系列法律法规，建立了稳固的，体现了国家意志和大学特点，适应社会发展需要的制度体系，保证大学的发展。

二、四国大学制度变迁对我国建立现代大学制度的启示

英、德、美、日四国大学制度的变迁历程和变迁的共同规律，为我国建立符合时代要求和高等教育自身发展需要的现代大学制度提供了有益的借鉴。

（一）要高度重视大学制度建设

大学制度建设是具有长期性、稳定性和根本性的建设。纵观四国高等教育发展的历史，从某种意义上讲，就是一部高等教育制度生成、发展、变革、完善的历史。建章立制是高等教育生存发展的基础和前提。大学的发展目标、人才培养、科学研究、社会服务、文化传承创新等都需要制度作为保证；办学理念需要依托制度去落实；办学的随意性、盲目性、非科学性等要靠制度制约和克服；未来各国高等教育的发展优势将在很大程度上取决于制度优势；我国要从高等教育大国走向高等教育强国必须有科学的制度安排。因此，我们必须高度重视和切实做好大学制度建设。

（二）大学制度建设要遵循教育规律和体现大学特点

大学制度建设首先要遵循教育规律。一切教育活动都必须遵循教育规律。四国大学制度变迁的历史表明，只有符合教育规律的制度设计，才具有科学性、生命力和影响力。同时，大学制度必须符合大学特点。大学的特点是大学与其他社会组织相区别的标志，是大学在长期发展过程中逐步形成的。这些特点主要包括学校自治、学术自由、教授治学、民主管理、学科建设、

院系设置等，大学制度设计必须充分反映这些特点。

（三）大学制度建设要符合国情和时代要求

大学是遗传与环境的产物，构建大学制度必须考虑国情和时代要求。四国大学制度既有共性又有个性，如果没有共性，大学就可能不成其为大学，而如果没有个性，大学就不是现实中的大学。任何国家的大学都有自己的国情特点，我国大学制度的构建必须充分考虑我国的国情特点，这样，大学制度才会有可行性。同时，构建大学制度还应符合时代要求。大学制度的可行性，在很大程度上体现在与时代要求相一致上。最科学和最先进的大学制度，就是最适宜于当时当地的社会和大学发展的制度。落后于时代的制度和超阶段的制度安排都是非科学的。因此，我国大学制度的建构必须体现时代要求。

（四）大学制度建设要以法律为保证

在四国大学制度构建的过程中，法律法规发挥了非常重要的作用。各个国家都不约而同地借助法律来建立、改革和完善大学制度，推动本国高等教育的发展，并使所构建的大学制度具有合法性和稳定性。依法建制成为四国大学制度建设的共同经验。我国大学制度建设应认真借鉴这方面的经验，使我国大学制度的建设得到法律保障。

（五）大学制度要在发展中不断完善

四国大学制度变迁的历史还告诉我们，大学制度是在发展中不断完善的，大学制度建设是一项动态性的工作。我国大学制度的建设不能指望毕其功于一役，必须随着时代的发展不断完善。特别是要对经济社会发展和大学自身的发展及时作出制度性回应，使我们的大学制度不墨守成规，能以变应变，成为始终在国际上保持领先地位的大学制度，并把制度优势变为发展优势，推动我国教育事业的发展进入国际领先水平，成为真正的高等教育强国。

第三章
我国大学制度变迁

我国是一个具有悠久教育历史传统的国家。我国高等教育发展的历史脉络我们已在第一章中做过介绍。正如我国的国情在20世纪曾经经历了巨大的变革一样,我国现代大学制度的构建也经历了巨大的反复与变化。因此,研究我国大学制度的变迁特别是近代中国大学制度的演进,可对目前我国大学制度建设提供重要启示。

第一节　近代中国大学制度的演进

一、新式大学的兴起与对大学制度宏观模式的探索

清末到民国时期,是我国大学教育制度的重要变革期,也是大学从传统向现代的转型时期。

(一)"癸卯学制"与新式大学制度在中国的创立

鸦片战争以后,清政府为了适应日益频繁的中外交涉,以及洋务运动的需要,于1862年在北京设立同文馆,这是中国政府建立的第一所近代新式学堂,标志着中国近代新式学堂的诞生。之后,在全国的一些地方先后开办了一批学习"西文"和"西艺"的新式学堂。1895年,建立了中国第一所现代大学"北洋公学"(天津大学前身)。次年,"南洋公学"(交通大学前身)成立。1898年,清政府设立京师大学堂,设管学大臣统辖全国学务。1901年9月,清政府接受张之洞和刘坤一的建议,颁发诏书,"着各省所有书院,于省城均改设大学堂,各府及直隶州均改设中学堂,各州县均改设小学堂"①。由此,

---

① 郑佳明:《长沙历史文化丛书之湘城教育纪胜》,湖南文艺出版社1997年版,第2页。

新式学堂遍及全国。

1902年,清政府颁布了由管学大臣张百熙拟制的《钦定学堂章程》,史称“壬寅学制”,这是我国颁布的第一个学制,但由于种种原因,没有实行。次年,清政府又命荣庆、张百熙、张之洞重拟学堂章程,称为“癸卯学制”。1904年,清政府先后颁布了《高等学堂章程》《大学学堂章程》《通儒院章程》《学务纲要》及《各学堂管理通则》。“癸卯学制”是中国近代第一个在全国范围内付诸实施的学制。“癸卯学制”的颁布实施,在中国近代高等教育史上具有十分重要的意义,它的颁布标志着我国新式大学制度的初步形成。

“癸卯学制”创造了一种全新的高等教育结构:纵向分三级,以分科大学为中心,下设预科,上置研究机构;横向设八科;另辅实业、师范;旨在全面培养新式的文、理、医、工、农、商各类人才。它基本照搬了日本明治学制,而日本明治学制则是学习欧美大学制度的产物。这一学制是完全不同于以往中国传统高等教育制度的一种新型制度,它体现了现代意义上的大学所具有的若干标志,基本上确立了以后我国大学制度的框架,直接影响了以后我国的大学制度。

“癸卯学制”颁发后,全国学堂迅速发展。为适应这一形势,1904年1月,清政府批准了张之洞等提出的建议,将管学大臣改为学务大臣,统管全国学堂的学务工作,并任命大学士孙家鼐为首任学务大臣。同年2月又任命大理寺少卿张亨嘉为京师大学堂总监督(即校长)。1905年12月,清政府又批准成立了全国学堂的专门管理机构——学部,并任命荣庆为学部尚书。这样,学部成为统管全国学校事务的专门机构而从京师大学堂中独立出来。①

1905年9月14日,共有160名学生的复旦公学在上海吴淞镇正式开学。许多教会大学也在这个时期先后成立起来,如1900年在苏州成立东吴大学,1903年在广州更名成立的岭南学堂,1905年在上海升格成立的圣约翰大学等。② 1911年4月29日,清朝政府利用美国退还的庚子赔款兴办的清华学堂在北京正式开学。

(二)“壬子·癸丑学制”与民国时期我国大学基本制度框架

辛亥革命后,1912年1月9日成立了教育部。在教育部召开的全国临时

---

① 董孟怀等:《百年教育回眸》,中国经济出版社2000年版,第12页。

② 董孟怀等:《百年教育回眸》,中国经济出版社2000年版,第20页。

教育会议上，拟定了一个新的学制体系，史称“壬子学制”。到1913年8月，教育部又吸取了德国高等教育制度的特点，陆续制定颁布了《专门学校令》(1912年)、《大学令》(1912年)、《公立私立专门学校规程》(1912年)、《大学规程》(1913年)、《私立大学规程》(1913年)、《高等师范学校规程》(1913年)、《高等师范学校课程标准》(1913年)等一系列规制，对“壬子学制”进行了修改和补充，建立起新的学校系统，史称“壬子癸丑学制”。按照“壬子癸丑学制”和上述规程，民国初期的大学制度分为纵向三级，横向三块。①

纵向三级，即大学预科、大学本科和大学院，取消原“癸卯学制”中的高等学堂，将其改为各省省立中学，而将清末分科大学中临时设置的大学预科列为学校系统中必不可少的一个阶段。大学预科规定须附设于大学内，不得独立；招收中学毕业生及经测试有同等学力者，学习年限三年。大学预科生修业期满、试验合格、获毕业证书，可升入大学本科。大学以文理两科为主，但须文理两科并设者，文科兼法、商两科者，理科兼医、农、工三科或两科和一科者，才可名大学；大学分文、理、法、商、医、农、工七科；大学各科修业年限3～4年；大学设校长一人，总辖全校事务，校内设评议会，由校长任议长，审议学校内各学科的设立与废止、教授所开讲座的种类、校纪校规、大学生成绩及是否授学位、教育总长和大学校长交付咨询之事等；大学各科设学长一人，主持一科事务，科内设教授会，由学长任议长，审议各学科课程、学生考试事项、学生在该科的成绩、论文及是否授学位、教育总长和大学校长交付咨询之事等；允许私人或私法人设立大学。大学本科设大学院，为大学教授及学生深研之所；大学院以本门主任教授为院内各专门学院院长，由院长延聘其他教授或绩学之士为导师；大学院招收本科毕业生或经试验有同等学力者，主要靠学生自行研究，定期举行讲演讨论；大学院的学生研究完毕，提出论文，如确有新发明的学理或重要的著述，经大学评议会和教授会审查合格，可遵照学位令授以学位。

横向三大块，即除大学预科、本科和大学院外，另有专门学校和高等师范学校。将清末的高等实业学堂、法政学堂、译学馆等均改为专门学校。专门学校以教授高等学术、培养专门人才为宗旨，含法政、医学、药学、农业、工业、

---

① 舒新城编:《中国近代教育史资料(中)》，人民教育出版社1979年版，第646～666页。

商业、美术、音乐、商船、外国语十类；按经费所出情况，分国立、公立、私立三种；招收小学毕业生及经试验有同等学力者，修业年限为预科1年、本科3～4年，研究科不计年限。将清末的优级师范学堂改为高等师范学校，并允许设女子高等师范学校，程度略有提高，相当于大学本科二年级程度，统一收归国立，由教育总长根据全国情况，规定地点及校数分别设立。高等师范学校以造就中学校、师范学校教员为目的，经费由国库金支给，内设预科1年、本科3年和研究科1～2年；预科的学习科目为伦理学、国文、英语、数学等8门课程；本科分国文、英语、历史地理、数学物理、物理化学和博物六部，各部通习科目为伦理学、心理学、教育学、英语、体操；研究科则就本科各部择二三科目进一步深入研究；学生免纳学费，并由学校酌给部分必要费用，毕业后得有4年（专修科）至6年（本科）的服务期。

（三）大学院和学区制的推行和失败

从“癸卯学制”到民国初期，我国的大学制度主要是移植日本的大学制度，而日本大学制度又是以德国大学制度为蓝本的，因此，这一期间无论是政府颁布的规程，还是大学自身的实践，无不打上日本和德国大学制度的烙印。

第一次世界大战后，这一状况发生了变化，因为日本加紧侵略中国，引起国民反日运动逐步高涨。新文化运动的兴起，在中国广泛传播民主思想，美国的民主思想越来越被中国知识分子所接受。在教育方面，他们强调高等教育与社会经济的联系，强调教育民主化、尊重个性，这些思想对中国高等教育产生了很大影响；大批留美学生陆续回国，作为一个群体他们广泛地涉足当时的教育行政部门、文化教育机构和教育学术团体，并成为高校行政管理和教学科研的主要力量，从而促进了我国大学制度从模仿日本向模仿美国的转变。① 1922年政府颁布了新学制，1924年颁布了《国立大学条例》，提出了高等教育的七项原则，即教育要适应社会进步之需要，注意生活教育，谋个性之发展，注意国民经济实力，发挥平民教育精神，使教育易于普及，多留伸缩余地。这些精神都充分体现了美国大学的理念和特点。

在效仿美国大学制度的同时，20世纪20年代后，教育独立思想兴起，强调教育要保持相对独立性。在这一思想倡导下，从1927年到1928年间兴起

---

① 霍益萍：《近代中国的高等教育》，华东师范大学出版社1999年版，第46页。

了学习法国大学制度的思潮，其典型产物就是大学院的建立和学区制的推行。

1926年3月1日，广州国民政府教育行政委员会成立，即为中央教育行政机关。蔡元培、李石曾等提议组织中华民国大学院，同年6月，国民政府决定组织大学院，任命蔡元培为大学院院长。这是教育行政机关在中国教育行政史上一次重大的变革，而蔡元培是此次变革的首倡人物。很明显，此次改革的动机是使“教育官僚化”转变为“教育学术化”。

大学院的特点有三：一是学术、教育并重，以大学院为全国最高学术教育机关。二是院长制与委员会制并用，以院长负行政全责，以大学委员会负议事及计划之责。三是计划与实行并进，设中央研究院，实行科学研究；设劳动大学，提倡劳动教育；设音乐院、艺术院，实行美学教育。① 在实施大学区制的呈文中，蔡元培进一步阐明教育是帮助被教育的人，给他能发展自己的能力，完成他的人格，于人类文化上能尽一分子的责任；不是把被教育的人造成一种特别器具，给抱有他种目的的人去应用的。所以，教育事业当完全交与教育家，保有独立的资格，毫不受各派政党或各派教会的影响。

1927年7月4日，国民政府颁布《大学院组织法》，后经几次修正，总的来说有以下一些内容：大学院为全国最高学术教育机关，管理全国学校及教育行政事宜。大学院设院长1人，综理本院事务，并监督所属职员及所辖学术教育机关；置副院长1人，辅助院长管理院务；置参事2~4人，负责拟订本主管之法律命令事项；置秘书长1人，管理秘书处一切事务；置秘书4~6人，佐理处务；又设大学委员会，由大学院院长、国立大学校长及聘请的专门学者等5~9人组成，为全国最高的教育学术审议机关。大学院直属国民政府，设高等教育、普通教育、社会教育、文化事业、总务、秘书六处。其中高等教育处掌理大学、专门学校、留学、各种学术团体及学位考试等。另外设立中央研究院主管学术研究工作，这是中国现代研究机关之始设。

国民政府在中央教育行政实行大学院制的同时，省级教育行政则试行了大学区制。1927年6月初，蔡元培以教育行政委员会名义拟订《大学区组织条例》；1928年12月11日国民政府公布《修正大学区组织条例》，其中规定，

---

① 高平叔编：《蔡元培全集》（第五卷），中华书局1989年版，第216页。

全国依各地的教育经济及交通状况,定为若干大学区。每大学区设国立大学一所,该大学校长负责管理区内一切学术与教育行政事项;大学区设评议会,为本区的立法机关;设秘书处,协助校长办理本区行政上一切事务;设研究院,为本大学区研究专门学术的最高机关;同时还设高教处、普教处、扩充教育处,分别管理区内大学、专门学校、留学事项及中小学教育、社会教育等。

大学区制最先在浙江、江苏两省试行。在实施的过程中,矛盾重重,只见其弊,不见其利,与蔡元培"教育行政与学术打成一片"的初衷相去甚远。1928年6月,中央大学区中等学校教职员联合会发表宣言,列举一年来试行大学区制的弊端,并呈请国民政府设法改进。认为其弊端主要是:大学校长兼顾校务、政务,疲于奔命,如遇政潮,使全省教育受其影响;推行大学区制后,中、小学教育经费剧减,而大学教育经费骤增,不利于普教的发展,最终会导致高教的畸形发展;由于大学校长无暇顾及中小学教务,且行政机构庞杂,导致行政效率降低;大学屡起风潮,延及中学;大学区制将教育行政权集中于大学,而忽略中小学,易酿成学阀把持之势力。①

1928年9月,国民政府通过了《北平大学区组织大纲》。该大纲规定,以北平政治分会所管辖的北平、天津、河北、热河为北平大学区,把原有的9所国立高校合并为北平大学,李石曾为校长。此举引起大学区内各校学生运动的风起云涌,尤以北京大学学生最为激愤,誓死反对变更校名。蔡元培也反对改变校名,从而与李石曾产生分歧。这无疑使大学区制的推行雪上加霜。在建议未能得到政府的认同后,蔡元培于1928年10月3日辞去了中央政治会议委员、国民政府委员、大学院院长、代理司法部部长等本兼各职。鉴于上述情形,1928年10月23日,国民政府改大学院为教育部。1929年7月5日,又正式命令北平、浙江两大学区限于本年暑假内停止,中央大学区限于本年年底停止。

实施一年的大学院制与两年的大学区制,虽然如昙花一现,却是中国教育史上一次有益的尝试。在中国大学制度初创阶段,大学从学习日本、德国到学习美国、法国,经历了一系列的变化,从不同方面对确立我国大学制度进

---

① 朱斐:《民国时期的"大学院"和"大学区制"》,载《民国春秋》1999年第2期。

行了探索,积累了经验。

1929 年,国民政府先后颁布了《大学组织法》《大学规程》和《专科学校组织法》《专科学校规程》,这一制度体系既是对原有制度主体内容的进一步巩固,也是在经历了移植不同大学制度的基础上,对原有制度的进一步完善。这些制度有许多可取之处,如把高等教育机构分为大学、独立学院、专科学校、研究院四种,并规定了人才培养目标和学校设置办法,有利于分类指导;大学可设研究所,有利于学术发展;大学须具备三学院,并须包含理学院或农、工、医三学院之一,其意义在于提倡实科;加强了对教师资格的审查与考核,促进了师资水平的提高;学分制的实施有利于课程设置具有弹性和人才培养的个性化;等等。总之,《大学组织法》的颁布标志着我国现代大学制度的完全确立。此后国民政府颁布的一些关于大学的制度,大多是对 1929 年制度体系的补充。这一制度一直延续到新中国成立前,并直接影响了新中国成立后大学制度的发展。

二、大学改革与对大学制度微观模式的探索

从 20 世纪初开始,我国大学制度沿着宏观法令框架与具体办学实践两个层面演进,在国家对高等教育事业不断进行变革和完善的同时,在微观层面,一批著名教育家的艰辛探索为奠定中国现代大学制度做出了重要贡献。

(一) 蔡元培的改革与北大模式

在德国游历四年之后,蔡元培于 1917 年出任北大校长。在 1917—1927 年间,由他主导的具有德国大学烙印的改革,使北大人才云集,成为国内首屈一指、国际上享有一定声誉的现代大学,“思想自由、兼容并包”的理念成为中国大学的精神标尺。他在实际主持北大的数年中,逐步建立了一套行之有效的制度。

1. 构建以“教授治校”为标志的学校领导管理体制

蔡元培到北大任职后,“知道以前的办法是,一切校务都由校长与学监主任、庶务主任少数人办理,并学长也没有与闻的”①,他认为这种管理办法

① 蔡元培:《回任北大校长全体学生欢迎会上的演说词》,载《蔡元培全集》(第三卷),中华书局 1989 年版,第 342 页。

不妥，仅由校长等少数人负责管理，权力过分集中。为整顿和改革这种集权管理体制，他仿效德国大学及欧美其他国家民主管理的办法，实行教授治校的民主管理体制。①

一是设评议会。蔡元培进校后，首先主持设立了评议会，作为全校最高的立法和权力机构，评议会由评议员若干人组成。校长和各科学长是当然评议员，另每五名教授可产生评议员一人。一年改选一次。每次开会选举，可以事先在选票上写好被选人姓名，寄给评议会，由评议会定期当众开票。校长是评议会的当然议长，负责召集评议会会议和改选等事宜。评议会负责制定和修改学校的各项章程法令、决定学科的废立、审核教师的学衔和学生的成绩、提出经费的预决算等，拥有很大的权力。校长负责执行评议会的决定。

二是设各科（系）教授会。1917 年 12 月，北大评议会议决定各科设教授会。教授会会员从教授、讲师中产生，教授会主任由会员公开选举，任期两年。1919 年改科设系后，改称各系教授会。各系系主任由教授会投票选举。教授会负责规划本系的教学工作，如课程设置、教科书的采择、教授法的改良、学生选科的指导及学生成绩考核等。

三是设行政会议。作为全校最高的行政机构和执行机构，掌握全校行政大权，负责实施评议会议决的行政方面的事务。行政会议下设各专门委员会 11 个，分管每一方面的行政事务，如庶务委员会、组织委员会、学生自治委员会、出版委员会、预算委员会、图书委员会、入学考试委员会等。校行政会议由各专门委员会的委员长、总务长、教务长组成，成员以教授为限，校长兼行政会议议长。

四是设教务会议和教务处。北大的教务原来一直由各科学长掌握，处于极其分散、老死不相往来的状况。1919 年北大改科设系后，蔡元培主持设立了教务会议和教务处，统一领导全校的教学工作，教务会议由各系系主任组成，并由其互推教务长一人，任期一年（后改为固定职务），教务处即为主持全校教务的常设机构。

五是设总务处，总务处主管全校的人事和事务工作。总务长由校长委任。

---

① 霍益萍：《近代中国的高等教育》，华东师范大学出版社 1999 年版，第 126 ~ 127 页。

上述几种机构中，评议会为最高立法和权力机构；行政会议和各行政委员会，主管行政；教务会议、教务处、各科（系）教授会，主管教务；总务处，主管人事和具体事务。由此，北大真正确立起以“教授治校”为原则的学校领导管理体制。教授不仅享有相当充分的“学术自由”权利，而且还可以参与学校管理，在学校的决策和管理中拥有很大的权力。这是我国高等教育史上“教授治校”与“学术自由”的早期实践。

2. 实行选科制，建立个性化教学制度

1918 年，蔡元培率先在北大废除年级制，实行选科制。尊重个性、发展个性，是蔡元培提倡实行选科制的思想基础。年级制的流弊，则是蔡元培决定实行选科制的现实原因。蔡元培认为，年级制限制了学生的选课范围，使之不能兼习其他系的课程。同时，年级制“使锐进者无可见长；而留级者每因几门课程之不及格，须全部复习，兴味毫无，遂有在教室中瞌睡、偷阅他书，及时常旷课之弊，而其弊又传染于其他同学”①。蔡元培希望通过实行选科制，避免这些流弊并给学生提供选择学习内容、学习进度的机会，实行个性化教学，调动学习积极性。

当时，北大的选科制规定，本科学生学完 80 个单位（每周一学时，学完全年课程为一单位），预科学生学完 40 个单位即可毕业。后来，因有的学生凭兴趣听课，旁听课程太多，博而不精，有的学生专攻一门，忽视了基础知识、基本理论的学习。蔡元培强调，所谓“选科制”，是学生只有相对的选择，无绝对的选择。除必修科以外的科学，才有选择权。学校将课程分为必修、选修两类。本科学生 80 单位，一半为必修课，一半为选修课。预科学生 40 单位中，3/4 为必修课。选修课不仅可选本系课程，也可选外系课程。实行选科制，对于提高学生学习兴趣，发展学生个性，培养专门人才，起了积极作用。以后这一制度被全国高校先后采用。

3. 循思想自由原则，取兼容并包主义

蔡元培为了改变旧大学钳制思想、“守一先生之言而排斥其他”②等现象，开创自由讨论、自由研究的良好学术氛围，开阔学生的眼界，引起学生探

---

① 蔡元培：《蔡孑民先生言行录》（上册），新潮社 1920 年版，第 30 页。

② 蔡元培：《北京大学月刊发刊词》，载《北京大学月刊》1919 年第 1 期。

索真理的兴趣，主张“循思想自由的原则，取兼容并包主义”，来改革和充实北大的教学内容。

蔡元培认为：大学，应是囊括大典、网罗百家的学府，“无论何种学派，苟其言之成理，持之有故，尚不达自然淘汰之命运，虽彼此相反，而悉听其自由发展”①。他不但允许一些有学术专长的旧派学者在北大继续上课，同时，也容许把马克思主义作为专门学术课程在北大讲授。当时的北大，尤其文科，确实出现了学术自由、百家争鸣的局面。如讲史学的，有信古派（陈汉章）、疑古派（钱玄同、胡适、沈尹默）、甲骨考古派（王国维）、唯物史学派（李大钊）；讲文学的，有文言派（黄侃、陈介石、刘师培）、改良派（朱希祖）、白话派（胡适、周作人、鲁迅、刘半农、陈独秀）；讲语言文字学的，有旧派（黄侃）、有新派（钱玄同、刘半农）；讲经学的，有今文经派（崔适）、有古文经派（陈汉章等）。所有的教授可自由讲学。有的讲马克思，有的讲凯恩斯，有的讲文学革命，有的大讲国故，主张复古，学生则自由选择听课。这种学术民主和自由讲学之风，不仅打开了学生的眼界，启发了学生的思路，更主要的是培养了学生研究学问、独立思考的兴趣。当学生被老师不同观点的课所吸引，纷纷涌向图书馆，试图从中探求真理的时候，北大的学风便在不知不觉中发生了变化。

蔡元培主张，在教学内容方面，应积极吸收国外最先进的科学文化。蔡元培说：“今世为中西文化融合时代，西洋之所长，吾国自当采用。”提出大学教学内容，要对“世界的科学取最新的学说”。② 当时北大理科的一些课程教材，多采用各国的科学新成果。如物理系三、四年级的“近代物理”课，内容大多选自居里夫人在巴黎大学讲授的最新材料。蔡元培为筹办生物学系，曾与法国巴斯德生物学院联系，协商建立分院（后未实现）；他到欧洲考察教育时，曾邀请居里夫人和爱因斯坦到北大讲学（后因故未成）；他邀请唯心主义哲学家杜威在北大讲授哲学；他还在北大组织相对论学说讲演会和研究会；他还主张用近代科学方法来整理中国旧有文化……这些都反映了蔡元培在吸收外国科学文化最新成果方面的积极态度。

蔡元培在改革教育内容方面之所以能广纳百家，兼收中西，冶各派于一

---

① 蔡元培：《北京大学月刊发刊词》，载《北京大学月刊》1919 年第 1 期。

② 蔡元培：《在北京大学画法研究会之演说词》，载《蔡孑民先生言行录》（下册），新潮社 1920 年版，第 349 页。

炉，除了他本人具有博大深宏的学术胸怀以外，主要和他的大学教育思想有关。他始终把大学看作是研究高深学问的地方，认为政治和学术应有区别，学术上应允许各派共存；学术没有国界，各民族间只有相互师法才能进步和发展。他是要通过教师讲授学问来吸引学生研究学问，最后将全校师生的劲都拧到"学问"上。

在他的改造下，"大学是研究高深学问的地方"、"思想自由、兼容并包"、"教授治校"成为北大的基本办学理念，实行了"教授治校"、民主管理和学术权力与行政权力相分离，使北大的面貌焕然一新。北京大学的制度改造为我国新型大学制度提供了一个具体的样板。

（二）郭秉文的改革与东大模式

1919 年郭秉文担任东南大学校长（当时为南京师范学校，1921 年改为东南大学）。与蔡元培一样，郭秉文主张学者治校、学术自由，因此在校内管理制度上基本与蔡元培领导的北京大学相似，但是，郭秉文办东南大学，还是有不少与蔡元培不同的主张和做法。

1. 构建以校董会为标志的学校领导体制

根据《东南大学组织大纲》，为发挥教授在治校方面的作用，提高工作效率，东南大学校内领导体制实行的是校长领导下的"三会制"，即评议会、教授会和行政委员会。校长兼此三个委员会的主席。[①]

评议会系议事机构，其主要职能是议决本校教育方针，关于经济方面的建议事项，重要的建筑与设备，系与科的增设废止与变更，其他校内重要事项。评议会由校长、科主任及各系教授代表（由教授互选，5～10 人选举 1 名代表，10～15 人选 2 名，以此类推）、行政各部代表、附中和附小的代表组成。为便于商榷工作，评议会下设各委员会，由主任 1 人、委员若干人组成，由校长在教授中指定人员担任。

教授会系负责全校教务的机构，教授会由校长、各科、系主任及教授组成。其主要职能是：议处全校教务上的公共事项，建议系、科的增设废止和变更，议决赠予名誉学位，规定学生成绩标准等。教授会在各科下设科教授会，其职权为：议决本科教育方针，规划本科发展事业，建议本科各系预算于校

---

① 朱斐主编：《东南大学史》（第一卷），东南大学出版社 1991 年版，第 105 页。

长,建议教授会赠予名誉学位,其他关于本科之重要事项。

行政委员会是负责全校行政事务的机构,协助校长处理校务。其职能为:规划全校公共行政事宜,审查行政各部事务,处理临时发生的各种行政事务。

东南大学学校领导体制中,最引人注目的是添设了校董会。它是全校最高的立法和决策机构,地位与校长并列甚至更高。这种领导体制在当时我国各高校中是首次建立。开始,校董会只是一个议事、咨询性质的机构,其职能主要是帮助推进学校各项事业和保管私人捐助的财产。但是,校董会成立后,做了大量的工作:首先,他们运用自己的社会影响,联名致书国务院和教育部,发起成立东大,并在各大报纸上大造舆论。经过多方努力,终于促成教育部同意将南高师改为东南大学。此后,他们又促成东大和暨南大学在上海设立商科大学;向社会募捐 16 万元,帮助东大建起了图书馆;动员华侨捐地,扩大东大校基等。校董会中,既有著名的教育家,又有能对政府和地方施加影响的社会名流,还有实业界、金融界巨子。他们有社会号召力,有经济实力,在短短两年内,办成了仅凭东大一校之力难以办到的许多事情。

三年后,郭秉文建议学校应该重新认识设立校董会的意义,扩大校董会的职能,更好地发挥校董们在办学方面的积极作用。1924 年,修订后的校董会章程规定,校董会的职权为:决定学校大政方针,审核学校预决算,向教育部推荐校长,议决学校科系的增加、废止和变更,保管私人所捐的财产,议决学校其他重要事项。① 自此,东大校董会开始成为学校最高的立法和决策机构。应该说,东大校董会最大的作用,是沟通了东南大学和社会各方面的联系渠道,使学校在办学过程中获得了来自社会方面的更多的舆论、物质和经济上的支持,得以迅速发展。东南大学的这一做法。后为其他学校效仿。1924 年颁布的《国立大学校条例》正式将此列为法定条文。

2. 系科设置“文理并重,学术并重”

郭秉文认为,在一所综合性的大学里,既要注重文理,也要注重致用,还可造就师资。多科并重,数者互补,才可相得益彰。他提出,为了发展中国的教育事业,培养上乘的师资,必须“寓师范于大学”。凡中等以上的教师,必

---

① 南京大学编:《南京大学校史资料选辑》(内部印行),1982 年,第 125~126 页。

须有宽厚的基础知识，应该是双料的学士、硕士、博士。在一个单科性的师范院校里，很难从根本上提高师资的质量。相反，综合大学里学科齐备，各科知识互补，是造就师资的理想场所。优秀的大学毕业生，再经过一番教育理论的训练，定可成为卓越的师资。根据他的思想，东南大学保留了原南高师的教育科，并将其扩充为四个系：教育系、心理系、乡村教育系和体育系。自清末兴学以来，中国学制模仿日本，始终将高等师范和大学分开设置。东南大学"寓师范于大学"的体制，在全国为首创。

郭秉文认为，大学应培养多种类型的人才，设立多种学科，使学与术、通才与专才、基础与应用相互补充，平衡发展，而不是将两者截然划分开来。在他的主持下，东南大学既设文科、理科，也设工科、农科、商科。郭秉文认为这样设置系科的好处是，易收学科互济互补之效，使通才不致流于空疏，专才不致流于狭隘，有利于提高教学质量，开展研究工作，培养多种人才。东南大学当时共设置6科31系。① 东南大学的科系设置，设科之全、专业之新，居全国之冠。

当蔡元培在北大按学与术的不同，调整科系设置，侧重文理基础科学研究的时候，郭秉文在东大求学与术并重，设科多广齐全。这两种不同的主张，实际上是欧美两种不同的大学模式在国内的反映。它反映了近代教育家在大学一些基本理论问题上——如大学的职能、大学的培养目标、大学的体制等方面的不同见解。郭秉文的主张无疑带有更多的美国色彩。

3. 学校中心工作"教育、科研、推广"三者并重

郭秉文在东南大学，要求各系科都要注意面向社会，为社会服务，做到教育、科研、推广三者并重。

"教育"，就是重视基础理论，重视科学实验，重视学科间的互补和加宽基础知识。学生在校，除了主学本系全部课程外，还必须选一辅系，修其一半课程，另外，还得选修其他科的若干课程。这种主辅系课程的设置，在国内为首创。学校自始至终十分重视国文和英文课的教学，并要求文理并重、理论和实验实践并重。

---

① 王卓君：《庠序百年——南京工业大学办学理念寻踪》，知识产权出版社、中国水利水电出版社2006年版，第66～67页。

“科研”,就是鼓励教师以严谨的科学态度探讨学理,研究问题,要求自立风格,自树一帜。由于各科重视研究工作,致力学科建设,奖掖敬业潜修,所以许多教师成果累累,著述颇丰。如竺可桢在东大,除担任多门新课程的教学外,平均每年写七篇文章。他的《南京之气候》一文,是我国最早的地方性气候志;他研究台风的多篇论文中的许多观点被认为最具权威性;他的研究方法至今仍为学者所采用。

“推广”,就是要求各科面向社会,努力为社会服务。如东大农科在20世纪20年代就提出为农民服务、为农村服务的办学主张,通过组织农村巡回讲演团、举办展览会等方式,宣讲普及科学兴农知识,推广优良品种、优良农具、高产技术、防除病虫害方法及药剂等。商科,当时称东南大学分设上海商科大学,商科办在上海,就是考虑到上海是全国的经济和金融中心、商业和对外贸易中心。东大商科的图书馆率先向社会开放。同时,商科坚持办商业夜校、商业补习学校、暑假补习学校等,为各界有志求学的青年提供业余学习提高的机会。这在一定程度上满足了社会的需要,收到了较好的社会效益。教育科也尽其所能,为社会服务,如举办义务学校,开展学务调查及指导,培训在职教师及教育行政管理人员,举办教育展览会等。这些也都在社会上获得了极好的反映。①

4. 多方筹集学校经费

自从清末兴学以来,中国高等学校的经费来源只有一条,即等待中央和地方政府拨款。而清末民初,先是割地赔款,后是军阀混战,这使得所谓国家计划拨给高校的经费常常是空头支票,难以兑现。郭秉文上任后,最艰巨的任务之一,亦是筹集办学经费。他的做法是,除按规定向有关方面催款外,广开财源,公办民助,多渠道、多方面地筹集。一是由校董会出面筹资。校董会中有一部分上海金融、实业界巨子。他们利用自己的地位和影响,在为东大筹资方面做了大量工作。二是接受国外基金会资助。郭秉文担任校长后,利用各种机会,或是请人来华讲学,或是出国考察讲演,积极扩大东大的国际影响,为争取国外的实物和资金资助创造条件。三是鼓励私人捐助。四是银行

---

① 王卓君:《庠序百年——南京工业大学办学理念寻踪》,知识产权出版社、中国水利水电出版社2006年版,第68~69页。

投资。如东大的学生宿舍,就是采用银行投资合作的方法建成的。[①]

如果说北京大学是以德国大学为蓝本建立起来的话,那么东南大学则是以美国大学为蓝本建立的,它不但主张大学的任务在于教学、科研,而且强调大学为社会服务;不但主张政府管理,更主张社会的直接介入和“公办民助”形式的多渠道经费来源。而董事会体制正适合了这一管理要求,从而为中国大学创立了另一种管理模式。纵观新中国成立前中国大学的管理模式,基本都是以北京大学和东南大学为基本形式的。

(三)梅贻琦的改革与清华、西南联大模式

清华学校虽然在1925年就创办了“大学部”,但是实际上,直到梅贻琦在任期间,“清华才从颇有名气但无学术地位的学校,在不及十年的时间跻身于国内名牌大学之列”[②]。

1. 清华大学的改革

首届庚款留学生梅贻琦1914年毕业回国后任教清华,长期教数学、物理、英文等课。1926年作为物理系首席教授被选举为教务长。1928年开始任“清华学生留美监督”并常驻美国。1931年回国任国立清华大学校长。在《就职演说》中,他说:“孟子说:‘所谓故国者,非谓有乔木之谓也,有世臣之谓也。’我现在可以依照说:‘所谓大学者,非谓有大楼之谓也,有大师之谓也。……’”[③]在梅贻琦看来,大学精神之所寄,在于教师之树立楷模与学子之自身修养。他认为大学“应有两种目的,一是研究学术,二是造就人才”,大学教育“重心所寄,应在通不在专”。[④] 为此,梅贻琦一是严格遴选和延聘师资,二是充分发挥教授在学校治理中的作用。建立了由教授会、评议会和校务会议组成的行政体制,这种体制,也就是在当时备受争议而在后世备受称颂的“教授治校”制度。

教授会由全体教授、副教授组成,校长为当然主席。形式上,教授会是全

---

① 朱斐主编:《东南大学史》(第一卷),东南大学出版社1991年版,第129~131页。

② 陈岱孙:《梅贻琦先生纪念集·序言》,载黄延复编:《梅贻琦先生纪念集》,吉林文史出版社1995年版,第2页。

③ 梅贻琦:《就职演说》,载刘述礼等编:《梅贻琦教育论著选》,人民教育出版社1993年版,第10页。

④ 梅贻琦:《就职演说》,载刘述礼等编:《梅贻琦教育论著选》,人民教育出版社1993年版,第10页。

校的最高权力机构，选举评议员和院长，其关于校政的决议，校长一般均得执行。教授会权限包括：审议改进教学及研究事业以及学风的方案，学生成绩审核和学位授予，建议评议会的事项及由校长或评议会交议的事项，互选议员，各院院长都由教授会从教授中聘任。教授会并不经常开会，但对校内发生的大事主动过问。教授会由校长（无校长时，由执行校长职务的校务会议）召集和主持，但教授会成员可以自行建议集会。

评议会由校长、教务长、秘书长、文理法工四院院长及教授会选出的7位评议员组成，相当于教授会常务委员会，是学校的立法机构。评议会是这个体制的核心。它的职权包括：议决重要章程，审议预决算，议决学院学系的设立或废止，议决选派留学生计划和经费分配，议决校长和教授会交议的事项。评议会是校内最高的决策、立法和审议机构，主要的法案、章程都由评议会动议、制订。评议会决议对学校各级领导有一定的约束力，“教授治校”的作用就是通过评议会职能而表现的。①

校务会议由校长、教务长、各院院长组成，是处理日常行政事务的行政机构。在校务会议和评议会中，属于行政方面的，只有校长、教务长、秘书长3人，其余都是教授会选出来的代表，两者的比为3∶11（包括4个院长），教授会的代表占绝大多数。这样，从理论上说，教授会对学校行政有最大的支配权。

2. 西南联大的改革

1937年抗日战争全面爆发，北京大学、清华大学、南开大学先迁至湖南长沙，组成长沙临时大学，同年10月25日开学。1938年4月又西迁昆明，改称国立西南联合大学。5月4日开始上课，设立文、理、法商、工、师范5个院26个系，两个专修科一个选修班。

北大、清华、南开原为著名的高等学府，它们有各自独特的经历，有各自的教风校风，组成联大后，汇集了一批著名专家、学者、教授，师资充实，人才济济，在极其艰苦的条件下，坚持严谨的治学态度，树立优良学风，是当时中国规模最大的著名高等学府。冯友兰曾赞：“三校有不同之历史，各异之学风，八年之久，合作无间。同无妨异，异不害同；五色交辉，相得益彰；八音合

---

① 方惠坚、张思敬：《清华大学志》（上册），清华大学出版社2001年版，第20～21页。

奏，终和且平。"[①]既弘扬三校"科学与民主"的优良传统，又融合了北大的"民主自由"之风、清华的"严谨求实"之风和南开的"活泼创新"之风。

张伯苓、蒋梦麟、梅贻琦担任西南联大校务委员会主席，前两位老教育家为了支持校长负责制一元化领导，公推年青的梅贻琦担任校长主持校务，他们二位退居二线，留守重庆，从国民政府教育部方面谋求对西南联大的实力支持。所以西南联大自始至终都是由梅贻琦主政，实行了"校长负责制"。

西南联大设两个行政机构，一个是校务委员会，一个是教授会。校务委员会是管理权力机构，校务委员会委员由教授会民主推荐，校长批准任命，校长为校务委员会当然主席。校务委员会通过民主讨论和决议全面主管全校重大事务。校务委员会中管理职能部门的领导人，全部都是知名教授，其中包括常设的校务委员会秘书长、教务长、总务长、训导长、建设长等，全部由教授担任，由教授会民主推荐，校务委员会讨论通过，报校长批准任命。

教授会是校务咨询机构，虽不是权力机构，但很有威望，成员包括全校教授，经常工作由全校教授推选常委会主办。教授会是校长的得力参谋，也是办学校务得力骨干的资源库。各学院有院教授会，学系有系教授会。院教授会主席后来改称为院长，系教授会主席后改称为系主任，由相应院系教授会民主推选，校务委员会讨论备案，报校长批准任命。各院系教学及管理业务，统由教授会评议，由院长系主任执行实施。所以院系教授会实际上是院长系主任领导下的民主办学权力机构。

对于不属于职能部门的临时性重要工作，则由校务委员会讨论研究，请教授会推荐适宜教授人选，组成各种临时工作委员会(推选主席)主持工作。工作任务完成后即行解散，保持主体常设机构精干灵活。被推选参加这些临时工作委员会的人员，也是兼职不兼薪，没有任何工作津贴，完全是义务工。

西南联大在短暂的八年时间里，在最艰苦的条件下保存了最完好的教育方式，人才辈出，学术成果累累，被中外学术界公认为战时中国办得最好的一所大学。世界著名科学史学家李约瑟称赞西南联大可与牛津大学、剑桥大学、哈佛大学媲美。据不完全统计，西南联大毕业学生约 2 000 人，多学有成

① 冯友兰:《国立西南联合大学纪念碑碑文》,1946 年。

就，有的还成为举世闻名的专家学者。西南联大师生先后担任中国科学院、中国工程院院士的有171人(学生92人)，杨振宁、李政道2人获得诺贝尔奖；赵九章、邓稼先等8人获“两弹一星”功勋奖；黄昆、刘东生2人获中国国家最高科学技术奖；宋平、彭珮云等人成为国家领导人。西南联大是真正的“大师之园”。抗战胜利后，1946年西南联大解散，三校分别迁回北京、天津复校。

三、制度变迁的特点和启示

(一) 起步晚、起点高、移植模式明显

从旧中国大学制度的演进中我们可以看到，我国的具有现代意义和形态的高等教育发展起步较晚，大学制度是在20世纪逐渐建立和发展起来的。但大学制度建立的起点高，“移植模式”的痕迹特别明显。同时，在移植过程中，还有“本土化”的改造和创新。

20世纪初，西方殖民国家开始按照西方大学模式来华创建大学。如英国利用“庚子赔款”于1901年创建的山西大学等，但这些大学没有形成深刻的影响。后来我国开始模仿日本的大学制度，如按照日本东京大学模式创建的京师大学堂，以及1902年和1903年制定的《钦定学堂章程》和《奏定学堂章程》中都可以明确地看出这一点。从1915年起，我国开始从学习日本转而学习欧洲和美国。

“从本质上看，中国现代大学不是中国传统高等教育体制的自然演化，而是发端于西方近代高等教育的组织形式，是在西学东渐、社会转型中萌生并逐渐发展起来的，与中国社会现代化进程相伴，互为因果。”①北京大学、东南大学、清华大学以及西南联大的具体实践，成为中国现代大学制度初创的成功范例。

(二) 顺应历史、符合规律、政府支持

社会发展的现代化趋向是促进大学制度改革创新的根本动因。民国成立后，随着西方民主政治体制移植到中国，和部分具备区域优势的地区已经建立起比较完善的现代商品经济制度，为现代大学教育的发展奠定了必要的社会基础。在许多有识之士的倡导下，国家开始重视现代高等教育，虽然当

① 张建奇、杜驰：《民国前期中国现代大学制度的确立》，载《大学教育科学》2005年第6期。

时制定的大学制度宏观法令框架层面的许多规定很难在大学办学实践中迅速落实，但由于具有一定前瞻性，为大学的办学实践提供了高标准的要求，为办学实践指明了努力的方向。

大学教育的特殊性需要依靠真正懂得教育和学术的专家管理学校，教授是学校教学与科研的主力，是专家们的代表。蔡元培、郭秉文、梅贻琦等建立教授会、评议会等制度，依靠教授们来管理学校，让他们直接参与决定学校大事，既发挥了教授们的作用，又形成了学术权力对行政权力的制衡，大大调动了教授们的积极性和创造性，出现了民主办学的生动局面，提高了学校管理的效率，为教学、科研水平提升和学校发展创造了良好条件。

民国时期政府的措施促进了高等教育的民主化进程。尽管由于当时政局失序，国家法令难以完全得到落实，但政府在大学制度推进过程中仍然发挥了主导作用，以法令来规范高等教育的发展并适时加以修正的做法仍然是比较成功的。通过教育立法与政策引导等措施，使大学保持了相对的独立性并得以较快发展。

第二节　新中国对大学制度的探索

一、学习借鉴苏联模式时期的大学制度模式

新中国大学制度是在继承原有大学制度的同时，以解放区高等学校管理制度为基础，并借鉴苏联经验而建立的。从新中国成立初期开始，国家便参照苏联模式对高等教育进行了全面持续的改革。

（一）管理体制改革

新中国成立初期高等教育管理体制最大的特点是高度集中统一及部门分管办学。1950年7月28日，政务院第43次会议通过的《关于高等学校领导关系的决定》中说，“全国高等学校以由中央人民政府教育部统一领导为原则”，“中央人民政府教育部（以下简称中央教育部）对全国高等学校（军事学校除外，以下同）均负有领导的责任，各大行政区人民政府或军政委员会教育部或文教部（以下简称大行政区教育部）均有根据中央统一的方针政策，领导本区高等学校的责任”。凡中央教育部所颁布的关于全国高等教育

的方针、政策与制度、法规，教育原则方面的指示，高等学校的设置、变更或停办，大学校长、专门学院院长、专科学校校长的任免，师生的待遇，经费开支标准等，全国高等学校均应执行。此外还规定，华北区以外的大行政区高等学校暂由中央教育部委托各大区教育部直接领导，视条件有步骤地将它们收归中央教育部直接指导。综合性大学及与几个业务部门有关的专门学院，归中央或大行政区直接领导。①

1953年政务院第180次会议通过的《关于修订高等学校领导关系的决定》规定，中央人民政府高等教育部根据国家的教育方针、政策与学制，遵照中央人民政府政务院关于全国高等教育的各项决定与指示，对全国高等学校（军事学校除外）实施统一的领导。凡中央高教部颁布的有关全国高等教育建设计划，包括高等学校的设立、停办，院系专业设置，招生任务，基本建设任务，财务计划，财务制度（包括预决算制度、经费开支标准、教师学生待遇），人事制度（包括人员任免、师资调配等），教学计划，教学大纲，生产实习规程，以及其他重要法规、指示或命令，全国高等学校均应执行。文件强调中央人民政府高等教育部必须与中央人民政府各有关业务部门密切配合，有步骤地对全国高等学校实行统一与集中的领导，并对各高等学校的直接管理工作作出明确分工。综合性大学由中央高等教育部直接管理；与几个业务部门有关的多科性高等工业学校由中央高教部直接管理，高教部如认为必要，可与中央某有关业务部协商，委托其管理；为某一业务部门或主要为其培养干部的单科性高等学校，可委托中央有关业务部管理；中央高教部或有关业务部直接管理某些高等学校暂有困难时，可委托学校所在地的大行政区行政委员会或省、市、自治区人民政府管理。

以上两个《决定》的颁布确立了以行业需求为主，教育部与各行业分工管理的体制。这一体制照搬了苏联模式。这种体制基本上与当时经济的集中统一相适应，在中华人民共和国成立之初，高校数量较少以及建立社会主义教育体制的情况下是行之有效的，对培养大规模经济建设急需的专业人才也起了积极作用。但是，随着高教事业的不断发展壮大，这种高度集中的教

---

① 苏渭昌、雷克啸、张炳良主编：《中国教育制度通史（第八卷）：中华人民共和国（公元1949—1999年）》，山东教育出版社2000年版，第141～142页。

育管理体制的弊端日益暴露出来。主要表现在强调行政管理，集中过多，管理过死，影响地方及高校办学积极性的发挥。加上实行部门办学的体制，造成学校重复投资、专业重复建设等问题。

（二）学制改革

1951年10月1日，政务院颁布了《关于改革学制的决定》，这是新中国建立后颁布的第一个学制。新学制指出，实施高等教育的学校为各种高等学校，即大学、专门学院和专科学校。高等学校教育的性质和目标是：高等学校应在全面的普通的知识教育的基础上给学生以高级的专门教育，为国家培养具有高级专门知识的建设人才。

新学制规定，大学、专门学院修业年限以3～5年为原则（师范学院修业年限为4年）；专科学校修业年限为2～3年。大学、专门学院、专科学校均招收高级中学及同等学校毕业生或具有同等学力者，入学年龄不作统一规定。各种高等学校得附设专修科，修业年限为1～2年，招收高级中学及同等学校毕业生或具有同等学力者，入学年龄不作统一规定。各种高等学校得附设先修班或补习班，以便利工农干部、少数民族学生及华侨子女入学。大学及专门学院设研究部，修业年限为2年以上，招收大学及专门学院毕业生或具有同等学力者。

该学制具有苏联学制的特点，如高等学校分为大学、专门学院和专科学校，规定学院和大学具有相同的地位，以及规定多科和专科学校的地位和制度，强调实施专门教育等。该学制把关于工农教育和各级各类业余教育放到与其他教育同等重要的地位。高等教育入学年龄不作统一规定，各种高等学校得附设先修班或补习班，扩大工农阶级在接受高等教育学生数中的比例。国家根据各行业实际需要，确定人才培养目标、规格和计划，各学校按每年国家制定的计划招生，学生毕业后由国家统一分配。由于高等学校的主体任务已成为培养专门人才，因此对人才培养数量的计划以及统一分配，从入口与出口两个环节上根本性地决定了高等学校行为的计划性。①

该学制的类型结构包括了普通教育与专门教育、正规教育与非正规教育、青少年教育与成人教育，注意到教育层级之间的衔接。这在很大程度上

---

① 郭为禄：《高等教育法制的结构与变迁》，南京大学出版社2008年版，第111页。

满足了社会不同类型的教育需求,有利于快速培养人才。该学制规定,高等学校分为大学、专门学院和专科学校三类,这一划分与新中国成立前是完全一致的。但从内容看却有着很大的差别,集中体现在“专才”理念上,《关于改革学制的决定》规定包括大学在内的高等学校的任务是“适应国家建设的需要,进行教学工作,培养通晓基本理论与实际运用的专门人才”①。这一思想对新中国成立后中国大学制度改造影响极大,可以说是政府管理制度、高等学校体系构成以及高校运行机制的基础。

从专才理念出发,首先要求高等学校造就的人才要与社会发展特别是工业建设的实际相一致,培养“大量的合格的专门人才,尤其是工业建设的专门人才”。其次,为适应培养“专才”的需要,政府对高等学校体系进行了全面调整。综合大学以培养科学研究人才和中等、高等学校师资为主,数量上大量压缩,由新中国成立时的55所压缩到14所,学科上以文理学科为基干,应用学科划并于其他实科性高校。其余高校以服务于某一行业为主。经过调整,高等教育体系由文理性质的综合大学、多科性理工学院和单科性专门学院与专科学校组成。在高等学校以外,政府专门成立研究机构,承担研究任务。

(三)院系调整

1949年底,北京大学、清华大学、华北大学三校农学院合并成立了北京农业大学,北京大学及南开大学教育系同时并入北京师范大学,开了院系调整的先河。

1951年11月,教育部召开全国工学院院长会议。会议决定以华东、华北、中南三大地区的工学院为重点进行调整。先从华北、华东两地区起,首先增加工学院系。会上还确定了全国工学院的调整方案。自此开始了全国范围内有计划的院系调整工作,揭开了20世纪50年代院系大调整的序幕。

1952年,教育部颁布了《关于1952年全国高等学校院系调整的计划》,根据“以培养工业建设人才和师资为重点,发展专门学院,整顿和加强综合大学”的方针,在全国范围内进行了高等学校的院系调整工作。调整的原则:一是高等教育根据国家建设的整个计划和各地区的具体情况,有计划有

---

① 高奇:《中国高等教育思想史》,人民教育出版社1992年版,第351页。

步骤地开始进行全面或重点调整。二是调整重点是整顿与加强综合大学，发展专门学院，首先是工业学院。主要是把相同、相近的某些系科相对集中形成学科优势。三是调整我国高等教育类型结构，分为综合大学（设文理学科）和专门学院（按工、农、医、师范、财经、政法、艺术、语言、体育等学科分别设置）两种。为了适应国家对专门人才的急需，保留一些专科学校。重点是发展专门学院，加强农林、医药、财经院校的建设。四是学校调整以大行政区为单位，原则上在大行政区范围内进行。调整后的高等学校布局也是按大行政区划分。综合大学全国各大行政区最少 1 所，最多不超过 4 所。其他专门学院和专科学校，以大行政区为单位，按实际情况设置。

1953 年的院系调整是 1952 年调整的延续和补充。这次调整涉及院校较少，调整规模小，涉及面较广的是师范院校。着重改组尚未进行调整的旧大学，增设高等工业学校和适当增加高等师范院校。对政法、财经院系则采取适当集中的办法进行整顿。

1955—1957 年，我国进行了新一轮的较大规模的院系调整。这次调整的主要目的是改变高校过分集中在少数沿海大中城市的状况。总的原则是：贯彻精减节约的方针，既要逐步加强内地学校，又要注意充分发挥沿海和接近沿海城市学校现有校舍、教学设备等各方面的潜力。到 1957 年底，对高等学校的院系调整基本结束。此时，全国共有高校 229 所，设置专业 323 种。

50 年代的院系调整有得有失，有利有弊。其利在于：一是形成了新中国社会主义高等教育的基本格局，满足了国民经济的发展需要。二是开发和利用了办学资源，提高了高等教育的办学效益。三是初步改变了高校布局结构，加强了内地的高等教育。但也存在一些问题：一是院系调整指导思想过于功利化而忽视了教育规律。二是破坏了一些大学的传统学科和基础学科，削弱了高等院校的综合培养能力。三是强调统一性，忽视了地方和高校的发展需要。

院系调整的另一个重要内容，就是取消私立高校。在 1952 年到 1953 年间，原有私立高校全部改造为公有学校，不再允许私人办学。自此新中国成立前所形成的公立与私立两大高等学校系统，被单一的公有系统所取代。

这一时期的大学制度探索对于恢复因社会变革而备受冲击的大学秩序具有十分重要的意义，但是，过于集权化的制度安排，抑制了大学办学的主动性、积极性和创造性。

二、自主探索大学制度时期的大学制度模式

从1956年起,我国开始摆脱苏联模式的影响、自主探索建设社会主义的道路,大学制度也随之发生变革。

(一)教育放权阶段的大学制度模式

这一阶段大致从1958年到1963年,对大学制度的调整主要集中在中央政府与地方政府对高校的管理和高等学校内部管理制度的建立两方面。

1. 高等教育管理体制的分权

1956年全国人大会议上,时任教育部部长杨秀峰指出:"现有高等学校的事业体制、计划体制、财政体制、领导关系和毕业生全部分配的制度等过多地强调了集中统一,影响和限制了各业务部门和地方上办理高等教育事业的积极性,应当加以改变。"①

1958年,中共中央发出《关于高等学校和中等学校下放问题的意见》,要求除少数综合大学和某些中等技术学校仍由教育部或者中央有关部门直接领导外,其他下放各省、市、自治区领导。同年8月,中共中央又下发了《关于教育事业管理权力问题的规定》,提出,对教育事业的领导,必须改变过去条条为主的管理体制,教育部和中央主管部门,应该集中精力研究和贯彻执行中央的教育方针和政策,综合平衡全国的教育事业发展规划。指导教育科研工作,给地方下放权力,新建高校地方可以决定;各地根据因地制宜、因校制宜的原则,可对教育部颁发的指导性教学计划、教学大纲和通用教材领导学校进行修订、补充,也可自编教材;过去国务院或教育部颁布的全国通用的教育规章制度,地方可结合当前工作发展情况决定存废、修订或另行制定。从而形成了中央和地方对高等教育分级管理的体制。这是我国教育行政权力下放的第一次尝试,对于调动地方办学的积极性,适应当地经济及社会发展起到了积极的作用。当然,由于放权后没有制定相应的法律规章来指导和约束,致使高等教育的发展一度处于无序状态,影响了教学质量。

① 杨秀峰:《杨秀峰教育文集》,北京师范大学出版社1987年版,第77页。

2. 学校内部管理制度改革

1958年，中共中央、国务院《关于教育工作的指示》指出，一切教育行政机关和一切学校，应该受党委的领导。在一切高等学校中，应当实行党委领导下的校务委员会负责制。高校管理制度发生了重大变化，党委开始成为学校的最高领导和决策机构，负责领导学校的政治思想、教学科研、行政管理和生产实践工作等；校务委员会负责执行和落实党委决定。党委领导下的校务委员会负责制是我国新型大学制度形成以来，在高等学校管理制度中最重要的一项改革，这项改革更加充分体现了社会主义大学的特性。

（二）教育调整阶段的大学制度模式

1961年，中共中央决定按照“调整、巩固、充实、提高”的八字方针对高等学校进行调整，而且要求高等学校要始终把提高教育质量放在第一位。

1961年初，教育部要求各高等学校要实行“四定”，即定规模、定任务、定方向、定专业，要求要保证重点，集中力量，缩短战线，对全国重点高等学校的专业设置加以调整，明确学校的重点和发展方向，要适当拓展各专业的范围，重视国防尖端专业的设置。

1961年5月，中共中央批准教育部《关于北京地区高等学校及中等专业学校调整工作的报告》指出，高等学校要有控制地发展，要考虑到高等学校的合理布局，学校的规模应该以大、中、小结合，以中、小为主，今后不办万人大学。教育部对北京地区现有高等学校及中专学校的调整方案是分别采取定（确定发展规模）、缩（缩小发展规模）、并（与他校合并）、迁（全部或部分迁离北京）、放（下放给北京市领导）、停（停办）等不同方式。北京地区的高等学校由先前的90所调整为51所，减少了39所。① 北京地区高等学校的调整为全国的调整作出了示范。1961年7月，教育部在北京召开全国高等学校及中等学校调整工作会议，决定在三年内使高等学校学生减少22%，并要求继续缩短教育战线，压缩城镇中等以上学校在校学生人数，精简学校教职工，加强各级各类学校的调整工作，逐步搞好合理布局，强调以后三年教育工作的主要任务是集中力量提高质量。

---

① 中央教育科学研究所：《中华人民共和国教育大事记（1949—1982）》，教育科学出版社1984年版，第293页。

1961年6月,中共中央书记处举行会议,由总书记邓小平主持讨论文教工作。邓小平反复强调提高教育质量问题,他说:“如果讲普及,那是普通教育的任务,高等学校是提高水平。少办些学校,把它办好。”①会议确定了教育要整顿秩序、总结经验、提高质量的工作指导思想。

1961年12月,教育部在北京召开第二次全国高等学校调整工作会议,确定在现有学校中保留高等学校774所,其余学校均予裁并。会议还确定了专业调整的原则:一是全国重点高等学校专业的设置,应当分工协作,互相配合,重点鲜明,各有特色。二是各个学校的专业设置,必须使需要与可能条件相结合。三是各专业范围及培养目标应当明确具体。对于那些学科不成熟、方向内容不明确或综合性很强的专业,一般应予停办。四是各科各类的专业之间,国防尖端技术专业与一般专业之间,专用专业与通用专业之间,文科与理科之间,要保持适当的比例。

1961年9月15日,经中央批准,《高等学校暂行工作条例》(简称《高教六十条》)正式发布实施。主要内容有:

第一,规定了高等学校的任务。高等学校的基本任务,是贯彻执行教育为无产阶级政治服务、教育与生产劳动相结合的方针,培养为社会主义建设所需要的各种专门人才。

第二,明确了高等学校的培养目标。高等学校学生要具有爱国主义和国际主义精神,具有共产主义道德品质,拥护共产党的领导,拥护社会主义,愿为社会主义事业服务、为人民服务;通过对马克思主义、毛泽东著作的学习和一定的生产劳动、实际工作的锻炼,逐步树立无产阶级的阶级观点、劳动观点、群众观点、辩证唯物主义观点;掌握本专业所需要的基础理论、专业知识和实际技能,尽可能了解本专业范围内科学的新发展;具有健全的体魄。

第三,确立了以教学为主、提高教育质量的办学思想。高等学校必须以教学为主,努力提高教学质量,每学年应有八个月以上的时间用于教学。学生参加生产劳动时间一般为一个月至一个半月。专业设置应该根据国家的需要、科学的发展和学校的可能条件来决定。专业设置不宜过多,划

---

① 中央教育科学研究所:《中华人民共和国教育大事记(1949—1982)》,教育科学出版社1984年版,第294页。

分不宜过窄。专业设置、变更和取消,必须经教育部批准。高等学校应积极举办函授教育。高等学校要加强政治理论的教学,贯彻理论联系实际的教学原则,切实加强基本理论、基本知识教学和基本技能训练,在高年级开设选修课。高等学校的生产劳动、科学研究、社会活动时间,应尽量安排得当,以利教学。

第四,正确执行党的知识分子政策。要团结一切可以团结的知识分子,为社会主义高等教育事业服务。高等学校必须贯彻"百花齐放,百家争鸣"的方针,在毛泽东同志《关于正确处理人民内部矛盾的问题》中提出的六项政治标准的前提下,积极开展各种学术问题的自由讨论,以利于提高教学质量,提高学术水平,促进科学文化的进步和繁荣。在自然科学中,必须提倡不同的学派和不同的学术见解,自由探讨,自由发展。在哲学、社会科学中,在人民内部,在马克思列宁主义者内部,探讨各种学术问题,都必须允许不同的见解,自由讨论。在处理具体问题的时候,必须正确划分政治问题、世界观问题、学术问题之间的界线。不许用对敌人的方法来解决人民内部的政治问题、世界观问题和学术问题,也不许用行政命令的方法来解决世界观问题和学术问题。

第五,关于高等学校科研工作和研究生教育的规定。高等学校应该积极地开展科学研究工作,以促进教学质量和学术水平的提高。应重视研究生的培养工作。研究生可以从应届毕业生或在本校的青年教师中选拔,也可以由其他单位选送。年龄一般在35岁以下,经审查和入学考试合格后录取。研究生的学习年限一般为3年,在职研究生一般为5年。

第六,关于高等学校的管理体制。高等学校的领导制度是党委领导下的以校长为首的校务委员会负责制。高等学校设校务委员会,学校中的重大问题应该由校长提交校务委员会讨论作出决定,由校长负责执行。高等学校的党委会是学校工作的领导核心,对学校工作实行统一领导。学校党委会的主要任务是正确贯彻执行党的方针、政策,完成上级党委和行政领导机关布置的任务,做好思想政治工作和党的建设工作,主管学校的人事工作。学校中党的领导权力集中在校党委。高等学校中的各级干部,都必须认真执行"党政干部三大纪律、八项注意"。党组织必须严格遵守民主集中制,实行集体领导和分工负责相结合的原则,一切重大问题都必须开会讨论,不能书记个人决定。要改进领导作风和领导方法，腾出手来抓重大问题、思想政治工作、党的建设工作和团结人的工作。①

《高教六十条》主要是为了整顿高等教育发展中的无序状况而制定的。重新调整中央与地方在管理高校上的权力分配是其初衷，恢复集权管理是其主要目的，因此，《高教六十条》中充满“指令性规则”。从教学计划到专业设置，从教师调动到招生，从教学到科研，大学的学术事务，事无巨细，均有详细的规定。显然，这是把下放给地方的自主权又重新收归中央。但《高教六十条》是新中国第一部用于指导高等教育的条例，它的试行，标志着中国在高等教育管理上开始探索一条摆脱苏联高等教育模式的道路，并使混乱的教学秩序得到恢复，对高等教育的巩固提高起到了一定的积极作用。

在经历了初期改革和50年代中期的探索阶段后，中央于1960年批准了《教育部关于全国重点高等学校暂行管理规定》，并在1963年又下发了《关于加强高等学校统一领导、分级管理的决定》。两个文件确立了“由中央教育部、中央各主管部门与地方分工负责，实行双重领导（教育部主管的学校）或三重领导（中央各业务主管部门主管的学校），上下结合，各负专责”②的宏观管理模式，确立了高等学校内部实行党委领导下的以校长为首的校务委员会负责制的微观管理模式，标志着我国开始考虑建立从自己国情出发的比较系统的社会主义高等学校的基本管理制度。这一制度虽经十年“文化大革命”的破坏，但在70年代末期“文化大革命”结束后又得到了恢复和推行。改革开放后，我国大学制度的改革实际是以这一制度为起点的。

三、制度变迁的特点和启示

（一）这一时期我国大学制度变迁的特点

1. 对建立社会主义性质的大学制度作了艰辛探索

新中国成立后，我国高等教育面临的最重大、最现实、最紧迫的问题就是如何建立与社会主义制度相适应的现代大学制度问题。在中央的领导下，我国高教界对此进行了艰辛的探索，先是照搬苏联经验，后是自己开辟路子，经

---

① 《中国教育年鉴》编辑部：《中国教育年鉴（1949—1981）》，中国大百科全书出版社1984年版。

② 《中国教育年鉴》编辑部：《中国教育年鉴（1949—1981）》，中国大百科全书出版社1984年版，第786页。

历了若干曲折，到20世纪60年代中期基本形成了中国特色社会主义性质的大学制度。

2. 对建立与社会主义经济建设相适应的大学制度进行了持续探索

新中国成立后，我国开展了大规模的社会主义经济建设，与此相适应，大学也围绕着为社会主义经济建设服务进行了全面的调整与改革。从办学指导思想到院系调整、专业设置，都强调了教育为经济建设服务。这方面的调整与变革，增强了我国高等学校适合国家经济社会发展需要的能力，当然，也影响了高等教育按自身逻辑发展，使不少高等学校在服务社会的过程中失去了自己。

3. 对大学管理模式进行了反复探索

新中国成立后17年间，我国对大学管理模式进行了反复的探索。宏观方面，主要对中央和地方政府如何管理高等教育进行了反复探索；微观方面，主要对大学内部如何运行进行了不断探索。基本上形成了宏观上分级管理、微观上统一运行的高度集权的大学管理模式。这种模式对集中资源培养人才起了积极作用，但却由于统得过多、管得太死而严重制约了大学的自主发展。

（二）这一时期大学制度变迁给我们的启示

1. 构建大学制度必须符合中国国情

新中国成立初期我们照搬苏联经验的做法已被实践证明是不成功的，它再次告诉我们，离开国情去谈现代大学制度的构建是不可行的，我们在构建中国特色现代大学制度的过程中必须充分考虑我们的国情特点。

2. 构建大学制度必须遵循教育规律

高等教育的发展有其内在的规律性，政府对高等教育的管理必须遵循教育规律，盲目地对其进行干预、调整会从根本损坏大学发展的内在机制，让大学变得不像大学，给大学的发展造成难以挽回的负面影响。

3. 构建大学制度必须符合大学的特点

大学在长期的发展中形成了与自己的职能相适应的制度模式，我们在构建大学制度时要善于继承传统、借鉴经验、适时创新，保证制度设计符合大学的特点。比如，新中国成立后的许多年中，我国政府对高等教育的管理都是集权式管理，这种管理有利有弊，但总体说来，弊大于利，特别是在非重大变革时期，不宜对高等教育采取集权式的管理办法。同时，学校内部的管理，也要充分体现学术性组织的特点，充分发挥师生在学术发展和民主管理方面的作用。总之，政府必须用适合大学的体制管理大学，大学必须用适合学校的制度治理学校。

第三节 改革开放以来我国大学制度的发展

一、改革开放以来我国大学制度的探索

1966 年至 1976 年的“文化大革命”，使我国的高等教育遭受了极其严重的破坏。1978 年十一届三中全会召开后，高等教育事业开始实施“调整、改革、整顿、提高”的八字方针以恢复教育秩序。在整个高等教育改革中体制改革处于核心。在 20 世纪 80 年代，高等教育体制改革以落实高校办学自主权为主要内容展开。

1979 年 12 月 6 日，《人民日报》发表了复旦大学校长苏步青、同济大学校长李国豪、上海师范大学（今华东师范大学）校长刘佛年、上海交通大学党委书记邓旭初呼吁“给高等学校一点自主权”的文章。《人民日报》为此加的编者按语说：“学校应不应该有点自主权，应该有哪些自主权，教育体制如何改革，才能更好地适应工作重点的转移，这是很值得探讨的问题，希望全社会就此提出建设性意见。”①这篇文章迅速在高教界引起共鸣。1985 年出台的《中共中央关于教育体制改革的决定》（以下简称《决定》），第一次明确提出高校办学自主权问题。

《决定》认为当时存在的主要问题有：一是在教育事业管理的权限划分上，政府对学校特别是高等学校统得过死，使学校缺乏应有的活力，而政府应该加以管理的事情，又没有很好地管起来。二是在教育结构上，基础教育薄弱，学校数量不足、质量不高，合格的师资和必要的设备严重不足，经济建设大量急需的职业和技术教育没有得到应有的发展，高等教育内部的科系、层

① 肖关根：《上海四位大学负责人呼吁——给高等学校一点自主权》，载《人民日报》1979 年 12 月 6 日，第 3 版。

次比例失调。三是在教育思想、教育内容、教育方法上，培养学生独立生活和思考的能力很不够，不少课程内容陈旧，教学方法死板，不重视实践环节，专业设置过于狭窄，不同程度地脱离了经济和社会发展的需要，落后于当代科学文化的发展。中央认为，要从根本上改变这种状况，必须从教育体制入手，有系统地进行改革。改革管理体制，在加强宏观管理的同时，坚决实行简政放权，扩大学校的办学自主权。调整教育结构，改革人事制度，改革同社会主义现代化不相适应的教育思想、教育内容、教育方法。

《决定》提出的关于高等教育的重大改革有八个方面：

一是改革高等学校的招生计划和毕业生分配制度。《决定》指出，改变高等学校全部按国家计划统一招生，毕业生全部由国家包下来的做法。可以实行国家计划招生同用人单位委托培养学生及在计划外招收少数自费学生相结合，以国家计划招生为主的招生办法。具体做法是：对于国家计划招生，要做好发展高等教育的总体规划和人才需求的中长期预测，切实改进招生计划工作，努力克服招生计划同国家远期和近期规划需要脱节的状况。这部分学生的毕业分配，实行在国家计划指导下，由本人选报志愿、学校推荐、用人单位择优录用的制度。为了保证边远地区及工作环境比较艰苦的行业能分配到一定数量的毕业生，应按国家招生计划的一定比例实行定向招生，到这些地方工作的毕业生待遇从优。为了保证国防的需要，还要为人民解放军培养一定数量的毕业生。对于行之有效的用人单位委托培养学生，要继续推广和逐步扩大，鼓励学校挖掘潜力多招学生，使之成为国家招生计划的重要补充。委托单位要遵守议定的合同向学校交纳一定数量的培养费。毕业生应按合同规定到委托单位工作。对于在国家计划外招收的少数自费学生，毕业生既可以由学校推荐就业，也可以自谋职业。《决定》指出，不论哪类学生，都必须经过国家考试合格，由学校录取。

二是扩大高等学校的办学自主权。《决定》指出，高等学校担负着培养高级专门人才和发展科学技术文化的重大任务。我国高等教育发展的战略目标是：到本世纪末，建成科类齐全，层次、比例合理的体系。总规模达到与我国经济实力相当的水平；高级专门人才的培养基本上立足于国内；能为自主地进行科学技术开发和解决社会主义现代化建设中重大理论问题和实际问题做出较大贡献。为了实现这个目标，当前高等教育体制改革的关键，就是改变政府对高等学校统得过多的管理体制，在国家统一的教育方针和计划的指导下，扩大高等学校的办学自主权，加强高等学校同生产、科研和社会其他各方面的联系，使高等学校具有主动适应经济和社会发展需要的积极性和能力。《决定》规定，在执行国家的政策、法令、计划的前提下，高等学校有权在计划外接受委托培养学生和招收自费生；有权调整专业的服务方向，制订教学计划和教学大纲，编写和选用教材；有权接受委托或与外单位合作，进行科学研究和技术开发，建立教学、科研、生产联合体；有权提名任免副校长和任免其他各级干部；有权具体安排国家拨给的基建投资和经费；有权利用自筹资金，开展国际教育和学术交流；等等。对不同的高等学校，国家还可以根据情况，赋予其他权力。国家及其教育管理部门要加强对高等教育的宏观指导和管理。教育管理部门要组织教育界、知识界和用人部门定期对高等学校的办学水平进行评估，对成绩卓著的学校给予荣誉和物质上的重点支持，办得不好的学校要整顿以至停办。

三是实行中央、省（自治区、直辖市）、中心城市三级办学的体制。中央部门和地方办的高等学校，要优先满足主办部门和地方培养人才的需要，同时要发挥潜力，接受委托，为其他部门和单位培养学生，积极倡导部门、地方之间的联合办学。

四是高等教育的结构，要根据经济建设、社会发展和科技进步的需要进行调整和改革。改变高等教育科类比例不合理的状况，加快社会急需的财经、政法、管理等类薄弱系科和专业的发展，扶持新兴、边缘学科的成长。改变专科、本科比例不合理状况，着重加快高等专科教育的发展。要改进和加强成人教育和广播电视教育。

五是建设重点学科，发挥科研优势。要使高校在发展科学技术方面做出更大贡献，增加科学研究能力，改进和完善研究生培养制度，努力做到高级专门人才的培养基本上立足于国内。并根据同行评议、择优扶植的原则，有计划地建设一批重点学科。重点学科比较集中的学校，将自然形成既是教育中心，又是科学研究中心。

六是改革教学内容、教学方法、教学制度。《决定》指出，要针对现存的弊端，积极进行教改的各种试验，以改变专业过于狭窄的状况，精减和更新教学内容，增加实践环节，减少必修课，增加选修课，实行学分制和双学位制，增加自学时间和课外学习活动,有指导地开展勤工助学活动等。有条件的学校,教学活动较重的副教授以上的教师,今后每五年中应有一年时间供他们用来从事科学研究和进行学术交流。要尽可能改善教学的物质条件,增添现代化教学手段,更新和充实实验室、图书馆。

七是改革人民助学金制度。《决定》规定,师范和一些毕业后工作环境特别艰苦的专业的学生,国家供给膳食并免收学杂费。对学习成绩优异的学生实行奖学金制度。

八是高等学校后勤服务工作改革的方向是实行社会化。学校所在地方的党政领导机关要把解决好这个问题的责任担当起来。

此外,《决定》还提出,学校逐步实行校长负责制,有条件的学校要设立由校长主持的、人数不多的、有威信的校务委员会作为审议机构。要建立和健全以教师为主体的教职工代表大会制度,加强民主管理和民主监督。学校中的党组织要把精力集中到加强党的建设和加强思想政治工作上来。

但是,扩大高校办学自主权的改革在《决定》颁布后,并没有取得实质性进展。在1988年召开的全国高等教育工作会议后,扩大办学自主权的改革又为新一轮的“治理整顿”所打断,政府又强化了对大学的管理。

二、高等教育改革与制度建设的新进展

1993年3月,中共中央、国务院颁布了《中国教育改革和发展纲要》(以下简称《纲要》)。《纲要》提出,高等教育体制改革的主要内容是:解决政府与高等学校、中央与地方、国家教委与中央业务部门之间的关系。改革的最终目的,是为了建立政府宏观管理,学校面向社会自主办学的体制。其中,在政府与学校的关系上,提出要贯彻政事分开的原则,政府要转变职能,由对学校的直接行政管理转变为运用立法、拨款、规划、信息收集、政策指导和必要的行政手段进行宏观管理。《纲要》颁布后,特别是在1994年全国教育工作会议的推动下,高等教育系统地、深入地进行了办学体制、管理体制、投资体制、招生和毕业生就业制度、校内管理体制的改革,取得了突破性的进展。

(一)办学体制改革

改革办学体制,主要是改变单一的政府包揽办学的体制,逐步建立政府办学为主体、社会各界参与共同办学的新体制。我国普通高等教育的办学体

制改革,在新中国成立以来,经历了三个不同阶段。

第一阶段:从新中国成立到1952年,为多种办学主体共同存在的阶段。新中国成立前夕的1949年,全国共有普通高等学校205所,按办学主体不同可划分为三种类型:由政府办的公立高等学校,由中国私人或团体创办的私立高等学校,接受外国团体或组织津贴的私立高等学校。新中国成立后,对高等学校采取了"维持原有学校,逐步加以必要的与可能的改良"的方针,全部保留下来。其中,对公立学校进行接管,对接受外国津贴的学校进行接收,对私立学校加强了管理。

第二阶段:1952年全国高等学校院系调整后,取消了私立高等学校,实行单一的政府办学体制。全国高等学校由政府包揽办学、高校经费统一由政府拨款、教育模式统一由政府规范和管理;社会团体、群众组织和公民个人都不能独立办学或参加办学。

第三阶段:党的十一届三中全会后,教育体制在进行改革,办学体制开始实行以政府办学为主、社会各方共同办学的体制。

1992年,江泽民在党的十四大报告中指出:"要鼓励多渠道、多形式社会集资办学和民间办学,改变国家包办教育的做法。"国家教委召开的全国成人高等教育工作会议上提出对社会力量办学应实行"积极鼓励,大力支持,正确引导,加强管理"的16字方针,后来写入《中国教育改革和发展纲要》,作为国家对于社会力量办学的指导方针。而且《纲要》第十六条规定,"改变政府包揽的办学格局,逐步建立以政府办学为主体、社会各界共同办学的体制","高等教育要逐步形成以中央、省(自治区、直辖市)两级办学为主,社会各界参与办学的新格局"。

(二)管理体制改革

《纲要》提出,要改变政府对高等学校包得过多,统、管得过死,中央部门和地方政府分别直接管理学校造成"条块分割"的局面,解决好中央、省级政府和高等学校之间的关系,逐步建立国家和省级政府两级管理以省级为主,在国家宏观政策指导下,高等学校面向社会依法自主办学的新体制。

《纲要》提出,进行高等教育体制改革,主要是解决政府与高等学校、中央与地方、国家教委与中央业务部门之间的关系。中央要进一步简政放权,扩大省(自治区、直辖市)的教育决策权和包括对中央部门所属学校的统筹权。这就是说，改革高等教育体制主要方向就是扩大各省、市、自治区的权力。它包括两个方面，其一是对地方所属高等学校的决策权，如有权决定地方高等学校的招生规模和专业设置，在经过国家有关部门评价、审批的前提下，有设置高等学校的权力。其二是对中央部门所属学校的统筹权，即地方可以统筹中央和地方所属高校毕业生的就业去向。《纲要》还提出，有些中央业务部门所属高校可以由中央部门和地方政府联合办，甚至可以交给地方办。这些措施的施行有利于争取地方政府对高等学校的经费投入。更重要的是有利于把中央部门所属高校与地方所属高校的整体布局调整得更加合理，充分发挥教育投资的效益，促进中央部门所属高校更有效地为地方经济建设服务。

《纲要》提出，在政府与学校的关系上，要按照政事分开的原则，通过立法，明确高等学校的权利与义务，使高等学校真正成为面向社会自主办学的法人实体。法人地位的提出，意味着在制度上赋予了大学自主发展的可能性和更多的自主管理权，也意味着大学应承担相应的义务和责任。正因为法人作为一个法律的范畴是权利与责任的统一，《纲要》在强调进一步扩大高等学校的办学自主权的同时，特别规定：学校要善于行使自己的权利，承担相应的责任，建立起主动适应经济建设和社会发展需要的自我发展、自我约束机制。政府要转变职能，由对学校的直接行政管理，转变为运用立法、拨款、规划、信息服务、政策指导和必要的行政手段，进行宏观管理。此后，国家教委为全面推动高校管理体制改革，加速改革进程，提出了从打破高校单一的隶属关系入手，以共建和高校间开展合作办学为主要形式的高教管理体制改革，并确定上海市、广东省、机械工业部为先行试点单位。

1993 年，广东省人民政府与国家教委共同建设中山大学和华南理工大学，起了带头示范作用。1994 年在上海召开的全国高等教育体制改革座谈会提出，当前要以推动各种形式的联合办学和调整高校布局为主推动管理体制改革，并总结出了共建、合作办学、合并、中央部委院校转由地方政府管理，以及企业和科研单位参与高校的管理等五种改革形式。会后，高校体制改革更趋活跃。1996 年 8 月，国家教委在北戴河召开了高等教育管理体制改革工作座谈会，会议交流了经验，研究了改革过程中存在的困难和问题，讨论了进一步推动改革扎实深入开展的相应措施，形成了“共建、调整、合作、合并”

的高教管理体制改革八字方针。“共建”就是实行部委所属高校与地方政府共同建设、共同管理,淡化高校单一隶属关系,加强省级政府统筹管理,将条块分割的机制转变为条块结合的机制。“调整”就是对在一个区域内的高等教育设置不合理或系科、层次设置不合理的情况,根据需要,从实际出发,有步骤地进行高校布局结构和院系的调整。“合作”就是学校之间开展教学、科研、后勤、管理等方面的合作,资源共享、优势互补。“合并”是联合办学的最高形式,就是对某些院校进行实质性融合,实现人、财、物、教学、科研五方面的统一。

(三)投资体制改革

改革投资体制主要是改变教育经费投资主体单一的国家拨款的体制和长期以来教育投入严重不足的局面,解决好国家、社会、学校、集体和个人合理分担教育经费的问题,逐步建立以国家财政拨款为主,其他多种渠道筹措教育经费为辅的体制。

《纲要》提出,要逐步建立以国家财政拨款为主,辅之以征收用于教育的税费、收取非义务教育阶段学生学杂费、校办产业收入、社会捐资集资和设立教育基金等多种渠道筹措教育经费的体制。通过立法,保证教育经费的稳定来源和增长。具体措施有:实行高等学校学生上学收费制度;实行税收减免和建立校办产业周转金制度,促进校办产业发展;鼓励和提倡企业、事业单位、社会团体和个人捐资助学、集资办学,不计征税。欢迎港澳台同胞、海外侨胞、外籍团体和友好人士对教育提供资助和捐赠;运用金融、信贷手段,融通教育资金,支持教育事业;设立各种“基金”,长期定向支持教育。

《纲要》不仅提出了要逐步建立以国家财政拨款为主,多渠道筹措教育经费的体制,而且对国家财政拨款提出了明确指标要求:一是要逐步提高国家财政性教育经费支出(包括各级财政对教育的拨款,城乡教育费附加,企业用于举办中小学的经费,校办企业减免税部分)占国民生产总值的比例,20世纪末达到4%。二是要提高各级财政支出中教育经费所占的比例,“八五”期间逐步提高到全国平均不低于15%的水平。

(四)招生就业制度改革

改变高校毕业生由国家统一分配为在国家方针政策指导下毕业生参与人才市场竞争“自主择业”,建立少数毕业生由国家安排就业,多数由毕业生

"自主择业"的就业制度。改革大体上分两步走:第一步,近期内,大部分学生,原则上仍由国家负责在一定范围内安排就业,实行学校与用人单位"供需见面",落实毕业生就业方案,并逐步推行毕业生与用人单位"双向选择"的办法;定向和委托培养的学生按合同就业。第二步,随着社会主义市场经济体制的建立和劳动人事制度的改革,除对师范学科和某些艰苦行业、边远地区的毕业生,实行一定范围内定向就业外,大部分毕业生实行在国家方针政策指导下,通过人才劳务市场,采取"自主择业"的就业办法。

(五)校内管理体制改革

一是积极推进以人事制度和分配制度改革为重点的学校内部管理体制改革。改革从部分学校试点发展为普遍实施。二是内部管理体制改革与教育教学改革紧密结合。许多学校配合学科领域的改革,调整或重组教学科研组织,从院系并存的校院系三级管理,过渡为以院(或系)为实体,实行校院(或系)两级管理体制;完善教学岗位聘任制,强化教师队伍建设。三是采取党政管理机构同步调整、定编设岗的办法精简机构,转换职能,提高效率。四是把后勤行政管理职能与后勤经营服务职能分开,实行"小机关、多实体、大服务"的专业化经营管理体制。五是健全考核制度,不仅考核教学人员,而且对机关管理人员、科研人员全面考核。

三、高等教育体制改革向法制化方向发展

1998年8月29日第九届全国人民代表大会常务委员会第四次会议通过了《中华人民共和国高等教育法》(以下简称《高等教育法》)。《高等教育法》的颁布,使我国高等教育的改革发展和制度建设走上了法制化道路。在《高等教育法》中,与制度建设相关的主要有以下内容。

(一)落实办学自主权

《高等教育法》第十一条规定:"高等学校应当面向社会,依法自主办学,实行民主管理。"《高等教育法》第四章用八条的篇幅规定了高校享有的八个方面的办学自主权,即民事权、招生权、学科专业设置权、教学权、科研开发和社会服务权、国际交流合作权、机构设置和人事权、财产管理和使用权。

(二)规范了高等教育的宏观管理体制

《高等教育法》明确了中央和省、自治区、直辖市人民政府二级管理的体

制,明确了各自的领导责任和管辖权限,并扩大了地方的办学自主权。如第十三条规定,各省、市、自治区人民政府“统筹协调”本行政区域内的高等教育事业,除了管理主要为地方培养人才的高等学校外,还管理“国务院授权管理的高等学校”。第二十九条还规定,经国务院授权,省级人民政府可以审批设立实施专科教育的高等学校和其他高等教育机构。

(三)鼓励社会力量办学

《高等教育法》第六条规定:“国家鼓励企事业组织、社会团体及其他社会组织和公民等社会力量依法举办高等学校,参与和支持高等教育事业的改革和发展。”

(四)保障学术自由

《高等教育法》第十条明确规定:“国家依法保障高等学校中的科学研究、文学艺术创作和其他文化活动的自由。”

(五)落实高等教育投入

《高等教育法》第六十条规定:“国家建立以财政拨款为主,其他多种渠道筹措高等教育经费为辅的体制,使高等教育事业的发展同经济、社会发展的水平相适应。”

(六)明确高校内部管理体制

《高等教育法》第三十九条规定:“国家举办的高等学校实行中国共产党高等学校基层委员会领导下的校长负责制。”《高等教育法》还对党委和校长的职责作了明确的阐述,对高等学校学术委员会、教职工代表大会的职责作了界定,规范了高等学校的领导体制和运行机制。

四、大学制度探索进入新的阶段

2010年7月,中共中央、国务院印发了《国家中长期教育改革和发展规划纲要(2010—2020年)》(以下简称《纲要》),《纲要》勾画了我国未来10年教育发展的蓝图,《纲要》的颁布与实施,使中国高等教育的改革与发展进入了新的历史阶段,也使我国对现代大学制度的探索进入了崭新的阶段。

《纲要》提出了六个方面的体制改革的内容:人才培养体制改革、考试招生制度改革、建设现代学校制度、办学体制改革、管理体制改革、扩大教育开放。其中,办学体制改革是要“健全政府主导、社会参与、办学主体多元、办学形式多样、充满生机活力的办学体制，形成以政府办学为主体，全社会积极参与，公办教育和民办教育共同发展的格局”，并明确要大力支持和依法管理民办教育。管理体制改革是要“健全统筹有力、权责明确的教育管理体制”。“明确各级政府责任，规范学校办学行为，促进管办评分离，形成政事分开、权责明确、统筹协调、规范有序的教育管理体制。”“加强省级政府教育统筹”，“转交政府教育管理职能”。

对建设现代学校制度，《纲要》第十三章作了阐述。内容包括推进政校分开、管办分离，落实和扩大学校办学自主权，完善中国特色现代大学制度，完善中小学学校管理制度。其中，完善中国特色现代大学制度的内容又包括完善治理结构，公办高校要坚持党委领导下的校长负责制，完善议事规则与决策程序，依法落实党委、校长职权，完善大学校长选拔任用办法，充分发挥学术委员会的作用，探索教授治学的有效途径，发挥教代会、学生会等群众团体的作用，加强章程建设，扩大社会合作，探索建立高等学校理事会或董事会，推进专业评价等。《纲要》对完善中国特色现代大学制度的要求，对我们国家深入探索和实践中国特色现代大学制度产生了巨大的促进作用。

五、制度变迁的特点和启示

改革开放以来，我国对大学制度的探索取得了重大进展。

（一）这一阶段大学制度变迁的主要特点

1. 条块分割模式得到改变

经过30多年的改革，中央政府对高等教育的管理权不断下放地方，地方对高等教育的管理权限不断扩大，条块式管理体制得到改变，高等学校的适应能力和办学水平得到提升。

2. 逐步建立起以政府办学为主，社会各界广泛参与办学的体制

改革开放以来，国家制定的许多法律规章和文件都强调了办学主体多元化的问题，如《高等教育法》规定“国家鼓励企业事业组织、社会团体及其他社会组织和公民等社会力量依法举办高等学校。参与和支持高等教育事业的改革与发展”。《国家中长期教育改革和发展规划纲要（2010—2020年）》指出：“要形成以政府办学为主体，全社会积极参与，公办教育和民办教育共同发展的格局。”这些规定使得新中国成立初期被废除了的私立高校再次得

到发展,大学办学主体开始多样化,投资途径也走向多样化。这方面的工作虽然起步不久,但发展前景很好,它将为中国高等教育未来的发展提供广阔的空间。

3. 高等学校的办学自主权逐步扩大

伴随政府管理体制的改革,高等学校的办学自主权也有所扩大,高等学校在专业方向调整、内部机构设置、内部人事管理、科学研究和产业开发、毕业生就业、基本建设以及后勤管理等方面的自主权都较过去有较大提高。当然,落实和扩大高校办学自主权,还有很长的路要走,还有很多的事要做。

4. 高校内部管理体制改革取得明显成效

改革开放以来,各高等学校通过实施国家的一系列法规和方针政策,根据社会需要、学校实际和古今中外的经验,对学校内部的管理进行了持续的改革,有的学校还对建立现代大学制度进行了探索,优化了高等学校的内部运行机制,提高了学校的办学水平和办学效益。

5. 法制化建设取得进展

《高等教育法》等一大批法律的颁布实施,为高等教育规范运行提供了法律保证,促进了高等教育的发展。这一时期,我国大学制度宏观法令层面的许多规定都具有前瞻性,虽然有的一时难以在大学办学实践中迅速被落实,但这些法令为大学办学实践提供了高标准的要求,也为大学办学实践指明了努力方向。

(二)这一阶段大学制度变迁给我们的启示

1. 建立现代大学制度是我国高等教育改革发展的必然要求

改革开放以来,我国以改革的方式对大学运行机制进行了持续的探索,并取得了一定的成绩,但是对制度变革的目标却长期众说纷纭,莫衷一是,以至于使旷日持久的体制机制改革逐渐失去了明确的方向。《国家中长期教育改革和发展规划纲要(2010—2020年)》提出要完善现代大学制度建设,指明了制度改革的方向。我们认为,我国高等教育管理体制改革的目标就是要建立具有中国特色的现代大学制度。这是建设高等教育强国的客观要求,也是我国经济社会发展的必然要求。

2. 现代大学制度建设是一个渐进的过程

我国对现代大学制度的探索起始于19世纪末20世纪初。1949年以前师从日本和欧美模式,新中国成立初期照搬苏联经验,“文革”期间误入歧途,80 年代后进行不断深入的探索,并已取得明显成效,但我们离真正的现代大学制度还有相当的距离,还需要做持续的努力。实践证明,建立现代大学制度是一个渐进的过程,我们要有充分的思想准备,要有明确的目标设定和分阶段的工作安排。

3. 建设现代大学制度要有适宜的方法

方法是渡河之舟。在现代大学制度建设中,我们不仅要关注建设目标,还应注意选择能够达成目标的最适宜的方法。比如,在建设进程上,选择循序渐进的方法;在建设主体上,选择以政府为主,学校和社会各界共同参与推进的方法;在建设措施上,采取法制化为主,辅之以政策指导和行政协调的方法以及试点先行与全面推进相结合的方法等。

第四章
我国现代大学制度“双层式”构架

对构建我国现代大学制度的问题,我们曾经有过较长时间的研究与思考,特别是自2003年云南省委、省政府把云南财经大学作为全省高等教育改革发展的试点单位以来,我们结合改革实际对构建我国现代大学制度问题进行了更加认真深入的探索。2005年,我们从宏观和微观两个层面提出了中国现代大学制度构架,即宏观层面(学校与外部的关系):政府宏观管理、市场适度调节、社会广泛参与、学校依法自主办学;微观层面(学校内部):党委领导、校长负责、教授治学、民主管理,简称“双层式”构架。此构架主要适于国家举办的高等学校。①

第一节　我国现代大学制度“双层式”构架的依据

我们认为,构建现代大学制度必须遵循教育规律、必须体现大学特征、必须符合中国国情和必须具有可行性。

一、现代大学制度构架必须遵循教育规律

教育规律包括内部规律和外部规律两个方面。教育自身的运行规律即教育的内部规律,如人才培养规律、管理规律、教学规律等;教育的发展必须与经济政治文化发展相适应的规律即教育的外部规律。从宏观和微观两个层面提出现代大学制度构架,符合教育规律具有外部规律和内部规律这一特点。

---

① 刘绍怀:《关于我国现代大学制度的构架问题》,载《光明日报·理论与实践版》2005年5月7日,第3版。

（一）体现了教育外部规律的要求

从教育的外部规律考虑，本构架突出了四个问题。第一是政府宏观管理。我国的传统是由政府管理高等教育，这也是当今许多国家特别是发达国家的共同特点，区别只在于管理的方式不同。有的国家如德国、日本等实行集权式管理，英国、美国等实行分权式管理。自新中国成立以来，对高等教育一直实行集权式管理。这种方式由于封闭僵化、千校一策、权责背离、政事不分，既不利于政府管好高等教育，又不利于大学的发展。鉴于此，从20世纪80年代中期开始，我国就不断强调政府要变微观管理为宏观管理，转变自己的职能。1993年颁发的《中国教育改革和发展纲要》中明确提到：要“逐步建立政府宏观管理，学校面向社会依法自主办学的体制”，“政府要转变职能，由对学校的直接行政管理，转变为运用立法、拨款、规划、信息服务、政策指导和必要的行政手段，进行宏观管理”。本构架则恰恰体现了上述精神。第二是市场适度调节。利用市场的基础性调节作用来促进、推动高等教育的发展是许多国家的共同做法。我国正在建立社会主义市场经济体制，大学应主动运用市场的力量来推动、促进自身的发展，增强实力和活力，形成办学特色。诚然，市场调节必须同政府的宏观调控相结合，才能适应市场机制的自发性和无序性。因此，本构架提出“市场适度调节”的观点。第三是社会的广泛参与。大学既要满足社会需要，又要从社会中获取大学生存和发展所需的资源，在与社会的互动中，大学必须实现发展自身和服务社会的双重目标。借助社会力量来发展高等教育，也是许多国家高等教育的共同特点。各国社会参与办学的形式很多。如鼓励社会力量举办大学或向大学捐款，建立中介组织，吸纳社会各界人士进入学校董事会等。在我国，社会参与办学曾在历史上盛行，新中国成立后相当一段时期内不太受重视，改革开放以来得到重新倡导并已取得初步成效，今后还应坚持和完善。第四是学校依法自主办学。大学是一个有独特的组织系统、活动章程、法人地位、基本职能和理想追求的学术组织，必须有足够的自主权，才能保证学校独立开展学术活动，主动适应社会和办出各自特色。大学发展所需的自主权必须由政府赋予学校，学校才能面向社会依法自主办学，增强其自我发展能力。

（二）体现了教育内部规律的要求

从教育的内部规律来考虑，本构架也突出了如下几点。第一点是党委领导。我国《高等教育法》明确规定在高校实行党委领导下的校长负责制，这也是经过多年实践证明行之有效的制度。应该看到，随着大学的发展和外部环境的变化，大学已成为一个内部结构复杂、外部联系很多的组织机构，由个人决策的机制已很难适应现实需要。许多国家的大学都通过董事会、校务委员会、教授委员会等加强了决策环节。我国高校实行党委领导下的校长负责制，既有利于集体智慧的发挥，从而提高决策的科学性、民主性、准确性，又有利于坚持社会主义的办学方向，也有利于保证校长在学术和行政工作上的指挥权。第二点是校长负责。学校的法人代表是校长，校长应全面抓好学校的科研、教学和行政管理等工作，并对政府、学校党委、全体教师节和学生负责，这是办好学校的需要，也是《高等教育法》赋予校长的责任及权利，必须继续坚持。关于如何实施好党委领导下的校长负责制，近年来讨论得比较多。国家实施这一制度主要是基于保证办学方向这一战略层面的考虑，我们的讨论不能用一些操作层面的问题否定战略层面的决策。正确的态度应该是不断探索如何在实践中坚持和完善这一制度。第三点是教授治学。学校的第一资源是师资，教师是办好大学的关键。教师中的骨干就是教授，充分发挥教授在教师队伍建设、学科建设、教学指导、学风建设、科学研究、人才培养等方面的作用，是办好大学的重要因素和保证。因此，应把治学权交给教授。第四点是民主管理。大学是科学的殿堂，是知识分子集中的地方，这里民主气氛浓、民主意识强，治校的基础则是充分的民主。实行民主管理有利于调动师生的积极性，维护师生的主体地位，群策群力地办好学校。从近年来我国高校推行民主管理的实践看，大学完全可以通过教代会、工会、教授委员会、学生会等组织和实行校务公开等措施进行民主管理。

二、现代大学制度构架必须体现大学特征

大学是以人才培养为中心，兼有教学、科研、社会服务和文化传承与创新等职能的学术性组织，其最重要的特征是学术性、社会性和自治性。本构架体现了这三个特征。

（一）体现了学术性特征

大学的价值即学术性。大学是学术性的组织，学术性是大学最本质的特征。大学所肩负的教学、科研、社会服务和文化传承与创新等职能都是通过

学术实现的。大学的师资素质、学生质量、教学水平、科研实力、服务能力都是学术水平的反映。依据大学学术水平的高低可以衡量出一所大学办学水平的高低。本构架提出教授治学,就是要通过大学内部具有最高学术水平的教师群体主导学校的学术活动,强化学术权力,营造学术环境,提高学术水平,保证大学的学术性本质特征得以充分体现。同时,本构架还通过学校自主办学和实行民主管理等为大学的学术发展提供保证。

（二）体现了社会性特征

教育是按照一定社会的要求,对教育者施加定向影响,使之达到预期目标的社会活动。学校是从事教育活动的学术机构。教育的社会功能决定了学校的社会性特征。同时,不管大学的职能与社会中其他组织的职能有什么不同,它都是一个社会组织,它的存在和发展也必须遵循其他社会组织应遵循的一般规律。从组织理论的角度看,一个社会组织要存在和发展,取决于三个条件:一是组织自身的功能状况,二是社会对组织的需要程度,三是联结二者的制度环境。因此,现代大学制度应该是一个开放的系统,一个能对社会的需要作出迅速反应的系统。历史证明,包括大学在内的任何一个社会组织,如果不能满足社会的需要,社会上就会出现其他的组织取代它。社会在发展,任何组织要发展壮大,必须根据社会的需要适时变革,适者生存,只有变才能应变,只有变才能获得新的发展机遇。现在世界上的许多著名大学之所以越办越好,重要原因之一就是它们能在发展的过程中与时俱进地处理好学校与社会的关系,善于在解决社会需要与自身功能的矛盾中实现平衡和寻求发展。为此,本构架从社会广泛参与、市场适度调节、学校依法自主办学等方面为沟通学校与社会的联系搭建了桥梁,为学校主动适应社会需要提供了制度保障。

（三）体现了大学的自治性特征

大学自治就是大学自己管理和决定自己的事情。自真正意义的大学产生以来,学校自治和学术自由一直就是大学的重要特征。大学自治缘于两个需要:一是学术发展的需要。学术研究所具有的专业性、自主性、探索性和非功利性等特点要求大学必须为莘莘学子创造一个相对独立和自由的环境。每个大学都有自己的学术传统和治学精神,而这些传统和精神也只有在相对独立和自由的校园中才能生成和发展。学术要自由,学校就必须自治。二是学校面向社会自主办学的需要。学校要对社会的需要作出及时的回应，必须有足够的办学自主权。有了自主权，学校才可能根据社会需要设置专业、建设学科、完善人才培养方案，才可能有计划地经营学校、建设学校，才可能独立自主地行使法律赋予的权利并承担相应的责任，才能自己找到自己的最佳位置，在最适合自己的范围内发挥作用、形成优势、体现价值、办出特色，也才可能在竞争中立于不败之地。同时，大学对社会的适应既有顺应的一面，也有引领的一面，大学要在引领社会的发展和变革方面有所作为，亦必须有自主的空间。本构架提出学校依法自主办学和从宏观、微观两个层次设计大学制度，也是考虑了大学自治的需要。

三、现代大学制度构架必须符合中国国情

（一）各国大学制度都是与国情相结合的产物

一定的大学制度总是与一定的时代和国情相联系。伯顿·克拉克曾指出：“大学的含义和目的可以说是因时而异，因地而异，它依靠改变自己的形式和职能以适应当时当地的社会政治环境。同时通过自己的连贯性及使自己名副其实来保存自己的活力。谁都在谈论大学，但是大学作为学者进行教学、科研和从事社会服务的场所，我们只有在不同时代、不同地点的具体环境里才能弄懂大学的这些具体任务是什么。”①

在世界大学发展史上，曾经产生过若干不同的大学制度。其中最典型的就有英国的大学制度、德国的大学制度、美国的大学制度和日本的大学制度。这些国家大学制度的产生，既反映了不同时期大学自身发展的内在要求，又体现了不同国情对大学发展的影响。从制度环境的角度讲，正是一个国家的国情对大学的发展提出了新的制度要求，从而促使大学为适应国情而不断作出新的制度变革。英国的大学制度是牛津大学、剑桥大学的办学传统与英国国情相结合的产物，德国的大学制度是柏林大学的办学理念与德国国情相结合的产物，美国的大学制度是欧洲的办学经验与美国国情相结合的产物，日本的大学制度是欧美的办学理念和经验与日本国情相结合的产物。

---

① ［美］伯顿·克拉克主编：《高等教育新论——多学科的研究》，王承绪、徐辉、郑继伟等译，浙江教育出版社 1988 年版，第 22 页。

（二）我国的大学制度必须符合中国国情和时代特征

我国的大学制度是自19世纪末20世纪初以来借鉴欧洲、日本、美国、苏联的经验，结合中国不同时期的国情逐步形成和发展起来的。今天我们研究现代大学制度，要把传统与现实结合起来，把借鉴国外经验与立足中国国情结合起来，努力建立吸纳各国大学制度精华并具有中国特色和时代特征的现代大学制度。目前，我国国情的基本特点是：政治上，中国共产党正在马克思主义指导下领导中国人民建设社会主义，人民群众是国家的主人，政治文明建设的核心是建立民主政治。因此，大学制度的设计必须坚持党的领导，坚持社会主义办学方向，体现管理的民主性，维护师生的合法权益；经济上，我们正在建立社会主义市场经济体制，大学制度必须考虑市场因素，不仅要考虑国内市场还要考虑国际市场。大学培养的人才除满足国内需要外，还要面向国际人才市场培养和输送各类人才，使中国成为人才资源的重要生产基地，变人口大国为人力资源强国；在学校与政府的关系方面，政府对大学的管理正处在从微观管理向宏观管理、从直接管理向间接管理、从过程管理向目标管理转变的重要时期，大学制度设计必须认真把握这一特点；在学校与社会的关系上，两者之间的相互依存度越来越高，大学的发展和社会的发展比任何时候都更需要互相支持，同时，随着改革开放的深入，社会的分配方式、组织形式、利益关系等发生了重大变化，国民生活水平不断提高，投资教育的意识增强，社会力量参与办学已具有现实的基础；在学校治理方面，《中华人民共和国高等教育法》对高等学校的设立、办学宗旨、中心任务、主要职能、管理体制和基本权利等作了明确的规定，大学完全可以依法实施自主办学。《国家中长期教育改革和发展规划纲要（2010—2020年）》也提出，要"适应中国国情和时代要求，建设依法办学、自主管理、民主监督、社会参与的现代学校制度，构建政府、学校、社会之间新型关系"。这些说明，本章提出的现代大学制度构架既借鉴了国外经验，又符合当代中国国情，具有中国特色。

四、现代大学制度构架必须富有可行性

研究现代大学制度，是为了指导办学实践，因而必须具有可行性。对于本文所提构架的可行性，前面三个部分已作了充分的论述。此外，这一构架的可行性还体现在它具有系统性和实践性方面。

（一）系统性

本构架根据大学运行的规律和影响大学运行的多重因素，构建了一个系统、完整、开放的制度框架。在大学外部，政府、市场、社会与大学形成交互作用。政府在对大学实施宏观管理的同时，还对市场调节和社会参与起引导作用；市场信息在对学校起调节作用的同时也对政府的政策和社会参与产生影响；社会力量在参与办学的同时还会促进政府职能的转变和市场机制的完善，推动大学管理权、举办权和办学权分开。政府、市场、社会、学校之间的相互联系、相互作用形成网络型制度模式，为大学的发展提供了良好的制度环境。在大学内部，把党委领导、校长负责、教授治学、民主管理结合起来，形成了具有决策、指挥、执行、监督、参谋和反馈等功能的完整制度体系，既能使学校管理工作科学、协调、有效地运转，又能实现党政权力、学术权力和公众权力的相互制衡，保证大学的方向性、学术性和民主性，符合组织原理和高校特点。

（二）实践性

实践性是这一构架的基础。实践是检验理论的标准，也是产生和发展理论的源泉。100多年来，我国曾对大学制度作过反复探索并形成了正负两方面的经验，这些经验为今天研究现代大学制度提供了重要借鉴。自20世纪80年代以来我国高等教育不断进行改革的成果为构建现代大学制度提供了实践基础。本构架涉及的许多方面都是经过多年实践证明切实可行并正在实施的。如政府管理、社会参与和党委领导下的校长负责制等都有成功的实践经验。市场调节、教授治学、民主管理等都有十分现实的社会基础。可以说，本构架是建立在实践与现实的基础上的，具有很强的可行性。从长期在高校工作的实践看，我们认为这一构架是可以操作的，而且可以在实践中不断完善，逐步形成具有中国特色的现代大学制度。

当然，大学制度的构架是动态的。历史上，英国、德国、日本的大学制度都曾使本国高等教育在较长时期内独领风骚，美国的大学制度使美国成为教育强国，但随着社会的发展，这些国家的高等教育也需要不断变革和完善。未来的高等教育谁占鳌头，很大程度取决于各国高等教育的制度优势，取决于谁能在深刻把握高等教育发展规律和趋势的基础上作出超越前人、更加科学的制度安排，并通过制度创新推动高等教育的全面创新，促使高等教育异军突起,抢占先机。肩负为中华民族复兴提供知识和人才支撑责任的中国高教界,应努力在这方面有所作为。

第二节　我国现代大学制度的宏观结构

根据教育的发展必须与经济、政治、文化发展相适应的规律,我们提出:我国现代大学制度的宏观层面即学校与外部的关系应该包括:政府宏观管理、市场适度调节、社会广泛参与、学校依法自主办学四个方面。政府、市场、社会与大学形成交互作用,构成一个系统、完整、开放的制度框架,为大学的发展提供良好的制度环境。

一、政府宏观管理

(一)政府宏观管理的政府和学校视野

政府与学校的关系是学校外部关系中的第一关系。从政府的角度讲,这是由政府职能决定的。政府职能是国家职能的主要方面,它反映一个国家行政管理活动的实质与方向,是国家行政体系在整个社会关系中所扮演的角色和发挥的作用。政府的政治、经济和社会管理职能,决定了它不能无视与国家政治、国民经济、社会稳定与发展息息相关的大学的存在与作用,不能不谋求建立某种它认为对自身统治和职能发挥最有利的"政府与大学关系"。①

世界各国的政府都在采取直接或间接的手段对本国的高等教育加强管理,各国之间几乎没有管与不管的差别,只有管理方法的不同。"国家的政治体制决定高等教育的政府管理模式;国家的政治价值观规定高等教育的基本理念,并干预和指导高校的教学实践活动,以实现政治社会化的功能;不仅如此,国家或地方权力还对高等学校内部管理活动进行或多或少的、直接和间接的渗透和干预。"②

从大学的角度讲,大学的外部规律即教育的发展必须与经济、政治、文化发展相适应。大学的知识产出经历了最初与社会经济发展不直接相关,到与

---

① 张德祥:《市场经济体制下"政府、市场、大学"新型关系的研究总报告》(一),载《辽宁教育研究》2004 年第 9 期。

② 蒋国河:《论政治结构与高等教育控制》,载《高教探索》2005 年第 6 期。

社会生活的关联度越来越密切的过程。大学的发展已离不开社会的支持,特别是离不开拥有最大办学资源的政府的支持。

新中国成立后,在计划经济体制的背景下,建立起了政府高度集中管理的高等教育体制。政府集教育“供求”于一身①,“高等学校国家所有、教育管理高度集中、教育发展受计划调控和教育行政干预”②,政府和大学是一种单向的“线性关系”③。多年的实践已证明这种管理方式弊大于利。其主要弊端是政事不分、权责背离、千校一策、机制僵化,既不利于政府管好高校,又不利于学校的自我发展。1985 年,我国颁布《中共中央关于教育体制改革的决定》,该《决定》中明确指出我国高等教育体制的弊端是“政府有关部门对学校主要是高等学校统得过死,使学校缺乏应有的活力;而政府应该加以管理的事情,又没有很好地管起来”。

现代政府的基本职能,一是保证社会公平,公平就能稳定,稳定就能发展。二是提供市场不能提供的公共产品。按照《中华人民共和国宪法》,我国政府职能定位应当是:维护社会稳定、促进社会发展、调控社会经济、保障社会公平。政府的基本职能,表现在高等教育方面,一是提供教育政策和做出合理的制度安排;二是对教育服务的提供进行政府监督;三是保证教育市场的公平竞争。④ 1994 年 7 月《国务院关于〈中国教育改革和发展纲要〉的实施意见》提出:“政府的主要职能是:制订教育的方针、政策和法规;制订各类高等学校设置标准和学位标准;制订教育事业发展规划和审批年度招生计划;提出教育经费预算并统筹安排和管理以及通过建立基金制等方式,发挥拨款机制的宏观调控作用;逐步建立支持教育改革和发展的服务体系;组织对各类学校教育质量的检查和评估等,对学校进行宏观管理。属于学校的权限,坚决下放给学校。为保证政府职能的转变,使重大决策经过科学的研究和论证,要建立健全社会中介组织,包括教育决策咨询研究机构、高等学校设置和学位评议与咨询机构、教育评估机构、教育考试机构、资格证书机构等,

---

① 张德祥:《市场经济体制下“政府、市场、大学”新型关系的研究总报告》(一),载《辽宁教育研究》2004 年第 9 期。

② 别敦荣:《中美大学学术管理》,华中理工大学出版社 2000 年版,第 223 页。

③ 胡建华:《由“国家控制的模式”向“国家监督的模式”转变》,载《复旦教育论坛》2003 年第 6 期。

④ 中国教育与人力资源问题报告课题组:《中国教育与人力资源问题报告——从人口大国迈向人力资源强国》,高等教育出版社 2003 年版,第 351 页。

发挥社会各界参与教育决策和管理的作用。”

对于大学与政府关系而言，转变政府职能最主要的问题是，根据社会发展的新变化正确划分政府与大学的权力范围，确立有效的权力运行和权力制约机制。奥斯本和盖布勒总结了政府分权的四个优点：一是权力分散的机构比集权的机构有多得多的灵活性，它们对于面临的情况和顾客需求的变化能迅速地作出反应；二是权力分散的机构比集权的机构更有效率；三是分权的机构比集权的机构更具有创新精神；四是分权的机构能产生更高的士气、更强的责任感、更高的效益。① 在政府与大学的关系上，政府是管理者，从宏观上管理大学是政府的职责、权力；政府不是办学者，怎么办学是学校的职责、权力。按照“政校分开”的原则，政府不应直接干预和控制大学内部活动，不能把大学看做是政府的“附属机构”，特别是不能在学术领域里滥用行政命令。政府职能转变，并不意味着政府责任的减少，而是把不该管的放出去，把该管的管起来、管好。

政府职能转变已经得到高度重视，1985 年《中共中央关于教育体制改革的决定》提出要“改变政府对高等学校统得过多的管理体制”。1986 年，“为了加强和改进对高等教育的宏观指导和管理”，国务院正式颁布了《高等教育管理职责暂行规定》。1993 年，中共中央、国务院颁布《中国教育改革和发展纲要》，提出“要逐步建立政府宏观管理、学校面向社会自主办学的体制”。2010 年，中共中央、国务院颁布的《国家中长期教育改革和发展规划纲要（2010—2020 年）》提出要“以转变政府职能和简政放权为重点，深化教育管理体制改革，提高公共教育服务水平”，并提出要“推进政校分开、管办分离”。

但是，政府的职能转变是一场深刻的变革，不可能一蹴而就。首先，政府的行政管理在高等教育管理体制的改革过程中，无论是“从体制内部的权力下放”还是“向体制外部的权力转移”②，都会触及权力的既有者。任何一项制度中都“包括既得的利益，其中既有得利者也有失利者，都会调动资源来支持或反对未来的变革”，因此对于长期习惯于以一元方式特别是计划管理

---

① ［美］戴维·奥斯本、［美］特德·盖布勒：《改革政府——企业精神如何改革着公营部门》，周敦仁等译，上海译文出版社 1996 年版，第 235 ~ 236 页。

② 吕华芹：《政府和高校关系——新公共管理学的视野》，载《沈阳教育学院学报》2005 年第 4 期。

的政府来说，以“放权”为特征的制度变迁必然会是一个“随着时间变化而被打破”①的艰难而漫长的过程。第二，对于社会和市场的介入，无论是政府还是大学，从认识到实践的准备都是不充分的，对市场“无形之手”会无处不在地发挥作用，市场的逐利性、波动性等弊端和市场会对公共产品“失灵”等问题都还缺乏足够的认识。同时，社会和市场与政府和大学的互动，也存在一个发育、成长和成熟的过程，需要在体制上、机制上进行不断的磨合。科学合理的客观管理体制、运行机制和协调机制的建立和完善仍然需要假以时日。

（二）政府宏观调控的手段

1993 年，中共中央、国务院颁布《中国教育改革和发展纲要》，提出“政府要转变职能，由对学校的直接行政管理，转变为运用立法、拨款、规划、信息服务、政策指导和必要的行政手段进行综合管理”。概括地说，政府管理大学的宏观手段主要有法律手段、行政手段和经济手段。

1. 法律手段

借助法律手段来管理高等教育，是许多国家的共同经验。法律手段是国家政府通过制定与实施一定的法律法规，对高等教育实施管理。法律手段具有严肃性、权威性、规范性的特点，在实现行政职能中具有特殊的意义和作用。从法律手段调整的对象看，首先，只有通过法律形式确定的政府、大学和与大学相关的其他主体的权力、责任和利益关系，才具有公正性和稳定性。如果仅仅由某一方决定，既缺少不同利益主体之间的博弈机制，也缺少制定或改变规则的法定程序。其次，政府职能的法定性是现代行政的基本要求。这就意味着政府必须是一个法制政府，受到法律的规范，接受公开的社会制约和监督。我国传统的计划经济体制下对高等教育的管理带有明显的“人治”的特点，这种管理方法不利于规范政府和大学的行为，不利于建立稳定的运行机制，不利于政府与大学的权责划分。因此，对大学的管理必须借助法律手段，做到“有法可依、有法必依、执法必严、违法必究”，形成“在法律面前，人人平等”的环境，使政府对大学的管理更加规范、科学，使建立起来的体制更具有长期性和稳定性。

---

① ［美］道格拉斯·诺思：《经济史中的结构与变迁》，陈郁、罗华平等译，上海三联书店、上海人民出版社 1993 年版，第 63、225 页。

目前我国已颁布了多部有关高等教育的法律、法规，它们对政府和大学各自的责任、义务及权限作了规定。《宪法》对包括高等教育在内的教育事业的性质、目的、对象、主要内容、举办等作了规定，对国家（国务院）和地方（乡级以上地方各级人民政府）对教育的领导和管理作了规定。《高等教育法》对高等教育基本制度、高等学校的设立、高等学校的组织和活动、高等学校教师和其他教育工作者以及高等学校的学生等作了规定。中共中央颁布的《中国共产党普通高等学校基层组织工作条例》，对高校党的领导、指导思想、教育方针、人才培养目标、领导体制以及高校党组织的设置、职责，党员的教育、管理和发展，干部工作，思想政治工作和党组织对群众组织的领导等作了规定。另外，全国人民代表大会常务委员会、国务院、教育部还分别颁布实施了涉及大学方方面面的各种法规，如涉及大学设置的《普通高等学校设置暂行条例》，涉及大学教师的《中华人民共和国教师法》《普通高等学校辅导员队伍建设规定》，涉及学位的《中华人民共和国学位条例》《中华人民共和国学位条例暂行实施办法》，涉及大学生的《普通高等学校学生管理规定》《普通高等学校毕业生就业工作暂行规定》，涉及民办教育的《中华人民共和国民办教育促进法》《中华人民共和国民办教育促进法实施条例》《民办高等学校办学管理若干规定》，涉及中外合作办学的《中华人民共和国中外合作办学条例》《中华人民共和国中外合作办学条例实施办法》，以及《学校卫生工作条例》《学校体育工作条例》《学校食堂与学生集体用餐卫生管理规定》，等等。各地方政府也相应地制定了地方性法规。

但总的来看，“这些法律规章不仅在数量上远远不够，而且在内容上还比较粗糙，没有细化，需要进一步完善”①。实际上，由于我国经济社会发展变化极为迅速，法律制度本身的被动性、滞后性使得我国的法律调整还远远跟不上改革发展的形势，政府对大学的管理，政府、大学和与大学相关的其他主体各自的权力、职责、利益以及相互关系，还需要我们通过进一步完善法律制度来解决。大学制度建设必须法制化。

2. 行政手段

行政手段主要指各级政府机构凭借上下级之间的关系，通过规划、规范、

---

① 龙献忠、朱咏北：《政府公共权力重构与高等教育治理》，载《高等教育研究》2005年第11期。

指导、协调、监督等行政手段对大学施加直接的行政影响，以实现对大学的管理。大学作为高度专业化的学术性组织和高度自治性组织，虽然并不缺乏与社会的互动，但也存在相当的封闭性。有效的行政管理可以协调大学与外部的联系。现代大学从封闭走向开放正是发生在通过行政手段纠正了大学封闭性的德国。行政手段具有强制性、垂直性、具体性等特点和集中统一、快速有效等优点，但容易产生与“人治”相联系的一些弊病，容易影响横向联系和下级的积极性、创造性。强调政府的行政管理手段，不是要回到过去政府对大学的直接行政干预，而是强调政府在规范行政权力和行政行为基础上，利用规划、规范、指导、协调、监督等宏观管理方式，履行政府本身应该和必需的管理职能。

由于政府拥有“信息超前性（前瞻性）和完整性”等优势，如经济社会发展目标信息，全国性人力资源开发的需求信息，各地区、各大学已有教育资源和发展潜力信息等，只有政府才具备制定宏观高等教育发展战略、发展规划的条件和可能性。20世纪60年代以来，根据国家社会经济发展的战略目标，制定国家宏观高等教育发展战略、发展规划，成为各国政府对高等教育进行管理的重要手段之一。联合国教科文组织和国际教育局的一份研究报告表明，在为当次调查提供资料的75个国家中，有大约60%的国家成立了从事教育规划的专门机构，并不同程度地制定了教育发展规划和战略。例如，美国的《美国教育部2002—2007年战略规划》、日本的《日本21世纪教育新生计划（彩虹计划）》、俄罗斯的《2010年前俄罗斯教育现代化构想》等。① 改革开放以来，我国先后制定实施了《全国教育事业第十个五年计划》《中国教育发展和改革纲要（1990—2000）》《全国教育事业“九五”计划和2010年发展规划》《国家教育事业发展“十一五”规划纲要》《国家中长期教育改革和发展规划纲要（2010—2020年）》，表明了国家对发展战略、发展规划的重视。此外，地方各级政府也制定了教育规划，并指导大学制定了发展规划、学科与师资队伍建设规划和校园建设规划等。

制定大学标准和质量标准是政府行政手段的另一种方式。各国的大学

① 国家教育发展研究中心组编：《发达国家教育改革的动向和趋势》（第七集），人民教育出版社2004年版，第2、367、383页。

分类标准不尽相同，如美国的大学分类标准就有卡耐基教学促进基金会、《美国新闻与世界报道》（U. S. News & Report World）、《美国皮特森大学指南》（Peterson's College Database）等多种。我国在1952年按照苏联的模式对全国高校进行院系调整后，全国大学分为文理（也称综合）、工科、农科、林科、医药、师范、语言、财经、政法、艺术、体育、民族等12种类型，同时按照行政隶属关系又分为国家（教育部和其他部委所属）院校、地方院校等。之后又出现过多次以水平区分的类型，如20世纪50年代的重点高校与一般高校，80年代的试办研究生院的大学，90年代的"211工程"和"985工程"大学，还有以学科结构、办学定位划分的综合、多科、单科三型和研究、研究教学、教学研究、教学等四型的分类标准等。对于大学办学标准的控制，则是通过《普通高等学校设置暂行条例》《高等职业学校设置标准》《成人高等学校设置的暂行规定》《独立学院设置与管理办法》《民办高等学校办学管理若干规定》，以及《高等学校本科专业设置规定》《普通高等学校学生管理规定》《教师资格条例》等法规制度来进行的。

高等教育的质量是大学持续发展的基础，是大学永恒的主题。同时，高等教育的质量又是关乎国家综合国力和国际竞争力，并受到世界各国高度关注的战略性问题。但对高等教育质量应不应该有或者是否有一个"统一的"标准，一直存在争议。因为统一标准虽不利于学生个性发展，但有利于保证大学的基本水平；不设统一标准虽不利于对质量的监控，但有利于人才脱颖而出。理想的状态应当是既保证大学的基本水平又有利于人才脱颖而出。实际上各国的做法也各不相同。美国的教育管辖权主要分属各州，没有全国统一的教育质量标准，不同高校之间人才培养的规格、质量存在极大的差异。"世界上最好的大学在美国，最差的大学也在美国"的情况一度引起美国各界的关注。为此美国高质量教育委员会在1983年发表了《国家处在危险之中：教育改革势在必行》的报告，引发了20世纪后期开始的一种以质量管理体系为核心的教育教学改革。[①] 我国的《高等教育法》对大学的人才培养提出了一些基本的质量标准，但还需要通过具体的质量标准来体现。这就需要政府针对不同类型、层次的大学，构建起在一个基础性平台之上并能够体现

① 王碧艳、唐德海：《高等教育质量及其保障的比较研究》，载《高等教育》2004年第5期。

类型特征和办学实际的质量标准。实际上，高等教育质量涉及多种质量因素。1998年，巴黎世界高等教育大会发表《21世纪高等教育展望和行动宣言》，该宣言指出：“高等教育的质量是一个多层面的概念，应包括高等教育的所有功能和活动：各种教学和学术计划、研究和学术成就、教学人员、学生、校舍、设施、设备、社区服务和学术环境等”，“高等教育的质量还应包括国际交往方面的工作：知识的交流、相互联系、教师和学生的流动以及国际研究项目等，当然也要注意本民族的文化价值和本国的情况。”①一些“硬标准”比较容易制定和把握，而一些“软标准”仍是各国共同的难题。

政府对大学的监督最主要的形式是“评估”。世界各国都依据各自的国情采用了相应的评估机构和评估方式。英国在1964—1992年间是国家学位委员会（CNAA），1997年成立了高等教育质量保证署（QAA）、国家职业资格委员会（NCCQ），以及由大学拨款委员会在1988年演变而来的大学基金委员会等，法国有国家评估委员会，日本1987年成立了大学审议会。② 在我国，1985年国家教委颁布《关于开展高等工程教育评估研究和试点工作的通知》，启动了高校评估试点。《高等教育法》第四十四条规定：“高等学校的办学水平、教育质量，接受教育行政部门的监督和由其组织的评估。”1990年国家教委颁布了《普通高等学校教育评估暂行规定》。1994年、1996年和1999年分别进行了合格评估、优秀评估和随机评估。2002年教育部将这三种评估合并进《普通高等学校本科教学工作水平评估方案》。2003年教育部在《2003—2007年教育振兴行动计划》中明确提出建立制度化、规范化评估制度。2010年颁布的《国家中长期教育改革和发展规划纲要（2010—2020年）》提出，要“改革教育教学评价和人才评价制度”。可见，我国的教育评估工作，一是要坚持，二是在标准、程序、方法等方面进一步完善，特别是要注意简化程序、突出重点、分类指导、讲求实效。

二、市场适度调节

（一）大学的“产品属性”与政府和市场的作用

市场经济是通过市场“供—需”和价格杠杆，对生产要素的配置发挥基

① 王碧艳、唐德海：《高等教育质量及其保障的比较研究》，载《高等教育》2004年第5期。

② 郑富芝、范文曜：《高等教育发展政策国别报告》，教育科学出版社2002年版，第96页。

础性作用的经济形式。只要市场经济大背景存在,这只“无形之手”就会无处不在地发挥作用。从经济学的角度看,政府运用经济手段管理和影响大学的依据主要在于大学的“产品属性”。根据产品或服务在消费上是否具有竞争性和排他性,经济学把全部社会产品和服务分为三大类:公共产品(public goods)、私人产品(private goods)及准公共产品(quasi-public goods)。根据萨缪尔森和诺德豪斯对公共物品和私人物品的定义,即“来自公共物品的效益牵涉到对一个以上的不可分割的外部消费效果。相比之下,如果一种物品能够加以分割因而每一部分能够分别按竞争价格卖给不同的个人,而且对其他人没有产生外部效果的话,那么这种物品就是私有物品”①。教育提供的是一种服务,教育服务的提供者是学校,教育服务的消费者是学生。高等教育既存在消费的排他性和竞争性,对于既定的教师、教室、实验室等教育供给,增加一个消费者(学生),会限制或减少其他人对教育的消费;又存在效益和成本的外溢性,受教育者可以获得教育带来的预期收入的增加、福利的改善、流动晋升机会的增加、精神的享受等经济与非经济收益,但无法排除其他人对受教育者产生出来的影响周围环境、增加社会知识存量、促进生产力发展等外部收益的享用。因此,高等教育同时具有公共产品与私人产品双重特征,属于准公共产品。

由于公共产品的效用具有外部性,且无法排除不付费者获得外溢的效用,于是会出现“搭便车”现象,即某些人或某些团体在不付出任何代价或成本的情况下从别人或社会获得好处的行为。这样,理性的个人谁也不会去提供公共产品。结果公共产品的供给就会小于社会的真正需要,甚至为零。市场无法或不能有效提供公共产品,如果政府不提供,社会就不能得到或充分得到这类产品。因此公共产品一般通过政治程序或公共选择由政府来提供。私人产品则可以由市场价格进行有效配置,不需要政府提供。准公共产品因有一定的效用外部性,不能完全由市场提供,应有政府参与提供。由于高等教育所提供的“准公共产品”属性,就使得大学的资源可能来自政府(公共组织)和市场两个方面。

---

① ［美］保罗·萨缪尔森、［美］威廉·诺德豪斯:《经济学》,胡代光等译,北京经济学院出版社1992年版,第1194页。

从政府的角度讲，政府可以采用直接和间接的经济手段，运用经济杠杆来配置教育资源，进而影响大学和与大学相关的其他主体，以实现行政职能。所谓直接手段主要是采用增加或减少拨款、资助、奖励等不需要取得经济回报的方式，以及投资、贷款等需要取得经济回报的方式，直接调动或控制自身掌控的经济资源向大学流动；所谓间接手段主要是通过自身掌控的政策资源，通过社会投入办学的减免税政策、校办企业的优惠政策、人才流动的导向政策等间接促进或阻止社会资源向大学流动。在市场经济条件下，政府可以在很大范围内运用经济手段体现国家意志和发挥政府的导向作用。

作为公共产品的投资者，向大学拨款是政府最基本的直接经济手段，也是世界各国政府对大学实施控制的普遍形式。“联邦（政府）对大学资助的诸多影响接踵而来，而且这种影响是巨大的，它们以微妙的、缓慢积累和彬彬有礼的方式使自己显得越加有力。”①西方发达国家的政府运用经济杠杆对高等教育进行宏观调控，其重要手段便是经费核拨。

采用不同的高等教育管理体制的国家，其政府给高等教育提供经费的方式也不同。法国等国家采用直接核拨的手段，由中央当局的负责的行政官员来进行经费的分配，由中央决策的具体化来形成所有的经费决策；而英美等国则采用间接核拨的手段，中央政府通过中间机构或由专业人员组成的委员会分配经费给各个学校。由于这些国家由政府当局和行政官员掌握分配经费的最终权力，所以尽管政府核拨高教经费的手段有所不同，甚至有时其核拨的手续也稍显烦琐，但分配经费的标准是由国家政策转变而来，这就有助于保障教育标准的一致性和迅速实现国家的教育决策，平衡发展各地区和各学校的高等教育。总而言之，其有助于政府宏观调控高等教育。

另一方面，西方市场经济国家也通过市场机制调节高等教育资源。从筹措高等教育经费的方式来看，西方发达国家的高等教育经费来源有以下两个显著的特点。

第一，从每所高等院校来看，高等教育的收入来源是多方面的；从总体上看，高等教育的投资来源是多渠道的。例如，2000—2001 学年，美国高等教育经费主要来源是政府投入，占高校经常账资金收入的 40%，其中公立高校

---

① ［美］克拉克·科尔：《大学的功用》，陈学飞等译，江西教育出版社 1993 年版，第 40、80 页。

超过50%，非营利私立高校近20%（以培养副学士和证书教育为主的加州社区学院，90%以上的经费来自地方政府）。学费占25%，其中公立高校不到20%、非营利私立高校不到40%。销售和服务收入占21.92%。另外，尽管哈佛大学等名校获得了较多捐款，但总体来看，私人捐赠和留本基金（endowments）①之和只有10%，即使是非营利私立高校也不到20%（见表1）。

表1　美国高校经常账资金收入②来源（2000—2001学年）（%）③

	合计	公立高校	非营利私立高校	营利私立高校
学杂费	25.62	18.07	38.11	87.86
政府	39.82	50.78	18.33	5.56
其中：联邦政府	12.63	11.18	16.28	3.79
州政府	24.32	35.61	1.43	1.77
地方政府	2.87	3.99	0.62	0.00
私人捐赠	9.41	5.07	19.30	0.06
留本基金	0.51	0.77	0.00	0.00
投资回报	-1.36	0.00	-4.38	0.40
销售和服务收入	21.92	21.65	23.53	4.78
其他	4.07	3.67	5.11	1.34
合计	100	100	100	100

第二，从高等教育总经费来看，各国政府（包括中央政府和地方政府）的投资是主要部分（见表2、表3）。由于高教经费的主渠道是政府的投资，这就既保证了政府通过经费核拨来宏观调控高等教育，又保证了高等教育的经费稳定，由于美、日、英、德等西方发达国家由地方和中央共同负担政府经费，这就有利于调动地方和中央两方面的高等教育办学积极性，使其兼具地方和中

① 留本基金指捐赠人捐赠的资本金不得动用，只能利用其投资的收益从事某项慈善用途的捐赠资金，参见张云：《美国加州大学系统捐赠基金运作实践及启示》，载《比较教育研究》2004年第6期。

② 高校经常账资金收入（current fund revenues）是在一个财政年度获得的用于支付现行到期款项的经费及拨定盈余，不包括学校基建经费及投资获利收入，参见张炜：《对美国高等教育的十个认识误区》，载《高等教育研究》2005年第6期。

③ National Center for Education Statistics, *Digest of Education Statistics 2003*. National Center for Education Statistics, U. S. Department of Education, Washington, DC. December, 2004. p. 410.

央的特色;而由于政府没有包下高等教育的经费,这样就扩大了高等教育的经费来源,使社会力量参与到高等教育事业中,加快了高等教育事业的发展,同时又调动了高等教育院校谋求变革和发展的积极性。

表 2 1995—1996 年度欧盟国家大学经费来源与构成(%)①

经费来源	丹麦	法国	德国	荷兰	瑞典	英国
公共基金	94	60	97	70	96	46
其中:基本的公共基金	78	—	84	66	82	41
研究基金	16	—	13	4	14	5
(学费)费用	0	9	0	7	0	24
合同行为	3	31	3	15	4	11
其他收入	3	—	—	8	—	19
合计	100	100	100	100	100	100

说明:1. 公共基金也可能包括部分学费,如英国。

2. 在法国,约 80% 的大学职员属政府雇员,其开支由政府承担而未列入大学预算中,故法国大学来自学费(9%)和合同活动(31%)收入处于相对较高水平。

表 3 高等教育中公共和私人资金比例(%)②

	美国	日本	韩国	法国	德国	英国
公共支出	42.8	39.7	23.2	81.3	87.1	70.2
私人支出	57.2	60.3	76.8	18.7	12.9	29.8

在我国,政府长期是大学资金的唯一来源渠道。1985 年《中共中央关于教育体制改革的决定》颁布实施,“国家全包”的情况才逐步被打破。随着社会主义市场经济的建立,市场对高等教育资源配置的作用逐步被认识、认可,并日益得到重视。《中国教育改革和发展纲要》提出:“学校可依法筹集资金。”“改革和完善教育投资体制,增加教育经费……逐步建立以国家财政拨款为主,辅之以征收用于教育的税费、收取非义务教育阶段学生学杂费、校办

① Peter Maassen. *Models of Financing Higher Education in Europe*. http://menntamalaraduneyti.is/media/MRN-pdf_Annad/radstfjarmModelsofFinancingHigher.pdf. 2012-09-21.

② 丁颖:《教育支出在公私之间的分担——美国、日本、韩国、法国、德国、英国比较》,载《北京大学教育评论》2008 年第 4 期。

产业收入、社会捐资集资和设立教育基金等多种渠道筹措教育经费的体制。”“提高非义务教育阶段学生学费标准,同时按不同情况确定义务教育阶段学校杂费收费标准。”“鼓励和提倡厂矿企业、事业单位、社会团体和个人根据自愿、量力原则捐资助学、集资办学”,“运用金融、信贷手段,融通教育资金”。

就目前情况而言,首先,我国对于国家举办的大学仍然实行“国家建立以财政拨款为主、其他多种渠道筹措高等教育经费为辅的体制”。《中华人民共和国教育法》(以下简称《教育法》)第五十三条规定:“国家建立以财政拨款为主、其他多种渠道筹措教育经费为辅的体制,逐步增加对教育的投入,保证国家举办的学校教育经费的稳定来源。企业事业组织、社会团体及其他社会组织和个人依法举办的学校及其他教育机构,办学经费由举办者负责筹措,各级人民政府可以给予适当支持。”《高等教育法》第六十条规定:“国家建立以财政拨款为主、其他多种渠道筹措高等教育经费为辅的体制,使高等教育事业的发展同经济、社会发展的水平相适应”,“国家鼓励企业事业组织、社会团体及其他社会组织和个人向高等教育投入”。同时,在第六十五条规定:“高等学校应当依法建立、健全财务管理制度,合理使用、严格管理教育经费,提高教育投资效益。”其次,国家也规定了大学经费的保证和增长机制。《教育法》第五十五条规定:“各级人民政府的教育经费支出,按照事权和财权相统一的原则,在财政预算中单独列项。各级人民政府教育财政拨款的增长应当高于财政经常性收入的增长,并使按在校学生人数平均的教育费用逐步增长,保证教师工资和学生人均公用经费逐步增长。”《高等教育法》第六十条规定:“国务院和省、自治区、直辖市人民政府依照教育法第五十五条的规定,保证国家兴办的高等教育的经费逐步增长。”第六十一条规定包括国家在内的“高等学校的举办者应当保证稳定的办学经费来源,不得抽回其投入的办学资金”。第六十二条规定:“国务院教育行政部门会同国务院其他有关部门根据在校学生年人均教育成本,规定高等学校年经费开支标准和筹措的基本原则;省、自治区、直辖市人民政府教育行政部门会同有关部门制订本行政区域内高等学校年经费开支标准和筹措办法,作为举办者和高等学校筹措办学经费的基本依据。”另外,还规定了对大学的优惠政策,如《高等教育法》第六十三条规定:“国家对高等学校进口图书资料、教学科研设备以及校办产业实行优惠政策。"但是，由于我国经济社会发展水平的限制，政府对大学等公共产品的支付能力还相对有限。因此，借助市场手段，吸纳社会各方面的资源来发展教育，是加快我国高等教育发展的必然要求。

在市场经济条件下，经济手段是政府宏观管理的最主要的手段之一，但它本身更适用于管理经济活动，从大学的属性、功能等方面看，经济手段并不能解决大学的一切问题。根据其他国家的经验和我国现阶段的国情以及大学的特点，在市场经济条件下更应该考虑充分发挥市场作用以促进社会资源投入高等教育。在这方面我国已经做了一些努力和尝试。《教育法》第五十三条规定："企业事业组织、社会团体及其他社会组织和个人依法举办的学校及其他教育机构，办学经费由举办者负责筹措，各级人民政府可以给予适当支持。"《高等教育法》第五十四条规定："高等学校的学生应当按照国家规定缴纳学费。"第六十条规定："国家鼓励企业事业组织、社会团体及其他社会组织和个人向高等教育投入。"值得重视的是《民办教育促进法》《民办教育促进法实施条例》《民办高等学校办学管理若干规定》先后颁布实施，对于"国家机构以外的社会组织或者个人，利用非国家财政性经费，面向社会举办学校及其他教育机构的活动"，进一步在法律上得到了确认。

（二）大学与市场的相互作用

作为提供准公共产品的学术性专门组织，大学自身也面临着"产品"和"生产要素"两个市场。作为高等教育服务的提供者，大学必然与高等教育服务的各种消费者之间产生联系，需要面对生产的产品和提供的服务（学生的就业和科技）市场；由于高等教育的准公共产品属性，市场成为政府部门和公共组织之外，为高等教育提供资源的另一个渠道，大学需要面对资本市场、生源市场和劳动力市场。

大学需要同时面对学生的就业市场和生源市场两个相互联系的方面。就业市场既是大学资源利用的实现装置和检验装置，又是资源流动的引导装置。一方面，作为大学资源利用的主要成果，需要在就业市场上才能最终完成"产品"的实现；另一方面，尽管影响一个学校的学生在就业市场的表现存在多种因素，但受到就业市场检验的核心仍然是"产品"的质量，同时，就业市场直接反映和影响着学校声誉，间接地影响到生源的流向。在生源市场上，除了通过学校声誉对教育质量和预期收益的判断，生源流向还决定于学生“购买”这种服务需要支付的成本。与此相似，科技市场连接着大学与企业，决定着大学科研成果转化的实现和新增高等教育科技资源的流向，而科技市场的“交易”情况，则又取决于大学所能提供的科技服务和企业“购买”这种服务需要支付的成本。劳动力市场连接着大学与师资，决定着大学未来生产的产品的质量和提供的服务的水平，而师资的流向，又主要取决于大学所能提供给师资的工作、生活的预期收益和预期成本。而资本市场的介入，则必然会从资本的“营利性”出发，使资本向高质量、高效益的优质高等教育领域以及新兴、紧缺的高等教育领域集中，从而不断壮大高等教育资源总量，优化现有高等教育资源配置。

人们对于“购买”高等教育产品或服务的成本判断，实际包含了实际成本和机会成本两方面。就支付教育的实际成本而言，由于教育能够产生社会收益和个人收益，所以教育实际成本应当在受益的社会（主要是政府）和受教育者之间进行分担。① 目前，“成本分担制度”也在各市场经济国家普遍施行。其中，私立大学基本上施行的是“成本支付”，而政府则承担公立大学的一定的“生均公共高等教育经费”，再由公立大学的学生缴纳一定的学费。我国在深化高等教育办学体制和投资体制改革的过程中，逐步认可了学生缴费上学和“成本分担”制度。学生开始以教育消费者的身份进入市场，提出了对大学、专业、课程以至教师的选择权，并开始打破了大学的卖方市场的垄断地位，增加了大学之间的竞争和推动了高等教育资源的进一步优化配置。就机会成本而言，由于大学的外部统一性在很大程度上掩盖了大学的内部差异性，消费者对高等教育产品或服务的需求和偏好，以及对一所大学学科、专业和教育教学质量、大学声誉等的判断，很大程度仅仅是对“主体的主观价值而言的机会成本”②的判断。实际上，无论是教师、学生还是企业，甚至整个社会，对向大学购买产品或服务的成本-收益判断，绝对不拘于对物质财富的判断，而会更多地引入非物质财富判断。这种判断不仅包括现实的成本-收益，还包括机会成本和潜在收益，包括物质财富和非物质财富。

大学面对的学生就业市场、科技市场、生源市场、师资市场以及资本市场

① ［美］约翰·斯通：《高等教育财政——问题及出路》，沈红、李红桃译，人民教育出版社 2003 年版。

② 汪丁丁：《从“交易费用”到博弈均衡》，载《经济研究》1995 年第 9 期。

并不是互相割裂的，它们通过相互作用形成一个整合的市场力量，对高等教育资源的优化配置共同产生着影响。

但是，市场天生就有逐利性、波动性和时效性。这与大学的公益性、教育教学的稳定性、人才培养和科学研究的迟效性是不一致的甚至是对立的。市场与大学性质的不一致，使得市场往往在高等教育资源配置上出现"失灵"。特别是对于那些理论性、基础性、长远性学科、专业和研究，市场很难自发地实现资源配置。因此，我们也认为，市场对高等教育资源的调节只能是"适度"的。所谓市场调节的"适度"，一方面，除了应该关注市场可以而且能够有效发挥资源配置作用的方面，还应该关注到市场不能发挥资源配置作用的方面；除了充分发挥市场的调节作用，还需要政府从宏观上进行必要的调控。

实际上，政府面对市场的介入，仍然有非常艰巨的任务。如面对国内资本，虽然国家已经相继制定并实施了《民办教育促进法》和《民办教育促进法实施条例》以及《民办高等学校办学管理若干规定》，但有关的产权问题、内部治理等还缺少更为明确的政策规范和保障，社会注入公办高校资金的投资回报问题也没有明确的规定。又如面对国际资本，国家虽然也已经相继制定并实施了《中外合作办学条例》《中外合作办学条例实施办法》，但在治理结构、产权和审批条件等方面也面临着政策规范不够明晰等诸多问题。这些，都有待于政府作用的进一步发挥。高等教育"准公共产品"的属性已经为政府设定了必需的责任和充分的空间。政府调控与市场调节可以互补。政府应在既不违反教育规律，又不违反市场规律的前提下主动发挥适宜的作用。

三、社会广泛参与

（一）社会参与与捐资投资办学

按照"国家—市场—社会—大学"分野的逻辑，这里所谓的"社会"主要指整个社会生活中除国家以外的其他主体，"在多数情况下，政府控制和社会干预是相近的，政府控制所代表的，可能就是社会干预的主流。但在有些时候，二者的方向可能不同，甚至相反”①。根据大学的社会属性，大学与社会的关系是互动关系。一方面，社会为大学的产生、存在和发展准备了社会基础、提供了物质资源，同时对大学提出要求并不断为大学的发展提出新的方向；另一方面，社会的发展离不开大学的支持，大学向社会提供人才、智力支持，以自己的功能满足社会的需要，在与社会的互动中实现服务社会和发展自己的双重目标并在一定程度上引领社会发展的方向。

无论从大学的社会基础、物质条件还是组成大学的人来说，无论在历史上还是在现实中，社会力量介入大学都是不争的事实。借助社会力量发展高等教育也是许多国家的共同特点。如动员社会力量举办大学或向大学捐款；吸纳社会人士进入学校董事会，参与学校管理或提供经费支持等。如美国哈佛大学、斯坦福大学、耶鲁大学等都是教会牧师或其他私人捐赠设立的。2005 年美国大学获得至少 265 亿美元的捐款。其中，斯坦福大学获捐款6.036亿美元、威斯康星大学 5.952 亿美元、哈佛大学 5.899 亿美元、宾夕法尼亚大学 4.943 亿美元、康奈尔大学 3.539 亿美元。除了个人捐助之外，在美国的高等教育捐赠中，各种基金会也是一个重要来源。美国法律鼓励公民对教育事业或其他社会公益事业的捐赠或成立各种非营利的基金会，规定对这部分资金实行减免税政策。据美国基金会中心的资料统计，到 2002 年止，全美国已有大小基金会 65 000 个，拥有资产 435.19 亿美元，发放项目资金 337.7 亿美元，其中教育捐赠占捐赠总数的 26%，而高校又占其中的 86%。②

在我国，历史上曾有过社会力量办学的传统，如私学和书院、近代私立大学和教会大学等。1917 年至 1927 年 10 年期间，民国政府核准立案的私立高校有 30 所，到 1936 年，私立高校已发展到了 53 所，其中最著名的就有陈嘉庚创办的集美大学、厦门大学，马相伯创办的复旦大学，张伯苓和严修创办的南开大学等。南开大学 1931 年至 1934 年的总收入中社会捐助占 29.8%。在高等教育社会捐赠事业中，洋务派后期的代表人物盛宣怀，以及著名实业家张謇、经元善、荣德生、卢木斋，宁波商人叶澄衷，上海富商杨斯盛、叶鸿英，南洋兄弟烟草公司的简照南兄弟，船运大王卢作孚等都曾为教育事业慷慨解

① 董云川：《论中国大学与政府和社会的关系》，云南大学出版社 2004 年版，第 78 页。

② 蔡克勇：《社会捐赠——一座亟待开发的金矿》，载《民办教育研究》2006 年第 3 期。

囊。政界的官僚中，徐世昌、黎元洪、梁士诒、张学良、阎锡山、靳云鹏、周自齐等都曾为南开大学捐款，江苏都督李纯竟以1/4遗产捐助南开大学。① 唐继尧也曾为举办云南大学捐款。

改革开放以来，爱国华人华侨和港澳台同胞纷纷捐资助学。仅邵逸夫就为内地教育事业捐款达24亿港元，为内地大学捐建的逸夫楼就有3 000多座；②世界船王包玉刚先生1984年一次捐资5 000万元人民币创办宁波大学，在他的带动下，60多位海内外宁波籍人士先后向宁波大学捐资近4亿元人民币。③ 近年来，我国大学加深了对吸收社会资源以促进自身发展的认识，许多大学通过校董事会、发展委员会、教育基金会或校友会积极争取社会资源。成立于1995年的北京大学教育基金会每年在学校设立的各类奖教金、奖学金、助学金以及研究基金总数达100多项，受益师生人数达3 000余人次。到2003年底，清华大学通过基金会收入8.07亿元。到2005年，南京大学两届董事会300多位校董为学校建设和发展累计捐赠超过1.3亿元。据美林公司（Merrill Lynch）和凯捷公司（Cap Gemini）共同编写的《2008年全球财富报告》（2008 World Wealth Report）显示，中国拥有可支配资产超过100万美元的人数已经达到41.5万人，绝对数量居世界之首。目前，我国的经济仍在持续发展，我国已成为世界第二大经济体。理论上说，我国的捐资助学已有相当的经济基础。

从捐赠制度方面讲，个人财富的增长并不能够直接带来社会捐赠的增多，社会捐赠行为需要社会文化（特别是价值观）的支撑和政府的支持。政府通过个人和企业所得税、个人财产税、遗产税等，给予捐赠者间接补偿是各国普遍采用的方法。这方面也已引起重视，政府出台了一系列政策，但还存在不少问题。一是法规不完善。如《中华人民共和国企业所得税暂行条例》规定“纳税人用于公益、救济性的捐赠，在年度应纳税所得额3%以内的部分，准予扣除”，之后不断对部分公益、救济性捐赠支出标准进行了调整。2008年12月财政部、国家税务总局、民政部又下发了《关于公益性捐赠税前

---

① 蒋国河：《推进高等教育捐赠事业——价值传承和制度创新》，载《江苏高教》2005年第6期。

② 蔡克勇：《社会捐赠——一座亟待开发的金矿》，载《民办教育研究》2006年第3期。

③ 唐万宏：《论我国高等教育社会捐赠的传承与借鉴》，载《南京师大学报（社会科学版）》2007年第6期。

扣除有关问题的通知》,规定企业捐赠支出“在年度利润总额12%以内的部分,准予在计算应纳税所得额时扣除”,但这些调整主要还是政策性的,还未上升到法律层面。二是税收优惠较低。我国对个人和企业捐赠者的税收优惠限额分别为30%和3%,均低于美国的50%和10%,而且实际捐赠额小于捐赠扣除限额的按实际捐赠额扣除;大于或等于捐赠扣除限额的按捐赠扣除限额扣除,超过部分不得扣除。三是不允许直接捐赠。现行企业所得税规定允许纳税人通过中国境内非营利的社会团体、国家机关向受赠人捐赠,直接捐赠的不能在企业所得税前扣除,①我国现有基金会1 200家,其中全国性基金会80多家,享受全额扣除政策的只有21家,②2005年一个调查显示,上海仍有99%企业家不知到哪儿去捐款。③ 四是一些税种未开设。如英国最高的遗产税税率达98%,捐赠部分可以作一定程度的抵扣,而我国目前尚未开征遗产税。五是相关措施还较缺乏。如新加坡政府按1∶1为大学获得的捐款提供配套资金等。

在强调捐资办学的时候,我们还应该特别重视“社会力量办学”。正如厉以宁所说:“捐资办学,无疑是一种好事,多多益善。私人借资办学、集资办学,这也没有什么不妥,因为借资、集资给学校,等学校有条件还钱时再偿还。如果教育部门发行教育债券之类的证券,让私人购买,那么这种私人购买债券等于是向私人借资办学、集资办学。……不能要求所有的人都捐资办学,有些人愿意借钱出来办学或集资办学,这同样有利于社会,有利于教育事业的发展。对捐资办学的行为,应予以肯定。同样的道理,对借资办学、集资办学而取得回报的行为,有什么理由加以否定呢?这不也是利国利民的好事么?让借资、集资办学者得到应有的回报,这不仅在经济上是合情合理的,而且还能产生良好的社会示范效应。这等于向社会宣告:个人把钱拿出来办教育,是可以得到回报的,于是就会鼓励更多的人愿意借钱出来办学和集资办

---

① 高太君:《解析公益、救济性捐赠税前支出标准》,载中国税网2007年4月19日(http://www.cta-xnews.com.cn/www/detail/opzcdetail.jsp? DOCID=2460.2012-10-12)。

② 蔡克勇:《社会捐赠——一座亟待开发的金矿》,载《民办教育研究》2006年第3期。

③ 周凯:《调查显示——上海99%企业家不知到哪儿去捐款》,载《中国青年报》2005年11月28日,第3版。

学。最大的受惠者不正是全社会么?”①

(二)社会参与与中介组织

社会中介组织的发展,使社会参与在功能、形式、途径和机制等方面都发生了变化。高等教育社会中介组织的产生,根本上是高等教育高度专业化和社会分工的产物,在中国也是政府职能转变和社会利益主体多元化的产物。一般理解,社会中介组织是介于政府与市场、政府与社会之间的非政府组织,属于“第三部门”的范畴。从政府的角度讲,政府社会事务的管理职能与管理方式的转变,使一部分职能转由社会中介组织承担,如教育咨询、信息服务、经费审议、学校设置、就业指导、考试服务、留学服务、办学评估等。中介机构既是政府和大学之间的缓冲组织,也是“政府和大学之间的,对高等教育不具有直接的行政权力,但对高等教育管理产生重大影响的组织”,具有非权力性和间接性的管理职能。② 从大学的角度讲,由于大学教育高度的专业化,为使学术权威与政府、市场和社会相协调,需要“有一个缓冲机构(buffer organizations),这个机构‘了解高等院校’、‘同情他们的需要’,并为他们向政府讲话”③。从社会的角度讲,随着社会利益主体的多元化,大学在参与社会活动和市场运作,与其他社会和市场主体发生法律、经济等各种关系也需要相关的社会组织作为中介进行调节。如法律事务、会计事务、职业资格、劳动仲裁、金融服务以及各种行业协会等。因此,“教育社会中介组织,是在教育、社会活动中和法定程序上起居间媒介或合法介入的组织”④。高等教育社会中介组织可以有广义和狭义的理解,狭义上主要指以高等教育为主要服务对象的社会中介组织,如教育咨询、办学评估等;广义上指所有涉及高等教育的社会中介组织,如会计事务、劳动仲裁等。这些组织有营利性的,也有非营利性的,大多是受托提供相关服务或调节各种关系,代表和涵盖的利益群体广泛。它们具有独立法人资格,可以履行受托者的义务,但能够独立地行使职能,不受委托意志的左右,具有能够广泛被社会认可的独立性和公信力。

---

① 厉以宁:《教育产品的性质和对教育的经营》,载郝克明主编:《面向21世纪我的教育观》,广东教育出版社1999年版,第6页。

② 贾群生:《中介机构——新的观点》,载《辽宁教育研究》1997年第2期。

③ [美]伯顿·克拉克:《高等教育系统——学术组织的跨国研究》,王承绪、徐辉、殷企平等译,杭州大学出版社1994年版,第158页。

④ 夏天阳:《高教改革与教育社会中介组织》,载《教育发展研究》1997年第5期。

学者们曾经根据中介组织的功能对其作过类别划分。如盖伊·尼夫按功能将中介组织分为,具有经费分配权力的组织机构,如英国的大学拨款委员会;具有咨询和协调功能的组织机构,如捷克的大学协会;提供讨论和辩论场所的组织机构,如比利时大学委员会。刘克利按独立性将中介组织分为偏重于政府的教育中介组织,如英国的高等教育基金会、日本的中央教育审议会等;偏重于大学的教育中介组织,如意大利的教授委员会等;偏重于民间的教育中介组织,如美国的卡耐基高等教育委员会和大学之间的基准协会等。[①] 阎光才也将中介组织分为决策研究和咨询、监督和协调以及信息服务。[②] 实际上,一个中介组织可以发挥多种功能,如英国的高等教育基金会,既负责审定对大学的拨款,又负责对大学的评估,[③]还为大学争取财政特权进行游说。[④]

通过各种中介组织,促进社会力量的参与,已经成为西方国家高等教育运行机制的重要组成部分和成功的运作模式,成为与政府一道对高等教育实行多中心治理的重要一极。比如,在参与高等教育质量评估方面,无论是英国的高等教育质量保障委员会(HEQAC),还是美国的高等教育认证委员会(CHEA),还是荷兰的大学合作委员会(ACUN),都是高等教育质量评估方面的重要组织。《美国新闻与世界报道》《美国皮特森大学指南》等大学排行得到社会较大程度的认同。英国民间高等教育质量监督与评估系统包括了新闻机构和工商企业、专业团体等民间组织,其中以《泰晤士报》《金融时报》等新闻媒体进行的评估影响最大。在吸收社会成员参与地方和大学内部管理方面,美国较为典型。美国各州议会和州长设立的负责政策、规划发展、审核预算等的州教育董事会和高等教育协调董事会,一般都有政界、工商界人士参加,有的还有家长或学生代表。美国大学无论是公立还是私立的,一般都实行董事会领导下的校长负责制,董事会主要由校外人士组成,成员多是政府官员、企业家、教育家等。近年来,不少国家进一步通过立法规定了各种社

---

① 刘克利:《论转型时期高等教育发展中的政府责任》,载《高等教育研究》2006年第4期。

② 阎光才:《国外政府和高校间中介机构的职能特征分析》,载《有色金属高教研究》1998年第6期。

③ 闵维方主编:《高等教育运行机制研究》,人民教育出版社2002年版,第6页。

④ 解飞厚:《试论高等教育管理中的权力配置》,载"中国网"2004年9月14日(http://www.china.com.cn/chinese/zhuanti/tqzggx/659564.htm.2012-09-21)。

会力量在董事会或评议会中代表的比例。许多国家还通过法、医、工等行业协会掌握的资格考试和职业资格证书发放来参与大学的课程设置、证书认定。产业界也通过购买科研成果、开展咨询服务、提出教育要求等直接和间接的方式影响大学的教学和科研。日本在1955至1975年间,由产业界主动提出要求改革教育的报告就达15份。实际上,大学师生与社会的信息交流、大学生源、就业情况等都能够使社会多渠道地获取大学的信息,并且对这些信息做出不同的反馈,这也是社会从不同角度对大学教育的一种监督。

我国在原有的计划经济体制条件下,几乎没有社会中介组织存在和发展的空间,缺乏社会参与的体制基础。随着社会主义市场经济的逐步建立,在政府宏观管理和市场适度调节的基础上,社会参与产生了广泛的需求,获得了广阔的空间,涌现了大量社会中介组织。1994年《国务院关于〈中国教育改革和发展纲要〉的实施意见》中提出:“为保证政府职能的转变,使重大决策经过科学的研究和论证,要建立健全社会中介组织。”1999年《中共中央国务院关于深化教育改革全面推进素质教育的决定》中强调:“在高中及以上教育的办学水平评估、人力资源预测和毕业就业指导等方面,进一步发挥非政府的行业协会和社会中介组织的作用。”随着政府职能的转变,我国先后出现了一些中介评估机构,如北京高等学校教育质量评议中心(1993年)、高等学校与科研院所学位与研究生教育评估所(1994年)、上海市高等教育评估事务所(1996年成立,2000年改名为“上海市教育评估院”)、江苏教育评估院(1997年)、辽宁省教育评价事务所(1999年)、全国普通高校本科教学工作评估专家委员会(1998年)、广东省教育发展研究与评估中心(2000年)、教育部学位与研究生教育发展中心(2003年)。此外,自1987年中国管理科学研究院科学学研究所发表中国第一个民间大学排名后,中国已有十多个单位发表了大学排行榜。[①] 2010年颁布的《国家中长期教育改革和发展规划纲要(2010—2020年)》指出:“扩大社会合作。探索建立高等学校理事会或董事会,健全社会支持和监督学校发展的长效机制。”“推进专业评价。鼓励专门机构和社会中介机构对高等学校学科、专业、课程等水平和质量进行

---

① 中国有多少大学排行榜? http://newedu.jxnews.com.cn/system/2006/11/10/002371310.shtml. 2012-09-21.

评估。"提倡高校与行业、企业、社会团体等合作，推进高校后勤社会化。这些规定的实施，将进一步推动社会更加广泛地参与高等教育的办学和管理。

由于我国建立现代大学的时间还不长，加之发展过程中曾经有过许多曲折，在高等教育领域广泛成熟的社会参与还有一个长期的过程，还需要我们广泛借鉴、积极探索、不断完善。可以肯定的是，随着我国经济社会的发展和国民生活水平的提高，社会参与办学的条件将越来越成熟，参与的广度和深度也将越来越高，社会参与必然进一步成为教育体制不可缺少的组成部分，成为推动我国高等教育发展的重要力量。

四、学校依法自主办学

（一）我国大学依法自主办学的发展历程

从新中国成立到十一届三中全会以前，我国实行的是国家集中计划、中央部门和地方政府分别办学并直接管理的体制。为适应计划经济体制的需要，高等教育管理体制的历次改革，围绕管理权"下放"与"集中"，主要试图解决中央与地方、条条与块块的管理关系。① 而大学的一切主要办学活动都是在政府的直接管理下进行的。"政府试图控制高等教育系统的动力的一切方面：入学机会、课程学位要求、考试制度、教学人员的聘任和报酬，等等。"②1953 年 5 月，政务院《关于修订高等学校领导关系的决定》指出："凡中央高等教育部所颁布的有关全国高等教育的建设计划……财务计划、财务制度……人事制度……教学计划、教学大纲、生产实习教程，以及其他重要法规、指示或命令，全国学校均应执行。其有必须变通办理时，须经中央高等教育部或由中央高等教育部报请政务院批准。"③1961 年 9 月 15 日批准试行的《教育部直属高等学校暂行工作条例（草案）》规定，大学的"专业的设置、变更和取消，必须经过教育部批准。……学校必须按照教育部制订或者批准的教学方案、教学计划组织教学工作。……专业设置、教学方案、教学计划、教

① 李庆刚：《建国以来我国高等教育管理体制改革演变论略》，载《当代中国史研究》2001 年第 3 期。

② 张德祥：《市场经济体制下"政府、市场、大学"新型关系的研究总报告》（一），载《辽宁教育研究》2004 年第 9 期。

③ 《关于修订高等学校领导关系的决定》，载《人民教育》1953 年第 11 期。

学大纲和教材要求稳定，不得轻易变动。课程和学科体系的重大改变，必须经过教育部批准”①。在这样的制度环境下，大学既无法获得社会主体地位和学术组织理应具有的学术自治与自由权利，也不可能在组织内部建立以学术人员为中心、以学术发展为目标导向的遵循学术发展内在逻辑的制度体系，因而丧失了自我约束、自我发展的内在动力和外在压力，自然也就丧失了学术组织应有的生命活力。②

1978年以后，高等教育恢复发展，高校关注的热点转变为高校的办学自主权。1979年12月6日，复旦大学校长苏步青等教授联合撰写了一篇名为《给高等学校一点自主权》的文章，并在《人民日报》上发表。苏步青教授还在题为《应该相信校长能管好大学》的文章中指出：“直属教育部的全国重点大学，权力都集中在教育部。学校要请外国学者讲学或派人出国学习，招收多少学生，开设什么专业，等等，统统由教育部规定。这样一来，当校长的只要按照上面的规定办学就是，办出来的学校都一模一样。拿综合性大学来说，复旦大学与北京大学没有什么区别。各个工科大学也是一个样，外国专家来参观时，每类学校只看一所大学就行了，因为各个大学没有自己的特色。”同济大学校长李国豪在题为《制度、政策要有利于出人才》的文章中列举了教师聘用、研究生招生、学校建设都必须经上级批准的弊端，指出：“现在学校没有什么主动权。我作为校长，只知道教师出差坐飞机要我签了才能报销，其他没有什么权。”上海师范大学校长刘佛年在题为《教育部门不要只用行政手段管学校》的文章中，从高校内部教学科研管理及行政管理自主权上论证了高校管理自主权对于办好高等教育的重要意义，提出：“所谓自主权，包括用人权、财权和教学科研方面的管理权”，希望政府能下放给高校更多的办学权利，使高校能够拥有更符合自身实际需求的办学权力。上海交通大学党委书记邓旭初在名为《该统的没统、不该统的统得太死》的文章中明确地指出，由于高校内事无巨细都是听命于上级行政部门，因此高校办不好不是校长、书记的事。就“拿教学来说，统一教材，统一大纲，乃至统一习题，

---

① 上海市高等教育局研究室等合编：《中华人民共和国建国以来高等教育重要文献选编》（上），上海市高等教育局研究室1981年，第265页。

② 孔垂谦：《制度环境与大学组织的现代性——制度环境变迁与中国现代大学的曲折发展》，载《清华大学教育研究》2004年第2期。

要求各校办成一个样”，提出“对大学的规模、专业设置、教职工编制、学生质量的最低要求等，应由国家统一规定”，其他的权力都应当给学校。

高校办学自主权问题，引起了中央的高度重视。1985 年 5 月，《中共中央关于教育体制改革的决定》指出，传统的教育管理体制存在着严重的弊端，“在教育事业管理权限的划分上，政府有关部门对学校主要是高等学校统得过死，使学校缺乏应有的活力”，同时提出“要改变政府对高等学校统得过多的管理体制，在国家统一的教育方针和计划的指导下，扩大高等学校的办学自主权，加强高等学校同生产、科研和社会其他各方面的联系，使高等学校具有主动适应经济和社会发展需要的积极性和能力”。由此拉开了新时期改革我国高等教育体制，使大学成为真正大学的序幕。

1993 年 2 月，中共中央、国务院颁布的《中国教育改革和发展纲要》指出：“随着经济体制、政治体制和科技体制改革的深化，教育体制改革要采取综合配套、分步推进的方针，加快步伐，改革包得过多、统得过死的体制，初步建立起与社会主义市场经济体制和政治体制、科技体制改革相适应的教育新体制。”“逐步建立政府宏观管理、学校面向社会自主办学的体制。”“在政府与学校的关系上，要按照政事分开的原则，通过立法，明确高等学校的权利和义务，使高等学校真正成为面向社会自主办学的法人实体。要在招生、专业调整、机构设置、干部任免、经费使用、职称评定、工资分配和国际合作交流等方面，分别不同情况，进一步扩大高等学校的办学自主权。学校要善于行使自己的权力，承担应负的责任，建立起主动适应经济建设和社会发展需要的自我发展、自我约束的运行机制。政府要转变职能，由对学校的直接行政管理，转变为运用立法、拨款、规划、信息服务、政策指导和必要的行政手段，进行宏观管理。”1994 年 7 月《国务院关于〈中国教育改革和发展纲要〉的实施意见》进一步提出：“深化高等教育体制改革，建立政府宏观管理、学校面向社会自主办学的体制。通过立法，明确高等学校的权利和义务，扩大学校的办学自主权，使学校真正成为面向社会自主办学的法人单位。学校在政府宏观管理下，自主组织实施教学、科研工作及相应的人、财、物配置，包括制定年度招生方案、自主调节系科招生比例、调整或扩大专业范围、确定学校内部机构设置、决定教职工聘任与奖惩、经费筹集和使用、津贴发放以及国际交流等。同时要深化学校内部管理体制改革，通过学校内部机构、人事制度、分配制度和后勤管理改革，进一步调动教职工的积极性，促进高等学校建立和完善面向社会自主办学和自我约束的机制。”“政府要切实转变职能，改善对学校的宏观管理。属于学校的权限，坚决下放给学校。”1998年《高等教育法》颁布，以法律形式将高等学校的权利和义务进一步明确，使高等学校在成为真正的面向社会的能够自主办学的法人实体，促进高等学校建立起主动适应经济建设和社会发展需要的自我发展、自我约束的运行机制方面迈出了法制化的一步。2010年颁布的《国家中长期教育改革和发展规划纲要(2010—2020年)》提出，要“推进政校分开，管办分离”，对落实和扩大学校自主权做了更加明确具体的规定。

（二）大学的有限自主权与完全自主权

按照一般的理解，自主是“独立地管理自己的事务”，自主权是“对自己事务在职责范围内独立自主地进行支配”。① 但大学自主权是一个历史的和多层次的概念，是一个与其职能、作用相联系的概念。由于大学所处的时代不同，大学的职能、作用和涉及主体的不同，大学自主权内容、范围、重点也不尽相同。而在现代社会，社会主体只能在法律范围内活动，因此，大学自主权就是指大学依据法律、法规，在其职责范围内，按照自身特点和内部规律的要求，自主决策、自主实施、自主承担责任的资格。

就大学自主权在法律上的本质来说，“我国高校自主权就是由宪法、法律、法规和规章规定的，由高校根据自身办学特点行使的自由裁量权”②。在大学的法律地位上，长期以来，我国高校作为事业单位隶属政府，与政府之间的关系被视为内部管理关系。1986年，我国《民法通则》第一次对“法人”进行了规定，大学取得了民事意义上的事业单位法人资格。1992年，在《关于国家教委直属高等学校内部管理体制改革的若干意见》中，首次提出“国家教委直属高校是国家教委直接管理的教育实体，具有法人地位”，但仅限于是国家教委直属高校。同年9月，国家教委《关于加快教育改革和发展的若干意见》再次强调，“在政府与学校的关系上，通过立法，逐步确定高等学校的法人地位”。1993年，《中国教育改革和发展纲要》颁布，正式提出“要使高

---

① 中国社会科学院语言研究所词典编辑室:《现代汉语词典》，商务印书馆1993年版，第948、1538页。

② 蒋后强:《高等学校自主权及其限度》，载《高等教育研究》2006年第2期。

等学校真正成为面向社会自主办学的法人实体”。虽然实践中政府不断强调高等学校法人地位以解决自主办学的问题,但高校与政府的关系仍没有超出传统的民事法律性质。1995年颁布的《教育法》第三十一条规定:“学校及其他教育机构具备法人条件的,自批准设立或者注册登记之日起取得法人资格。”首次在法律上明确规定了包括高校在内的学校的“法人”资格。1998年颁布的《高等教育法》第三十条规定:“高等学校自批准设立之日起取得法人资格。高等学校的校长为高等学校的法定代表人。高等学校在民事活动中依法享有民事权利,承担民事责任”,再次确认了高校的“法人”地位。实际上,这种确认“显然不是民法意义上的表达,而是从公法角度强调高等学校的法人地位,说明我国高校从此取得了公法人地位”,并为高校办学自主权的落实提供了法律依据。

但无论从国家对大学教育管理权和教育教学权的授权,还是从国家对法人财产权的授权来看,大学的这种法人地位仍然“是一种不完全的法人”,“具有比较明显的有限法人特征”。① 这种情况在一些国家是非常明确的。联邦德国1976年颁布的《高等教育总法》规定“高等学校是公法团体,同时又是国家机构”。联邦所属巴伐利亚州《高等教育法》则进一步规定:“高等学校以法人的身份处理学校事务,以国家机构的身份履行政府事务。如无其他规定,本校事务是指学校方面的一切事务。”

在大学与学生的关系方面,大学自主权表现为教育管理权和教育教学权,是国家教育权的延伸。从大学自主权的来源上说,大学自主权是在国家教育主权的基础上,由政府下放给大学并由大学在法律法规范围内独立行使的行政权。《教育法》第二十一条规定:“国家实行学业证书制度。经国家批准设立或者认可的学校及其他教育机构按照国家有关规定,颁发学历证书或者其他学业证书。”第二十二条规定:“国家实行学位制度。学位授予单位依法对达到一定学术水平或者专业技术水平的人员授予相应的学位,颁发学位证书。”第二十八条规定:“学校及其他教育机构行使下列职权……(四)对受教育者进行学籍管理,实施奖励或处分;(五)对受教育者颁发相应的学业证

---

① 唐晓萍:《社会转型期高等学校有限法人制度研究》,载《广西师范学院学报(哲社版)》2003年第3期。

书……”《中华人民共和国学位条例》第八条规定：“学士学位，由国务院授权的高等学校授予；硕士、博士学位，由国务院授权的高等学校和科学研究机构授予。”从大学自主权的目的来说，大学自主权是国家教育权的具体实施，其目的是保障学生受教育权的实现。我国《宪法》第五十四条规定：“中华人民共和国公民有受教育的权利。”因此，大学自主权表现在与学生的关系上就是自主维护学校的教学秩序、工作秩序、生活秩序，保证学生受教育权的实现，这既是大学对公民宪法权利的落实，也是大学自主权的最高法律依据。从大学自主权的内容看，各级各类大学从招生到学生毕业都纳入国家计划，学籍、学历、学位更是行政机关严格管理的办学事项。大学在管理过程中作出的不颁发毕业证、学位证，或退学或开除学籍等决定，对学生的名誉及将来的发展都会产生极大影响，是典型的行政行为。

在大学与政府关系方面，大学是政府与学校间法律关系的行政相对人。《高等教育法》规定：“国务院教育行政部门主管全国高等教育工作，管理由国务院确定的主要为全国培养人才的学校。”“省、自治区、直辖市人民政府统筹协调本行政区域内的高等教育事业，管理主要为地方培养人才和国务院授权管理的高等学校。”大学与教育行政管理部门间表现为典型的行政法律关系，其目的是通过法律保障政府对大学自主权的尊重，使大学能从法律上避免政府的干预，也是大学要求政府或司法对其自主权提供法律保护的依据。

艾里克·阿什比将大学自主权的内容归结为六个方面：“大学管理免受非学术人员介入的自由；大学自由分配资金的自由；教师聘用及其工作条件落实的自由；课程设计和授课自由；遴选学生的自由；制定评价标准和方法的自由。”①我国大学自主权的内容主要集中在《高等教育法》第三十二条至第三十八条七个方面的规定中。但实际上还包括了《高等教育法》所规定的大学的其他权力和《学位条例》规定的大学权力。无论是法律直接规定的大学自主权，还是通过法律授权大学的权力，都应当统属于大学的自主权范畴。

---

① ［英］艾里克·阿什比：《科技发达时代的大学教育》，滕大春、滕大生译，人民教育出版社 1983 年版，第 7 页。

高校主体资格实际上是一个权利体系，既包括相对完备的自主权体系，也包括与之相对的义务体系。这就要求大学要对国家、社会和其他利益主体负责。同时，“自主”与“约束”从来都是对立的统一。在国家法律明确大学“独立法人地位”并赋予它各种自主办学权力的同时，也明确规定了大学必须自觉接受政府依法实施的宏观管理和监督。如《高等教育法》同时规定，大学的教学活动必须“以培养人才为中心”，“保证教育教学质量达到国家规定的标准”；大学招生必须“根据社会需求、办学条件和国家核定的规模”；大学开展对外合作交流，必须“按照国家有关规定”；大学自主管理和使用教育经费，但“不得将用于教学和科学研究活动的财产挪作他用”；等等。因此，大学自主权实际存在有限自主权与完全自主权的区分，要求大学的自主权必须在法律范围内行使。

落实和扩大办学自主权的问题，由于涉及观念转变、体制变革和利益调整，在推进中必然碰到许多困难和问题，需要经过长期的、艰苦的努力才能完成。我国在多年来落实和扩大办学自主权的实际过程中，虽然取得了很大的成绩，但有的自主权放了又收，收了又放，反复很大；还有的自主权只是写在纸上，并没有真正落实；甚至一些法定的自主权的落实仍然要假以时日。但我们相信，随着国家经济社会的发展和法治的完善，必然会推动大学自主权的进一步落实；随着政府职能的进一步转变，高等教育主管部门也必然进一步从微观管理走向宏观调控，大学自主权也必然会得到进一步扩大，我们期待着一个真正面向社会，依法自主办学的大学时代的到来。

第三节 我国现代大学制度的微观结构

根据教育的内部规律，我国现代大学制度的微观层面，即学校内部管理应该包括党委领导、校长负责、教授治学、民主管理四个方面。四个方面的结合，形成具有决策、指挥、执行、监督、参谋和反馈等功能的完整制度体系，既能使学校管理工作科学、协调、有效地运转，又能实现党政权力、学术权力和公众权力的相互制衡，保证大学的方向性、学术性和民主性。

一、党委领导

(一) 大学领导体制具有国情特点

国外公立大学目前比较普遍的领导体制模式主要是董事会或委员会领导下的校长负责制和校长负责制两种。美、德、英、法等国的高校主要实行的是董事会或委员会领导下的校长负责制。董事会或校务委员会为最高决策机构,由这些机构选举产生的校长或副校长来具体执行行政事务。这种将“委员会”置于“一长”之上的模式,使决策权与执行权分离,既考虑了决策过程中发挥集体智慧,又考虑了执行过程中的统一指挥。苏联、日本等国的高校主要实行的是校长负责制。苏联高校的校长由教育部任命,主持并领导全校工作。日本国立大学的校长由评议会或教授会提名,由文部省任命,主持学校的行政事务。这种“一长制”的优势是有利于统一指挥。但自2003年日本《国立大学法人法》实施以来,日本的国立大学也开始引进董事会制度。

新中国成立前,中国大学的管理模式基本都以北京大学的校长负责制和东南大学的董事会领导下的校长负责制为基本形式。我国高校内部目前实行的党委领导下的校长负责制,实际上也是“委员会制”和“一长制”的有机结合,类似于“委员会领导下的校长负责制”,区别可能在于国外大学“委员会”主要是发挥决策作用,而我国大学的党委除了决策以外还被赋予了具体的管理权利和责任。

对我国高等学校内部的领导体制问题,自新中国成立以来曾做过长期反复的探索。坚持党对高等学校的领导,是新中国成立以来我国高等学校内部领导体制长期反复探索的结果,是在科学总结实践经验基础上的理性选择,是法律明文规定的内容和构建中国现代大学制度必须坚持的重要特征。

1950年1月成立的中国人民大学,内部实行党组领导下的校长负责制。这是新中国成立后首次对“党组织领导下的校长负责制”的尝试。之后,参照苏联的模式,我国高校实行了“校(院)长负责制”,由校(院)长领导学校的工作,学校党组织在政治上起核心作用,不全面领导学校的工作。1953年政务院《关于修订高等学校领导关系的决定》规定“高等学校内部实行校长负责制”。1958年中共中央、国务院《关于教育工作的指示》指出:“在一切高等学校中,应当实行党委领导下的校务委员会负责制。”校务委员会是党委领导下的行政组织，由校长主持，实行集体领导。1961 年 9 月，中共中央印发《教育部直属高等学校暂行工作条例》，又明确“高校实行党委领导下的以校长为首的校务委员会负责制”。1966 年开始并延续了十年之久的“文化大革命”期间，所谓的“革命委员会”成为高校的领导权力机构。

1976 年 10 月粉碎“四人帮”以后，党和国家开始了各项事业的拨乱反正。1979 年国家提出探索实行党委领导下的校长分工负责制。1980 年，教育部重新修订颁布《全国重点高等学校暂行工作条例（试行）》规定：“高等学校的领导体制，是党委领导下的校长分工负责制。”1985 年根据党的十三大关于“政治体制改革的关键首先是党政分工”的精神，《中共中央关于教育体制改革的决定》明确提出高校领导体制改革的目标模式是“学校逐步实行校长负责制，有条件的学校要设立由校长主持的、人数不多的、有威信的校务委员会，作为审议机构”。《决定》颁布后，部分院校开始进行校长负责制试点。

1989 年 7 月，中共中央《关于当前高等学校工作中几个问题的意见》提出：“在今后一个相当长的时期，高等学校仍应实行党委领导下的校长负责制。”1989 年党的十三届四中全会以后，中共中央发出《关于加强高等学校党的建设的通知》，重申高校实行“党委领导下的校长负责制”。此后，全国除了经过批准的少数高校继续进行“校（院）长负责制”的试点外，全部实行“党委领导下的校长负责制”。1996 年 3 月，中共中央颁布了《中国共产党普通高等学校基层组织工作条例》，对高校“党委领导下的校长负责制”作出明确、具体规定。1998 年，九届全国人大四次会议审议通过了《高等教育法》，从法律上对高校内部领导体制作了规定：“国家举办的高等学校实行中国共产党高等学校基层委员会领导下的校长负责制”，并对党委和校长的职责分别作了界定。1998 年 6 月，中央组织部、宣传部和教育部联合制定《普通高等学校党建工作基本标准》，使高校“党委领导下的校长负责制”有了必须遵循的原则、操作运行的办法和检查考核的指标。

坚持党委领导是建立中国特色高等教育制度体系的要求。高校坚持党委的领导具有鲜明的中国特色，是新中国成立以来特别是改革开放以来，党和国家把马克思主义党建理论与我国高教实际紧密结合的产物，是党和国家发展社会主义高等教育事业、办好社会主义大学的战略考虑，符合社会主义中国的实际国情，符合建立中国特色高等教育制度体系的要求。

坚持党委的领导，是坚持党在教育领域的领导地位的必然要求和具体体现。中国共产党是社会主义事业的领导核心，高等教育作为党领导下的社会主义建设事业中的一个十分重要的组成部分，坚持党委的领导，有利于高校坚持马克思主义特别是发展着的马克思主义在高校的指导地位，有利于党的基本路线和教育方针在高校的贯彻落实。

坚持党委的领导，是当今我国高等学校的性质和任务的要求。当今我国的大学，是社会主义性质的大学，担负着为社会主义现代化事业培养建设者和接班人的重任。坚持党委的领导，有利于高校坚持社会主义的办学方向，完成培养合格的社会主义事业建设者和接班人的根本任务。

坚持党委的领导，有利于强化集体决策并形成科学完整的管理体系。决策权与执行权分离是现代政治学和管理学的基本要求。党委被授予决策权，校长被授予执行权符合分权制衡的要求；按民主集中制的原则，党委领导实行集体领导，这有利于学校重要事项和重大问题的决策的准确性与慎重性，减少决策失误，降低决策风险，是适应我国高校性质、任务与管理实际的工作体制和运行机制。

（二）加强和改进高校党委的领导

坚持党委领导，是办好当代中国大学的必然选择，是构建中国特色现代大学制度的必然要求。但实际运行中，仍然存在一些具体问题需要完善。因此，对党委领导问题，一要坚持，二要改进。自 1989 年以来，中共中央和中组部、中宣部、教育部等多次开会或发文强调高等学校要坚持和完善党委领导下的校长负责制。2010 年 8 月又修订颁发了《中国共产党普通高等学校基层组织工作条例》，对高校党组织的职责任务做了更加明确具体的规定，为进一步加强和改进高校党建工作创造了条件。

对如何在实际工作中加强和改进党的领导，各大学经过多年的实践都不同程度地积累了许多经验。就一般说来，目前要在高校坚持和完善好党委领导的体制，有两个问题要解决好：一是观念问题，二是制度问题。在观念方面，要通过深入的学习宣传，进一步解决好干部、师生对在高等学校为什么要坚持党委领导和如何坚持党委领导的认识问题，让大家理解和支持党委领导。特别是学校领导班子成员，要统一思想认识，从保证学校办学方向、完善学校管理制度和依法治校的高度正确理解和认真贯彻执行党委领导下的校长负责制。在制度问题上，要从四个方面进行完善：一是坚持和完善领导体制。按照这一领导体制的要求，党委发挥总揽全局、协调各方的领导核心作用，统一领导学校工作，把精力集中到把方向、出主意、用干部、抓大事方面，对学校工作负领导责任，决策责任，并全力支持校长独立自主地履行职责。二是坚持好民主集中制。民主集中制是党的根本的领导制度和组织制度，也是学校党委领导学校的根本制度。要按照“集体领导、民主集中、个别酝酿、会议决定”的要求，坚持民主基础上的集中和集中指导下的民主，按照少数服从多数的原则，由党委会集体讨论决定学校的重大问题和重要事项。三是健全领导班子成员分工协作制度。按照集体领导和个人分工负责相结合的原则，对学校的重大问题和重要事项由集体讨论决定，学校日常工作和集体决策的实施由个人分工负责。同时，加强领导班子成员之间的沟通与协调，特别是加强书记和校长之间的沟通和协调，互相理解、谅解和支持，共同做好工作。四是建立决策咨询机制。党委必须紧紧依靠学校各级党组织和广大师生员工，共同把学校办好。特别是在重大问题和重要事项决策上，要形成领导、专家、群众相结合的决策制度，形成充分反映民意、广泛集中民智的决策机制，做到重大问题和重要事项没有进行专家论证不决策，没有充分听取群众意见不决策，保证决策的民主性和科学性。上述制度，应在不断完善中逐步稳定下来，形成长效机制。

为对这一领导体制的实施提供制度保证，一些省市区和大学制定和实施了相应的制度。用具体制度来保证领导体制的落实，这应该说是一种可行的方法。

二、校长负责

（一）校长负责的源流与内涵

对大学校长的职责作用曾有“校长治学”、“校长治校”等不尽相同的提法。这些提法实质上的差别并不大，不同主要在于这些概念的语境。“校长治学”是居于早期大学主要是“学者的社团”的概念或较单纯的“学术性组织”之上的概念。因为在这样的情况下，“学”几乎等同于“学校”，几乎可以涵盖大学的所有职能和活动，“治学”也就成为校长几乎所有的职责作用。如果按大学内部学术权力与行政权力二分法，这时的“校长治学”主要倾向于代表大学的自然权力，即学术权力。随着大学内部结构和外部关系的日益复杂化，大学更趋近于“一个有机体或由多种社群组成的多元化巨型结构”。这时的校长除了使用学术权力以外，不得不通过行政手段来协调大学的运转。校长的职责也因此需要从“治学”进一步扩展到“治校”。这时的“校长治校”主要倾向于代表大学的法定权力，即行政权力。由此，大学的学术权力与行政权力也逐步走向分离。在我国关于这一概念的区分最早可能是蒋梦麟在1931年1月北京大学纪念周上提出的“教授治学、学生求学、职员治事、校长治校”①。而我们这里提出的“校长负责”，则是在一般的“校长治校”意义的基础上，具有中国特色和法定意义的“高校党委领导下的校长负责制”的概念。

校长负责也是各国大学治理最大的共识。从国外公立大学的情况看，无论是直接的校长负责制还是委员会领导下的校长负责制，都强调把执行权置于校长负责的基础上。但需要注意的是，“无论是在什么样的情况下，校长都不是决策者，而只是执行者”②。这样，无论是由国家或社会委托委员会领导下的校长还是直接委托校长实施对大学的管理，都存在一个“问责”的委托。“而大学的责任主体不可能是松散组织的教授会，而必须是代表学校运转效益的大学行政团体，它的首脑就是大学校长。从负责任的角度看，无论是学校组织的校务委员会，还是大学教授委员会或大学学术委员会，或者大学的一些其他的什么组织，都不能完全代表学校承担责任，惟有校长代表的行政组织才是具有资格的责任主体。”③从大学公法人资格的角度讲，大学法人代表只能由校长来当，而不能是委员会，国外如此，中国也如此。

在委托-代理的意义上，无论是校长负责制还是委员会领导下的校长负责制，都存在一个校长的任命权力问题。按照大学的教育管理权和教育教学权是国家教育权的延伸，或者说大学仍然具有“第一部门”的性质的理解，大学校长由政府任命本身也无可厚非。在国外，无论公立大学还是私立大学，通常的办法是由政府或举办者组成特定的“委员会”，通过一定的制度和程序招聘、任命，或者是推荐给政府或由举办者组成董事会任命，或交给教师选

---

① 孙善根：《走出象牙塔——蒋梦麟传》，杭州出版社2004年版，第153页。

② 王洪才：《论现代大学制度的结构特征》，载《复旦教育论坛》2006年第1期。

③ 张维迎：《大学的逻辑》，北京大学出版社2004年版，第3页。

举产生校长。“委员会”作为“政府意志和社会意志的代理机构，负责将政府的和社会的意志传达给大学校长”。[①] 同时，遴选校长的过程中，还可能会有一些商业机构如“猎头公司”的介入。特别需要指出的是，在美国，以耶鲁大学为代表的由社会广泛参与形成的“外行董事会”制度，以及以哈佛大学为代表的董事会和监事会控制外部事务制度，反而导致了美国大学的“校长负责制”，校长既由董事会聘任、向董事会负责又要作为学校的代表向学校负责，既是董事会的法定代表和执行官又受董事会委托管理学校各项事务，拥有非常特殊的地位和非常大的权力。而欧洲大学的校长更多是一个象征，尤其是英国的大学，副校长是“首席学术和行政官员”，是实际上的“副校长负责制”。

在我国，对高等学校内部领导体制中校长职权制度的探索，以 1998 年《高等教育法》确立“党委领导下的校长负责制”而告一段落。

同国外一样，我国也通过一系列法律法规来规范大学党委与校长的权力关系以及校长的产生和职权等。通过法律法规明确了实行“党委领导下的校长负责制”的校长是一个职能广泛、责任重大的角色。

从大学党委与校长的关系看，校长是党委决定的执行者，对党委负责。《中国共产党普通高等学校基层组织工作条例》第三条规定：“高等学校实行党委领导下的校长负责制。”《高等教育法》第三十九条规定：“国家举办的高等学校实行中国共产党高等学校基层委员会领导下的校长负责制。”为保证校长顺利地履行职权，中共中央组织部、宣传部、国家教委党组《关于加强高等学校领导班子建设工作的若干意见》要求“实行党委领导下校长负责制的高等学校，党委是学校的领导核心，领导学校的全面工作，按照《中共中央关于加强高等学校党的建设的通知》的有关规定行使职责。党委要支持校长行使行政工作的指挥权，不要包揽具体行政事务”。《中国共产党普通高等学校基层组织工作条例》第三条规定：“校党委统一领导学校工作，支持校长按照《中华人民共和国教育法》的规定积极主动、独立负责地开展工作，保证教学、科研、行政管理等各项任务的完成。”《高等教育法》第三十九条规定：“中国共产党高等学校基层委员会按照中国共产党章程和有关规定，统一领

---

① 丁学良：《什么是世界一流大学》，北京大学出版社 2004 年版，第 127 页。

导学校工作,支持校长独立负责地行使职权。”上述文件和法规,还对党委和校长的职责作了明确的划分。

从大学内部行政系统的运行看,校长是学校教学、科研、管理、服务工作的组织指挥者,对全校师生负责。中共中央组织部、宣传部、国家教委党组《关于加强高等学校领导班子建设工作的若干意见》规定:“高等学校以校长为首的行政领导班子负责对学校改革和发展,以及教学、科研、产业、人事、外事、学生教育和管理、财务、基建、后勤等各项行政工作中的重大问题提出工作意见和方案,在党委集体讨论通过后负责组织实施,并领导日常行政工作。校长要尊重和支持党委对学校重大问题的决策权。”《高等教育法》第四十一条规定“高等学校的校长全面负责本学校的教学、科学研究和其他行政管理工作,行使下列职权:① 拟订发展规划,制定具体规章制度和年度工作计划并组织实施;② 组织教学活动、科学研究和思想品德教育;③ 拟订内部组织机构的设置方案,推荐副校长人选,任免内部组织机构的负责人;④ 聘任与解聘教师以及内部其他工作人员,对学生进行学籍管理并实施奖励或者处分;⑤ 拟订和执行年度经费预算方案,保护和管理校产,维护学校的合法权益;⑥ 章程规定的其他职权。”

从大学与外部的社会关系看,校长是大学的法人代表,对上级政府和社会各界负责。《高等教育法》第三十条规定:“高等学校自批准设立之日起取得法人资格。高等学校的校长为高等学校的法定代表人。”对于校长的产生,《高等教育法》第四十条规定:“高等学校的校长,由符合教育法规定的任职条件的公民担任。高等学校的校长、副校长按照国家有关规定任免。”

(二) 改进和落实好党委领导下的校长负责制

在实施党委领导下的校长负责制问题上,国家实行这一制度主要基于战略层面的考虑,我们的讨论不能用一些操作层面的问题否定战略层面的决策。正确的态度应该是不断探索如何在实践中坚持和完善这一制度。对于如何体现校长负责的问题,近年来讨论得比较多。归结起来,关键是要使校长独立地、负责地行使行政管理的职权,充分地发挥校长的行政领导作用。

从权力区分的角度来看,校长的责任之一是落实党委领导。校长拥有“执行权”,负责执行党委的决议,把党委的决策化为贯彻落实的行政行为和措施,校长的行政行为和措施直接向党委负责。作为领导核心,学校党委理应代表师生、学校和社会的根本利益，因此，对学校党委负责是校长负责的核心。校长对学校党委负责，具体而言是对党委的决议负责，其主要是在广泛、深入调研的基础上，提出有关重大事项和重大问题的决策建议，为党委决策提供决策的依据。一旦党委作出决议，校长就要负责全面地贯彻执行该决议，并及时向党委反馈贯彻执行和落实党委决议的情况，同时还应自觉地接受党委的监督和领导。在执行决议的过程中，若发现决议有不科学、不合理之处，校长还要及时地建议党委重新讨论和决策，并且在决议作出调整之前，不能随意变更党委的决议。

从职能区分的角度来看，校长负有行使学校行政职权的权力和责任。校长处于行政权力的中心，能够在其职责范围内对有关行政事务或活动行使权力。法律赋予校长的职责和任务、党委的重大决策都需要以校长为首的行政系统来贯彻实施，需要通过校长来转化成各个职能部门的具体工作目标、工作措施和工作行为，并最终形成工作成就。因此，在党委的领导下，校长能否独立负责地开展各项行政管理活动，并全面地担负行政管理责任，直接关系到学校的发展和改革的态势，关系到学校服务、管理、教学和科研等活动能否正常地开展，关系到学校的日常工作是否能有序地运转。校长既要积极主动地贯彻党委的决议，参与党委的集体决策，又要维护和尊重党委的领导，并创造性地在自己的职权范围内开展各项工作。校长既要带领副校长、其他行政管理人员和广大教师切实有效地落实党委的集体决议，又要带头积极落实党委的集体决议，在行政管理工作中使学校党委的决议得到全面有效地贯彻。

从责任区分的角度来看，维护高校法人权益也是校长不可推卸的责任。在民事活动中，高校依法享有民事权利并承担民事责任，是具有法人资格的民事主体。高校的校长是其所任职学校的法人代表，国家举办的大学法人资产，由担任其校长的法人代表全权代表其经营权和所有权，校长是其所任职的国家举办的大学的法人资产所有者和经营者的统一。因此，校长要履行学校法人的责任，有效地行使学校法人的权利，并妥善处理各种民事关系，维护学校法人的各项权利。

当然，从目前我国法律法规的设定看，“校长负责”在责任的意义上只是在一定层面和一定范围内的“有限负责”。通过党委的决策权与校长的执行权的区分，校长应承担的责任只是在执行中的“有限负责”；通过政府职能与大学职能区分，校长应承担的责任只是在本校事务和行政职权内的“有限负责”；通过法律对大学法人地位的确认，校长承担的责任只是在“不完全的法人”范围内“有限负责”。

实行党委领导下的校长负责制，是我国社会主义大学的正确选择，必须坚持。如何科学、规范、有效地实施这一制度，还需要探索。正如北京师范大学前校长钟秉林所说：“坚持和完善党委领导下的校长负责制，既是重大的理论问题，也是需要不断探索的实践问题。需要我们结合高校实际情况，努力探索坚持和完善党委领导下的校长负责制的有效机制。”①

三、教授治学

（一）教授治学内涵

教授治学是大学的重要传统。教授治学来源于大学的学术属性。作为学术性组织，大学追求高深学问的目标、大学的职能和履行职能的方式等，客观要求对各学科领域的专家赋予处理相关学术事务和组织开展学术活动的权力。从历史上看，大学组织源自“教师行会”，教师是大学的主体，“在非常实际的意义上说，教职员整体就是大学本身”，“教师们是这种机构的特有合伙人”。② “大学教师常常认为他们就是大学。教学和研究是高等教育最重要的使命，而这些使命正掌握在他们的手中。没有教授，就不成其为大学。”③

对于大学教师特别是教授参与学校的治理，有的学者也称为“教授治校”，对此也有不同的看法。张斌贤就认为“只有讲欧洲的学校是教授治校才没有问题，因为校长是教授选的、章程是教授制定的”。而“美国不存在‘教授治校’这个概念，但可以说是教授治学”。④ 实际上，就是在美国也曾经流传过“普林斯顿董事掌权、哈佛校长当家、耶鲁教授做主”的说法。在欧洲特别是德国，突出了学术权力和教授治校。教授是大学组织体系的第一级，

---

① 钟秉林：《从理论与实践结合上探索党委领导下的校长负责制》，载《中国高等教育》2003 年第 24 期。

② ［美］克拉克·科尔：《大学的功用》，陈学飞等译，江西教育出版社 1993 年版，第 71 页。

③ ［美］亨利·罗索夫斯基：《美国校园文化——学生·教授·管理》，谢宗仙、周灵芝、马宝兰译，山东人民出版社 1996 年版，第 5 页。

④ 张斌贤：《现代大学制度的建立与完善》，载《国家教育行政学院学报》2005 年第 11 期。

是其研究领域中的唯一讲座主持者，也是研究所的唯一负责人。大学的核心机构是评议会，成员包括全体正教授和其他教学人员代表，决定校长任命、财政预算、教师聘任等大学的重大事项。在英国，则倾向学术权力与行政权力的平衡。一门学科的权力通常被授予一名讲座教授，讲座教授一般都任系主任，在系一级享有正式的最高权力。校务委员会和理事会主要是与社会保持联系的机构，通常由大学的全体教授、非教授系主任和某些当然成员以及若干非教授教学人员的代表组成的评议会组成，实际上享有制定大学学术政策的全部权力，副校长是这两个层次中的联系人，是大学教务和行政官员的最高领导人。在美国，从1826年的哈佛大学开始，董事会、监事会掌握制定政策、财务预算等外部控制权，校长掌握内部管理权的制度被确立并沿用至今。教授会参与学校事务，出现于1795年的耶鲁大学并逐渐被制度化。19世纪末20世纪初，随着大学作用、教师职业影响的扩大以及学术的日益复杂和专门化，"外行董事会"不得不将大学学术管理权力赋予日益强大的教师集团，大学成立了由全体教授组成的大学评议会或教授会。1915年，出于对大学教师职业安全考虑的美国大学教师协会成立，并逐步发展成为在美国高等教育界影响巨大的一个利益集团，巩固了大学推行教授治学的基础。在我国，蔡元培执掌北大时期参照德国模式实施了"教授治校"制度；郭秉文任东南大学校长时，参照美国模式建立了中国大学的"董事会-校长"制度；梅贻琦在清华大学建立了由教授会、评议会和校务会议组成的体制，并在后来的"西南联大"持续了这一制度。

无论是过去、现在还是将来，对教师是学校的第一资源、教授是教师中的骨干、教授应在学校的建设和发展中起至关重要作用的认识几乎是一致的。但现代大学外部的关系和内部的结构变得越来越复杂，大学完全依靠教授来治理已变得力不从心。张维迎引用了美国的一些研究证实：教授参与决策的程度在不同大学不同类型的决策中是不同的，教授参与学术事务的程度越高，学校的业绩表现越好；而参与管理行政事务的程度越高，学校的业绩表现越糟糕。教授可以为管理者提供有价值的帮助，但不能代替管理者的决策，教授集体参与决策不利于做出有效的决策。所以张维迎讲"我不同意笼统地谈教授治校，除非你能很明确地界定一下教授治校究竟是什么意思，治哪些方面不治哪些方面”①。学术权力使用过当还可能对行政事务产生干预，影响行政机构或行政人员按制度高效处理问题。因此我们认为，在现代大学，“教授治学”的提法比“教授治校”更恰当。这样更有利于教授们扬长避短，把宝贵的时间和精力集中在学术治理上，减少目前在高校普遍存在的“用管理思维解决学术问题”和“用学术思维解决管理问题”的错位现象，使学术管理者和行政管理者都能各展所长，保证学术水平和管理水平都能得到提高，学术权力和行政权力找到最佳结合点。

（二）发挥教授治学的作用

“教授治学”“治”什么，也是目前高教界热议的话题。这个问题我们曾在改革实践中作过探索，比如，通过建立校院两级教授委员会和学术委员会，行使学术权力等。“教授治学”的重点主要放在治学科、治学术、治学风、治教学等方面。

从我国目前的情况看，对教授治学已有一些相关的规定。如《教师法》第七条规定，教师有“在学术活动中充分发表意见”的权利。《高等教育法》第四十二条规定“高等学校设立学术委员会，审议学科、专业的设置，教学、科学研究计划方案，评定教学、科学研究成果等有关学术事项。”《国家中长期教育改革和发展规划纲要（2010—2020年）》提出：“要充分发挥学术委员会在学科建设、学术评价、学术发展中的作用。探索教授治学的有效途径，充分发挥教授在教学、学术研究和学校管理中的作用。”客观地说，教授治学既是一个已在实践的问题，又是一个需要进一步探索的问题。这个问题对未来中国高等教育的发展特别是教育教学质量的提升影响很大，可作为的空间也很大。随着建立现代大学制度的研究和探索的深入，我们必定会找到实践“教授治学”的最佳方案。

四、民主管理

（一）民主管理是大学属性的要求

大学的特点决定了必须实行民主管理，民主管理是保证学术自由的基础。实践证明，管理上的专断和学术上的霸道都会窒息学术自由的风气。只

---

① 张维迎：《大学的逻辑》，北京大学出版社2004年版，第3页。

有在民主的氛围里，在百花齐放、百家争鸣的自由土壤中，学术才能顺利地生成和发展。

民主也是大学的传统。大学承担的发现真理、传播文明的历史使命，使大学成为推动社会政治民主化进程的重要力量。“大学从许多方面来讲都是一个对褊狭、压制和独裁主义具有破坏性的机构。”①大学对科学民主精神的追求，使大学直接成为民主思潮的发源地甚至是社会民主运动的先行者，并培养了未来社会的民主政治建设人才。

在西方国家的大学中，在董事会领导下的校长负责制模式下，董事会主要包括了工商界人士、律师、教授或学生；在校长负责制模式下，校务委员会、评议会等机构一般由教授、一般教师、行政管理人员、学生和其他人员组成。董事会、校务委员会、评议会成员的构成，成为平衡各种力量、发挥各方作用的民主方式，保证了学校运行的民主性和公信度，学校管理被师生认可和社会认同，并受到国家法律的保护。

在我国，人民是国家的主人。我国政治体制改革的目标就是建立社会主义民主政治。《中华人民共和国宪法》在序言中明确指出：“把我国建设成为高度文明，高度民主的社会主义国家。”《宪法》第二条规定：“人民依照法律规定，通过各种途径和形式，管理国家事务，管理经济和文化事业，管理社会事务。”邓小平指出：“我们过去对民主宣传得不够，制度上有许多不完善，因此，继续努力发扬民主，是我们全党今后一个长时期的坚定不移的目标。”②在大学实行民主管理有利于维护师生的主体地位，调动师生的积极性，群策群力办好学校。同时，由于大学是不断向社会各行各业输送人才和提供智力支持的场所，大学的民主政治建设还会广泛地影响和推动社会的民主政治建设。因此，民主管理，作为民主政治建设的内容、作为一种科学的管理手段、作为大学的重要传统，应该在大学得到坚持和弘扬。

（二）加强和改善民主管理

大学的教职员工和学生都要以学校主人的身份，直接或间接地参与管理、监督学校事务，并在参与管理和实施监督过程中表达和维护自身的合法

---

① ［美］菲利普·阿特巴赫：《比较高等教育——知识、大学与发展》，人民教育出版社教育室译，人民教育出版社 2001 年版，第 257 页。

② 邓小平：《邓小平文选》（第二卷），人民出版社 1994 年版，第 176 页。

权益。对此，国家有明确的规定。如《教育法》第三十条规定：“学校及其他教育机构应当按照国家有关规定，通过以教师为主体的教职工代表大会等组织形式，保障教职工参与民主管理和监督。”《高等教育法》第四十三条规定：“高等学校通过以教师为主体的教职工代表大会等组织形式，依法保障教职工参与民主管理和监督，维护教职工合法权益。”《教师法》第七条明确规定了教师具有“对学校教育教学、管理工作和教育行政部门的工作提出意见和建议，通过教职工代表大会或者其他形式，参与学校的民主管理”的权利。《中国共产党普通高等学校基层组织工作条例》第二十八条要求“高等学校党的委员会领导教职工代表大会，支持教职工代表大会正确行使职权，在参与学校的民主管理和民主监督、维护教职工的合法权益等方面发挥作用”。《中华全国学生联合会章程》第二条规定中华全国学生联合会的基本任务之一是“发挥作为党和政府联系同学的桥梁和纽带作用，在维护国家和全国人民整体利益的同时，表达和维护同学的具体利益”，第十三条规定“学生会、研究生会的基本任务”还包括“协助学校解决同学在学习和生活中遇到的实际问题”，“沟通学校党政与广大同学的联系，通过学校各种正常渠道，反映同学的建议、意见和要求，参与涉及学生的学校事务的民主管理，维护同学的正当权益。”各高等院校要根据上述规定，通过健全教职工代表大会制度、教授委员会制度、学生委员会制度、校务公开制度以及其他民主管理制度，丰富民主形式，保证师生依法参与民主管理、民主决策、民主协商、民主对话和民主监督的权力。

从学校治理的角度看，民主管理也是一种科学的管理制度和方法。随着大学内部结构和外部环境的日益复杂，大学行政事务和学术事务也日益繁重和复杂，由个人或少数人进行决策、少数机构和系统来执行或完成的机制，已经难以适应大学的实际需要。大学需要通过教职员工、学生和其他与学校发生联系的社会主体，在更大范围内获取信息、调动资源、参与决策、完成任务。托夫勒夫妇在《第三次浪潮》中指出：“沉重的决策负担最终将通过广泛的民主参与来分担。只要社会体系的决策负担不断增长，那么，民主就不是一个选择的问题,而是进化的必然。没有民主,制度就不能运行。"①

当然,有时候,大学的行政管理与民主管理也确实存在相互矛盾的一面。行政管理不仅需要对学校的发展负责、对各方的利益负责还需要对上级负责、对社会负责,而参与民主管理的各方却可能更多地代表各自和局部的利益;行政管理不仅需要考虑"应该"更要考虑"可能",而参与民主管理的各方却可能更多地考虑"应该";行政管理需要快速有效的决策和执行,而参与民主管理的各方意见的统一却往往是一个漫长的过程。因此,大学"是一个多种价值观不断冲突、不同权力和利益不断更替的场所"②。任何决策实际上都是参与方相互协调和妥协、寻求共识的产物。大学的"领导应当是通过同别人交换意见从而激发指导智慧的领导,而不是那种孤立地依靠行政方法专横独断地将教育目的和方法强加给别人的领导"③。

民主管理还需要注意两个前提。第一是公开。公开是一个社会文明进步的重要标志,是推行民主管理的重要内容之一,是进行民主建设的必要条件。高校实行公开化制度,才能让师生员工掌握真实信息,有效地参与管理。同时,让师生员工享有知情权,才能把监督权真正交给广大群众,使领导干部和管理工作更好地接受教职工的监督。公开不仅是一种对权力的制约机制,也是一种对错误的修复机制。第二是理性。卡尔·科恩指出,民主的前提之一就是"必须假定所有成员至少具有参与共同事务所要求的基本能力"。"民主它不能超越社会成员的物质与智慧能力为社会有所作为","确定民主成败的是他们集体形成并表现出来的智慧。"④无论教师还是学生,都不能把个人的民主、自由、利益凌驾于大学和其他人的尊严与正当权力之上,把对个人的尊重和关爱理解为无原则的迁就和放任,把民主和自由理解为个人随心所欲和损人利己。必须始终强调在法律、政策和道德许可的范围内维护个人的正当权益。当然,民主是需要时间的,大学民主管理也不能期望一蹴而就。特别是受中国传统文化和高度集权的办学模式深刻影响的

---

① [美]阿尔温·托夫勒、[美]海蒂·托夫勒:《创造一个新的文明——第三次浪潮的政治》,陈峰译,生活·读书·新知三联书店 1996 年版,第 102 ~ 103 页。

② 杨元业:《论高等教育管理的民主化》,载《复旦教育论坛》2003 年第 3 期。

③ J. Dewey, *Problems of Men*, Philosophical Library, 1944, p. 64.

④ [美]卡尔·科恩:《论民主》,聂崇信、朱秀贤译,商务印书馆 1988 年版,第 293 页。

我国大学,要形成真正的民主管理机制还需要假以时日。但只要我们坚持不懈地去做,就一定会在我国大学建立起具有中国特色的真正的民主管理制度。

第五章
云南财经大学对现代大学制度的探索实践

制度研究的全部意义在于指导实践,且只有实践才能检验制度是否科学有效。2003 年 9 月,中共云南省委、云南省人民政府确定云南财贸学院(2006 年更名为云南财经大学,下以今名统称)为云南省首批高等教育改革试点单位,云南财经大学以“办好一所大学、探索一条路子”为目标,将建立宏观层面政府宏观管理、市场适度调节、社会广泛参与、学校依法自主办学,以及微观层面党委领导、校长负责、教授治学、民主管理的“双层式”现代大学制度作为改革的重点之一,进行了探索和尝试,取得了积极有益的成果。

第一节　云南财经大学探索现代大学制度的主要做法

一、云南财经大学以构建现代大学制度为重点的改革的基本情况

2003 年 9 月,中共云南省委、云南省人民政府根据云南经济社会发展需要,决定在全省深化教育体制改革,并确定云南财经大学为高等教育体制改革的试点单位。云南财经大学将此次改革试点工作作为一次探索构建现代大学制度,完善学校内部管理体制机制,优化学校外部发展环境,推动学校更好更快发展的重要机遇,在广泛调查研究和听取师生员工意见的基础上,制订了改革试点工作方案。工作方案先后报经云南省教育厅、省教育改革与发展领导小组反复论证,最后经省委、省政府批准实施。省委、省政府于 2004 年 1 月 13 日在云南财经大学召开了改革试点工作会议,正式启动云南财经大学的改革试点工作。时任中共云南省委副书记、云南省教育改革与发展领导小组组长丹增在会上要求,改革要出两个成果:第一是云南财贸学院要办

得更好，办出特色、办出水平；更重要的是要为全省的高等教育改革探索规律。[1] 2005 年 6 月 28 日，省委、省政府在云南财经大学召开改革试点工作汇报会，听取了学校改革工作的全面汇报并给予了充分肯定和高度评价，云南财经大学以探索和建立现代大学制度为重点的改革取得了阶段性成果。

（一）改革的指导思想、原则和目标

1. 改革的指导思想。以邓小平理论和"三个代表"重要思想为指导，全面贯彻党的教育方针，认真落实《中华人民共和国高等教育法》，解放思想，更新观念，抓住机遇，大胆改革，创新体制，激活机制，落实和扩大学校办学自主权，优化环境，增强实力，提高教育质量和办学效益，使学校实现跨越式发展，并逐步建立现代大学制度，为云南高等教育和经济社会发展做出新的、更大的贡献。

2. 改革的原则。总的原则是唯真唯实，求新求善。改革既要高扬创新的旗帜，又要坚持依法治教；既要使外部条件充分改善，又要立足于内部机制的优化；既要适应社会需要，又要遵循教育规律；既要有新的举措，又要总结成功的经验；既要加快发展速度，又要提高教育质量；既要大胆设计，又要稳步推进。改革要实现"三个有利于"（有利于调动教职工的积极性，有利于提高教学质量和办学效益，有利于加快学校的发展）和"三满意"（学校师生满意，省委省政府满意，社会满意）。

3. 改革的目标。改革的根本目标是创建优秀财经类大学；具体目标是使学校的办学实力不断增强，办学特色更加明显，办学质量和效益进一步提高，办学条件进一步完善，筹资渠道更加宽畅，发展环境更加优越，内部运行更加有效，管理机制更加灵活，办学体制更加科学，逐步建立起具有中国特色的现代大学制度。

（二）改革的特点和难点

1. 改革的主要特点。一是政府主导。历史上的教育改革主要有利益协调型、学校主导型和政府主导型三种。此次改革是在省委、省政府的主导下进行的，改革推进力度大，具有权威性，有利于实现改革目标。二是试点先

---

① 丹增：《在云南财贸学院改革试点工作会议上的讲话》，参见云南财贸学院《云南财贸学院改革试点工作材料汇编（内部印行）》2005 年，第 141 ~ 142 页。

行。作为云南高等教育改革的试点，省委、省政府要求云南财经大学要提高认识，增强责任感和使命感，大胆地试，大胆地闯，力争出经验，要求政府各部门在政策上、投入上给予支持。三是协同推进。这次改革，从参与改革的主体到改革的内容都是多方面的，参与改革的主体涉及学校、政府和许多职能部门，改革的内容几乎涵盖了当时云南教育发展中的主要问题，改革需要总体设计、系统思考、协同推进。

2. 改革的难点。一是创新性。这次改革没有现成的模式，是全新的探索，要使改革取得成功，必须在若干方面取得新的突破，这种突破既要敢为人先，又不能超越国情、违反法律、违背规律。二是复杂性。这次改革涉及各方面的利益调整，这些利益关系加大了改革的难度，增加了改革的复杂性。三是观念转变。这次改革有许多与传统观念不同的新举措，许多人的思想认识还不太到位、不太适应，于是，统一思想认识的任务就变得分外艰巨，必须加大宣传力度，统一思想认识，使大家理解改革、支持改革、参与改革，并通过改革实践最终实现观念的根本转变。四是制度变革。制度变革是这次改革的一项重要内容，制度变革不突破，改革就很难有大的突破。制度变革必须迎难而上，在学校的若干管理制度上取得突破，最终努力实现在建立现代大学制度上取得突破。

（三）改革的重点和突破

1. 改革的重点。这次改革有三个重点。一是按照《高等教育法》的规定，落实和扩大办学自主权，增强学校的生机与活力。二是健全社会主义市场经济条件下的现代大学投融资、筹资体制。在保证政府投入为主的前提下，通过改革，大力拓宽投融资渠道，吸引社会资金注入学校，加快学校的建设和发展。三是改革学校内部管理体制，建立大学内部的有效运行机制。

2. 改革要取得的突破。改革要取得五个方面的突破。一是在建立现代大学制度方面取得突破。宏观层面，即在社会与学校的关系上，实现社会广泛参与，政府宏观管理，市场适度调节，学校依法自主办学；微观层面，在学校内部实现党委领导，校长负责，教授治学，民主管理。二是在多渠道筹集教育经费方面取得突破。通过改革，在保证政府投入为主的前提下，大力拓宽投资渠道，吸引社会资金注入学校，加快学校的建设和发展。三是在内部运行机制上取得突破。要在校务管理、院系管理、教学管理、科研管理、后勤管理、人员管理等方面深化改革，部分管理领域还将引进企业管理的经验，增强生机与活力，提高质量与效益。四是在干部队伍建设上取得突破。五是在扩大和落实高校办学自主权方面取得突破。

二、宏观层面的协调

（一）促进政府宏观管理和学校依法自主办学

按照《中国教育改革和发展纲要》关于“要逐步建立政府宏观管理，学校面向社会依法自主办学的体制”的要求，和《高等教育法》第十一条“高等学校应当面向社会，依法自主办学，实行民主管理”的规定，我们结合学校实际，在《云南财经大学改革试点工作方案》中提出了十个方面的办学自主权。

1. 自主设置专业。取消学校对本科专业总量的控制，学校根据社会需求、经济发展的要求和办学条件，依据《普通高等学校本科专业设置规定》的本科专业目录，在经济学、管理学、法学、理学和文学等学科门类范围内，自主设置、调整全日制本科教育、成人教育和高等职业技术教育的专业，报教育行政主管部门备案；学校调整、设置不在上列范围内的专业和国家控制的专业，按《普通高等学校本科专业设置规定》执行。

2. 自主确定办学规模。根据社会经济发展对人才的需求，在国家和云南省宏观政策及规划的指导下，根据师资队伍、办学条件、质量保障等因素，学校自主确定本科教育、研究生教育、成人教育、高等职业技术教育、中外合作办学、留学生教育等办学规模，报教育行政主管部门备案。在办强、办大本科教育和研究生教育的基础上，进一步扩大成人教育规模，适度扩大高等职业技术教育，拓展继续教育，发展中外合作办学和留学生教育，不断满足人民群众增加教育机会、选择教育方式、接受高质量教育和终身教育的要求。

3. 扩大招生自主权。在政府宏观指导、社会有效监督的条件下，允许学校在当年招生规模的5%以内，在高考成绩的基础上，对具有特长的考生，可以相应降分，自主录取。学校制定招生章程和录取方案，面向社会公布。学校按照“严格程序、公开透明、加强管理、接受监督”的原则，把好招生关，认真做好录取工作。成人教育和高等职业技术教育面向省内外招生，比照考生所在省份当年录取线录取。

4. 适当提高收费标准。根据教育资源的稀缺程度、质量高低、专业类型和社会的承受能力，以云南省确定的高校收费标准为基础，在上浮20%的幅度内自主确定收费标准。确定的收费标准报上级主管部门备案。同时，通过助学贷款、教育保险、各级各类奖学金、勤工助学和困难补助等制度和方式，帮助困难学生。

5. 自主评聘教授、副教授。在省人事厅确定的岗位结构和数额内，学校具有教授、副教授任职资格评定权。学校通过校内外专家组成的资格评审委员会，对申报人员进行资格确认，并报省人事厅备案和颁发资格证书。实行教师岗位聘任制，根据教学科研工作需要，学校自主设立教师岗位，获得相应任职资格的人员可以竞争上岗。所聘人员在受聘期间均享受岗位对应的工资和津贴。已获教授、副教授、讲师任职资格而未被聘任相应岗位的人员，除原档案工资不变外，其校内津贴等部分均按新任岗位发放。教授、副教授由学院（部）院长（主任）提出拟聘名单，报校长聘任；讲师及其以下职务由学院（部）院长（主任）根据岗位设置自主聘任。为了促进学校改革与发展，为了便于引进高层次人才，省人事厅适当提高我校教授、副教授在教师结构中的比例。学校在省人事厅所确定的岗位结构内，严格按教师职务条例及有关规定评聘，宁缺毋滥，确保质量。校内其他系列的专业技术人员评聘按现行办法执行。

6. 自主管理和使用预算外资金。在省财政厅宏观管理并加强审计监督的条件下，学校的学费、住宿费等预算外资金不再纳入财政专户管理或取消申报程序，学校根据建设发展需要以及按学年组织工作等特点，自主管理和使用。学校实行收支两条线的管理办法。

7. 扩大由学校组织进行的招标采购范围。扩大由学校组织的招标采购的范围，保证学校对政府投入资金使用的自主权；采购节约的资金作为政府对学校的再投入，允许学校继续使用。

8. 享受税收优惠政策。社会各界对高校的各种捐赠，允许在税前全额扣除；对社会各界投入高校的办学资金及非货币资产，免征增值税和营业税，“免二减三”所得税；用投入高校办学后分得利润再投资办学可以全额抵免企业所得税；对现行高校举办的各种非学历教育，免征营业税、城市维护建设税和教育费附加；免征补充流动资金不足和基建贷款的印花税。

9. 给予中外合作办学、独立学院更多的政策扶持。学校按照国家有关规定开展中外合作办学和举办独立学院，允许向省外和国外（境外）招生，并纳入招生计划；收费标准根据市场需求和合同确定，报省物价管理部门备案；其在校生申请国家助学贷款、考证和毕业生就业、派遣、报考公务员等方面与其他普通高校学生享有同等待遇。

10. 学校自主设立和决定校内岗位津贴、奖酬金和专项津贴。发挥分配机制的引导功能和激励功能，充分调动教职工积极性，吸引大批高素质人才，提高学校办学质量和效益。逐步实行年薪制；规范职务消费，加快福利待遇货币化进程。

（二）促进市场适度调节和社会广泛参与办学

当前高等学校发展中普遍存在的一个问题是办学经费不足。我们认为，要解决好这一难题，我国公办高校的经费，既不能只靠政府，也不能不靠政府，应该是政府该给的由政府保障充足，学校能找的由学校自筹解决。必须建立健全适应社会主义市场经济发展的、适应高等学校可持续发展需要的、以政府投入为主其他方式为辅的多元化投融资、筹资体制。在保证财政对学校拨款稳定增长的同时，高等学校通过多渠道筹措经费，积极广泛地吸引社会各方面参与投融资、捐资，在实现投资主体多元化的同时，形成社会主义市场经济条件下的现代大学投融资、筹资体制。具体来说，我们提出了以下主要措施。

1. 确保政府财政投入为主，同时采取多种办法吸引社会资本参与学校建设中。吸收社会资本投入一到两个本科学院（专业）试行联合办学；吸纳社会资本投入学校现存的适宜产业化、社会化的服务性项目，进行产业化和实体化经营；吸引周边企业以其持有或收购的不动产（地产和房产）投资，并将不动产作适当改造，用于学生生活设施和活动场所的建设，同时还可扩大办学空间。

2. 建立教育投资回报机制。对社会投入学校的非股份化产业性投资，学校建立教育投资回报机制，学校按照国家同期公债利率上浮 20% 的标准向投资者支付回报。

3. 采取BOT①、购买、划入、合并、董事会基金等方式增置办学设施、拓展办学空间。

4. 引进社会资本,合作共建学院(部)、专业和科研院所。引入的共建资本可用于教学、研究开发和硬件建设,学校对共建者提供人才培养、研究开发和咨询服务等,形成双赢的共建机制。

5. 积极争取社会力量捐资助学。加强与社会力量的联系与合作,争取捐资助学,学校在需要时可以为捐资者提供一定的培养人才、研究开发和咨询服务,形成学校与社会双向支持机制。

三、微观层面的改革

微观层面的改革,主要是改革学校内部管理体制,构建社会主义条件下现代大学的有效运行机制,使学校的发展环境更加良好,内部运行更加有效、管理机制更加灵活、办学体制更加科学、发展势头更加强劲。为此,我们提出了一系列的改革措施。

(一)改革干部管理体制和完善民主管理机制

坚持党委领导下的校长负责制,依据《高等教育法》规定,党委“统一领导学校工作,支持校长独立负责地行使职权”,校长“全面负责学校的教学、科学研究和其他行政管理工作”。

学校党委领导班子、校属各党委、党总支、直属党支部按党章规定选举产生。党委工作部门领导实行竞争上岗,党委任命。

校长实行公开选聘制。校长空缺时,按照《党政领导干部选拔任用工作条例》的原则规定,报请省委组织部同意,向校内外公开选聘。副校长空缺时,由校长推荐人选,在一定范围进行民主测评后,经校党委按组织程序考察、讨论并报省委批准后,由校长聘任。校长、副校长每届任期四年,可以续聘连任,原则上不超过两届。学校可聘请院士任名誉校长。

学院(部)院长(主任)实行直选制,由所在单位教职工无记名投票选举产生;学校行政职能部门领导实行聘任制,竞争上岗。通过组织推荐和考察,

① BOT:本书中指资本参与基础设施建设并提供服务的一种投资方式,包括建设(build)、经营(operate)和转让(transfer)三个过程。

报党委批准,由校长聘任。院处级干部每届任期四年。可以续聘连任,原则上不超过两届。

在继续充分发挥校学术委员会作用的同时,建立教授委员会。校、学院教授委员会由具备较高学术水平和管理咨询能力的教授组成。校教授委员会委员由全校教授大会选举产生,教学科研第一线的教授应占绝大多数;各学院教授委员会委员由本单位的全体正副教授会议选举产生。

强化民主管理。充分发挥教职工代表大会、教授委员会在民主管理学校中的作用。坚持将关系学校发展的重大决策和关系群众切身利益的重大事项交由教代会审议,保证教职工的参与权、知情权。在教代会人员的组成中,教授、副教授代表应占有相当比例。充分发挥教工会、学生会的作用。加强与各民主党派的合作,认真听取他们对学校重大决策的意见。

(二)建立校院二级管理体制

按照"明确职能,重心下移,责权下放,激发活力,鼓励创新,办出特色"的思路,建立校、学院二级管理体制。学校的管理重心由校机关下移至学院。学院在学校的宏观调控下承担明确的责任和义务,享有相应的权利,成为责、权、利统一并相对独立的办学主体。

建立校、院两级决策和咨询机构。决策机构的层级为:校党委会、校长办公会;学院党委会(党总支委员会)、学院院长办公会;咨询机构的层级为:校董事会、校学术委员会、校教授委员会和学院学术委员会、教授委员会。为了加强党政之间的沟通,学校通过党政联席会议,通报和协调日常工作。

试行股份制的学院(专业),参照股份公司的方式运作。在吸纳社会资金的基础上通过股份制改造,建立学院(专业)董事会,按实体运作。学院(专业)董事会成员由学校领导、学院(专业)党政领导和投资者、捐资者组成。

(三)推进教学科研改革

积极推进教学科研管理体制和运行机制更深层次的改革。推进学科重组和教学与科研的深度结合,提高教学水平和学术水平。提高教学质量,强化教学管理。优化人才培养方案,改革并完善人才培养模式。加强教学评价体系建设、学风建设和教师队伍建设,实施教学"名师计划"。

大力推进科研管理体制创新。充分发挥教学单位和科研机构的科研职能与作用,进一步调动师生科技创新的积极性。采取措施加强科技创新能力建设,合理配置科学研究资源,建立专职和兼职的科研机构、跨学科的研究中心和研究所。加大科技投入力度。加强学校与行政机关、科研机构、企业在科研和人才培养方面的合作,可以合作共建科研院所。加强与省内高校、省外高校和国外高校的联系与合作,联合进行科学研究与开发。改进科学研究评价工作,完善评价体系,发挥科研成果评价的引导和激励作用。采取多种方式,发展科技产业、科技服务和中介服务。

(四)深化人事分配制度改革

学校根据精简、高效的原则确定人员编制。按照学校工作和发展的需要科学设置岗位,明确不同岗位的职责和任职要求,试行岗位管理,严格考核,建立符合学校自身特点、符合各类人才发挥作用和成长规律的管理体制。

实行全员聘任制。建立健全岗位聘任制度,竞争上岗。在人才使用方面试行专职与兼职、固定与流动相结合的原则。坚持和加大引进高层次人才的工作力度。开辟“不求所有,只求所用”的用人渠道,聘请国内外著名专家学者为访问教授,每年到校开展中短期的教学科研工作,学校对访问教授给予优酬。对落聘人员加强培训教育,对未聘人员采取多层次、多渠道的安置办法,使内部待聘人员获得最低生活保障。

合理设定校内岗位津贴、奖酬金和专项津贴。在校内分配上按照岗位职责与绩效进行分配;贯彻按劳分配、效率优先、兼顾公平的原则,以岗定薪,岗变薪变。不同岗位的人员待遇在兼顾公平的原则下拉开差距,多劳多得,优劳优酬,重绩重奖,实现一流人才一流报酬,一流绩效一流报酬。

(五)推进后勤和其他服务事业改革

坚持后勤为学校教学、科研和师生服务的宗旨,逐步规范地将后勤产业集团运营独立化。经过社会中介机构资产评估,上级资产管理部门审批,将后勤服务实体改造为主要服务于学校的现代公司。减少办学经费负担,提高服务质量,实现良好效益。

逐步建立“后勤走向市场、市场走进学校”的后勤社会化模式,在校内引入竞争机制,提高后勤服务的能力、质量和水平。运用股份制的方式,积极吸纳社会资本,建设学生公寓、体育设施和后勤服务设施,组建相应的股份制经营实体,实行董事会领导下的产业化经营,实现市场化服务。

第二节 云南财经大学探索现代大学制度取得的成效

一、宏观层面的成效

（一）政府对高等教育的管理得到改进

这次由云南省委省政府主导、学校落实、省级有关部门和社会各界积极参与的以建立现代大学制度为核心的改革，促进了地方政府和有关部门在教育问题上观念的转变和工作的改进。政府和有关部门更加重视高等教育的发展，从不同的角度积极支持高等教育的改革，对高等教育的管理更加注重宏观性、间接性、规范性和科学性，服务意识增强，为高等教育的发展提供了更好的条件。

（二）办学自主权得到进一步落实

随着改革的推进，学校的办学自主权得到逐步落实。如：云南省教育厅同意学校在两门主干学科（管理学、经济学）内自主设置专业；学校自主确定办学结构和规模，基本形成了以研究生教育为先导，以本科教育为主体，兼有高等职业技术教育、成人教育和留学生教育的办学格局；学校合理运用省委、省政府给予的招生自主权，招收了部分在篮球、网球方面有特长的高中毕业生，组建了高水平的女子篮球队和网球队；云南省发展和改革委员会、云南省财政厅同意学校在云南省确定的高校收费标准的基础上上浮20%的幅度以内自主确定收费标准；学校自主评聘了教授，副教授；学校教学科研所需的实验室、仪器设备、教材和图书资料等均由学校自主招标采购。云南省财政厅同意在学校组织的招标中节约的经费继续由学校使用；中外合作办学得到更多的政策扶持。学校与美国库克大学、澳大利亚查理·斯特大学合作举办的国际会计、国际商务学士学位教育项目被纳入国家招生计划，在校生以及毕业生享有与其他普通高校毕业生同等的待遇；按照“效率优先、兼顾公平、多劳多得、优劳优酬”的原则，学校自主确定并发放了校内津贴，教职工的收入水平提高了，工作积极性和创造性得到增强；其他自主权，如享受税收优惠政策、自主管理和使用预算外资金等，也得到了有关部门的支持。

时任中共云南省委副书记、省教育改革与发展领导小组组长丹增同志指出，云南财贸学院的改革试点工作在政府相关职能部门的大力支持下，学校招生、专业设置、教学组织、科技研发、国际合作、机构设置和人员聘任、经费使用及校内津贴发放等办学自主权基本上得到了落实。事实证明，政府有关部门转变了职能，认真落实了《高等教育法》，学校的办学自主权就能落实，学校的活力就会增强。这既有利于学校集中精力进行人才培养、科研创新和社会服务，也有利于政府对学校的管理从传统的微观管理模式转变为运用拨款、规划、信息服务、执法监督、政策指导和质量监控为主的新型管理模式。①

（三）建立了董事会制度

学校制定了《董事会章程》《董事会议事规则》《董事会基金筹集和管理办法》等相关文件。文件规定，学校董事会是非行政机构，是学校管理中的参谋、咨询和筹集资金的机构，是学校与社会“双向参与、双向服务”的办学载体，也是加强学校和社会联系与合作，动员、争取国内外各界人士和广大校友关心、支持、参与学校建设，增强学校办学实力的纽带和桥梁。董事会坚持“自愿、平等、互利”原则，促进学校与社会建立广泛的联系与合作，在积极为学校提供财力和物力支持，帮助、支持及促进学校建设与发展的同时，促进学校和董事单位互惠互利、优势互补、资源共享、双向受益和共同发展。董事会在中国的一切活动均应遵守中国的法律、法令和有关条例的规定。董事会按章程开展活动。董事会理解并尊重各成员之间种族、国籍、政治体制、经济体制、教育体制和文化习俗等方面的差异。

董事会每届任期三年，可连选连任，成员由捐资单位和个人组成，热心高等教育事业，关心、支持学校改革与发展的政府部门、企事业单位、社会团体和海内外各界人士均可参加。董事会设董事长 1 人，常务（执行）副董事长 1 人，副董事长、常务董事若干人。董事长、副董事长由董事会全体会议选举产生。董事会设名誉董事长、名誉副董事长、名誉董事若干名，由董事会聘请担任。董事会全体会议行使董事会最高权力，每年至少召开一次，重大问题必须经过董事会全体会议讨论决定。董事会设常务委员会，由董事长，常务（执行）副董事长，副董事长、常务董事组成，在董事会全体会议闭会期间行使董事会职权，并向董事会负责。常务董事会会议每年召开 1 ~ 2 次。根据

① 丹增：《在云南财贸学院改革试点工作汇报会上的讲话》，参见云教改发〔2005〕3 号。

需要，董事会设立基金、人才培养、科技协作等若干专门委员会，在董事会授权下组织和开展工作，并向董事会负责。

董事会的职责是：讨论、修改、通过《董事会章程》《董事会议事规则》和《董事会基金筹集和管理办法》，确定校董会工作方针、任务和计划；选举董事长、副董事长和常务董事，聘任名誉董事长、名誉董事；对学校发展规划、学科建设、教学、科研、人才培养、招生就业等重大事项提出咨询、指导、评议、监督；听取校长的年度工作报告，对学校工作提出意见和建议；积极筹措董事会基金，审定校董会基金使用计划，监督校董会基金的使用；积极促进学校与董事单位的建设、发展和合作，指导、督办教育、科技合作开发等方面的合作事宜，审议董事单位之间的合作协议执行情况；领导校董会秘书处和各委员会工作；审议吸收新董事单位及成员。

董事享有如下权利：① 听取董事会年度工作报告，对董事会工作进行评议；② 对学校发展规划、学科建设、教学、科研、人才培养、招生就业等重大事项提出咨询、指导、评议和监督；③ 听取校长的年度工作报告，对学校工作提出意见和建议；④ 根据自身发展的需要，可优先从学校毕业生中挑选各类优秀人才，也可要求学校为其培养相关层次和专业的人才。董事个人或单位员工子女报考学校的，在政策允许范围内，同等条件下优先录取；⑤ 审定董事会基金使用方向和重点，审定基金的年度预决算和使用、管理状况，实施监督并有权对基金的使用提出质询和批评；⑥ 根据个人条件和意愿，可参加有关教学、科研工作和学术活动，参与学校的对外交流活动，并通过学校与有关国家或地区开展联系，拓展业务；⑦ 委托学校进行专题学术研究或联合申报大型科研课题、共同开展科学研究，解决生产、经营和管理中的问题，以优惠条件获得经济技术咨询、科研信息和成果转让；⑧ 在学校投资或合作创办经济实体，享受国家给予学校和学校的优惠政策，并优先享有合作权、建议权和荣誉权；⑨ 参加学校各项建设项目的招标、投标活动，在同等条件下享有优先中标权；⑩ 在使用学校图书、网络等公共教育资源方面与校内职工享有同等权利。国外和省外董事在云南考察、探亲、旅游等活动享受学校提供的诸种方便。

董事应履行如下义务：① 承认并遵守董事会章程，出席董事会会议，执行各项决议，维护董事会合法权益和声誉；② 关心和支持学校的发展，维护学校的合法权益和声誉，为学校的改革、建设和发展做出积极贡献。通过多种形式和途径宣传学校，扩大学校影响；③ 协助学校与社会各界交往和联系，吸引更多的社会力量支持学校的事业，发展新的董事会成员；④ 协助学校在国内外筹集办学资金、物资或提供其他方面的支持，根据可能向学校提供定期或专项资助，积极捐资助学（拥有副董事长资格成员的单位或个人为学校募集不少于60万元办学资金，拥有董事资格的成员单位或个人为学校募集不少于20万元办学资金）；⑤ 优先为学校提供教学、科研、实习和社会实践基地及场所，并在费用上给予优惠，共同建立教学、科研、生产基地，根据可能积极接收学校各类优秀毕业生；⑥ 优先为学校提供人才培养、科技开发、技术改造、工程建设等方面的合作项目，在互惠互利基础上，共建研究所、经济技术中心、实验室，联合开办科技经济实体，积极支持学校发展校办产业。

学校履行以下职责：① 遵守董事会章程，听取董事会建议，保障董事权利；② 发挥学校文化优势和专业特长，鼓励各相关院（系）和科研机构与董事所在单位开展共建活动；③ 优先为董事单位培养、培训各层次专门人才，提供经济、管理、技术、市场信息等方面的咨询服务以及使用教学、科研设备和图书资料，并在费用上给予优惠；④ 在国家规定的毕业生就业方针、政策范围内，优先向董事单位输送所需的各类专业人才；⑤ 董事单位员工子女报考学校的，在招生政策允许的范围内优先予以录取；⑥ 利用学校与国内外的广泛联系，为董事单位牵线搭桥，促进董事单位的生产、科研等各项事业在海内外的发展，并为省外董事在云南的活动提供方便；⑦ 与董事单位合作创办实体，积极争取国家给予学校的有关优惠政策；⑧ 可根据董事单位的实际需要，共同申报研究课题，合作进行研究，促进科研成果的转化；⑨ 对具备规定条件的董事，授予相应的学衔、职衔，优先聘请董事单位的专家、高级专业技术人员担任兼职研究生导师，联合指导研究生，进行合作科研，编撰科研论文或学术专著；⑩ 在校史中记载对学校发展做出较大贡献的董事单位和个人的事迹；⑪ 由董事单位或个人提供经费修建的建筑物、大型设施等，学校提供相应的冠名权（名称必须符合现行法律及道德规范）或建立永久性纪念物。

（四）学校筹融资体制得到完善

1. 完善了以政府投入为主的筹融资体制。三年中，学校共争取到政府拨款总计约4 000万元，建设了教学主楼、风雨球场、教研楼、办公楼等设施共计约4万平方米；同时，学校按照“负债经营、增效还贷”的路子，争取到银行贷款和国债资金等各类资金1. 5亿元，建设了食堂、学生宿舍、实验楼、体育馆、图书馆和游泳馆等设施共计13. 8万平方米，大大改善了学校的办学条件。

2. 建立了引进社会资金（产）合作共建项目办法。学校《引进社会资金（产）合作共建项目暂行办法》规定，与学校合作共建项目的社会合作方，是自愿提供资金的自然人，也可以是具有独立法人资格的中外企事业单位和机构。社会合作方以提供一定数量的资金取得合作共建的前提条件。社会合作方的资金来源必须合法，社会合作方与学校的合作内容须符合我国的有关政策和法律。社会合作方应该具有较好的社会信誉。社会合作方提供的资金包括货币资金、房地产、教学科研设备等，以及能提升教学科研的无形资产。所有非货币资产出资必须由具有公信力的独立资产评估机构进行评估。

社会合作方的回报方面，合作共建引进的社会资金的性质不同于股份制办学引进的股本金性质，合作方提供的资金（产）不能计算为股份，也不能还本付息。社会合作方只能按照合作共建约定内容得到非货币性回报。社会合作方依据自己的意愿，可以选择以下一种或几种回报方式：① 取得合作共建项目的冠名权，但必须包含校名的字样；② 从学校获得一定数量的咨询或培训服务；③ 从学校获得一定数量的学位教育服务；④ 共享合作共建的科研成果。社会合作方获得上述回报的数量和期限，主要根据社会合作方提供的资金多少，由合作共建双方具体协商决定，并写入合作共建协议，供双方遵照执行。原则上社会合作方可以获得不低于其提供资金（产）的数量的非货币回报。

同时，合作双方还应享有和履行以下一些权利和义务：① 社会合作方除了有权获得一定数量的非货币回报以外，对自己参加共建的项目，有权提出意见和建议，负责共建项目的单位有义务认真听取社会合作方的意见和建议，并做出及时处理和答复；② 社会合作方对合作共建机构的人事安排和业务工作方针没有决定权，但有建议权，合作共建机构的人事安排和业务工作的最终决定权在学校。学校在对合作共建机构的人事安排和业务工作方针的决定过程中，要主动听取合作方的意见和建议；③ 社会合作方有义务自觉维护合作共建机构及学校的声誉，如果在合作共建过程中发生矛盾，应本着善意的态度与学校协商解决。

3. 选择国际工商学院和计算机科学系作为联合办学改革试点，引入股份制运作机制，与企业合作，广泛吸引社会资金，改善教学科研条件，提高教学质量，实现投资主体多元化。

4. 积极争取社会和企业捐资助学。充分利用学校在社会上的知名度和影响力，加强与社会和企业的联系，积极争取社会和企业捐资助学。许多单位和个人陆续在学校设立了奖教金和奖学金。

5. 采取合并、划入、购买、委托开发等方式拓展办学空间和增置办学设施，学校的办学条件得到改善。

丹增同志指出："云南财贸学院拓宽资金渠道，投融资体制改革取得初步成效。在确保政府投入为主的基础上，用股份制、BOT、合作办学等办法吸引社会资本参与学校建设。联合省内知名高科技企业和国外高校合作办学，培养高素质信息技术人才；采取 BOT 方式引入社会资金，按照新机制建设新学院；确立'负债经营，增效还贷'的原则争取外资贷款、国债资金和金融信贷用于办学设施项目的建设，达到了迅速改善办学条件，办学实力显著增强的目的。使我们看到一个以政府投入为主的多元化投融资体制在财大已初步形成。由于拓宽了经费筹措渠道，投入显著增加，学校的办学空间不断扩展，教育教学设施、教职工住房条件显著改善。如果没有投融资体制的改革和创新，要在短期内建成如此优美的校园和育人环境，是难以想象的。"①

二、微观层面的成效

（一）搭建了学校内部党政权力、学术权力和公众权力相互制衡与聚合的平台

1. 队伍建设取得新突破

（1）干部队伍建设有突破。依据岗位特点，学校建立了竞聘制、直选制

① 丹增：《在云南财贸学院改革试点工作汇报会上的讲话》，参见云教改发〔2005〕3 号。

和公选制相结合的干部选拔机制。学校校长实行公开选聘制。学校在《改革试点工作方案》中提出的学校校长实行公开选聘制的意见得到了中共云南省委同意。2005 年 7 月,学校面向全省教育系统公开招聘校长。省委成立了由省委组织部、省委高校工委和学校党委领导组成的选聘领导小组,主持选聘工作。在做好相关准备工作的基础上,领导小组在省内主要媒体和网络上发布了公开招聘公告,并公布监督电话,接受群众监督。经报名和资格审查,共有 14 人符合报名条件和资格。经过认真、细致、公开、公平、公正的集中面试、组织考察和公示,并报省委同意,2005 年 11 月,学校面向社会公开招聘的新校长正式到任。副校长实行定向选聘,2006 年 5 月,学校开展了副校长选聘工作,在省委组织部等上级部门的领导下,在充分听取校长意见的基础上,学校定向选聘了两名副校长,并于 2006 年 7 月正式到任。这项改革是全国首创的重大尝试。面向社会公开选拔干部,引入竞争机制,拓宽了选人用人的视野,有利于发现人才,选准人才。

学院(部)院长(主任)和党委(党总支)书记、副书记实行直选制,机关部门、教辅部门及后勤服务部门的中层干部则实行竞聘制。学院(部)院长(主任)空缺或换届时,由所在部门的全体教职工直接选举产生,副职由正职聘任;党委(党总支)换届时,书记、副书记由党员大会或党代会选举产生;机关部门、教辅部门和后勤服务部门的正副职处级干部实行竞聘制;试行股份制运作的学院院长由学校推荐,学院董事会聘任,副院长由院长聘任。2004 年 12 月,学校中层干部换届,学校对全体中层干部进行了民主测评,凡是测评结果为“不称职”的均不再续任中层干部;学校公布了全部处级岗位,在全体教职工中进行民主推荐、自荐和竞聘,80% 以上的教职工参加了推荐;对 17 个学院(部)院长(主任)由所在单位全体教职工进行了直接选举;对 26 个党委(党总支)书记、副书记按党章规定进行选举;同时,有 60% 的中层干部交流了工作岗位。

(2) 教师队伍建设有突破。坚持“培养、引进、留住、用好”相统一的原则,建立事业留人、感情留人、待遇留人的长效机制。改革期间,先后实施了鼓励教师深造、引进人才来校、改善教师工作条件、提高教师生活待遇、充分发挥教师作用、加强师德师风建设等一系列措施,全面加强教师队伍建设,培养和汇聚了一批具有本学科领先水平的优秀人才。学校教师中的教授和博士都超过了一百人，学校提前两年实现了校党委提出的“双百”目标，学校的教师队伍建设跨入全国同类院校先进水平。

丹增同志指出：云南财经大学“在干部人事制度改革中，将学校的利益、广大教职工的利益放在首位，将是否符合大多数群众的利益、是否能够让多数教师满意作为设计干部人事制度改革方案的主要依据。坚持党管干部原则，充分发扬民主，尊重民意，按照岗位特点建立了公选制、直选制、竞聘制相结合的干部选拔机制。赢得了广大教职工的拥护、信任和支持，激发了干部的竞争意识和工作积极性，密切了党群关系、干群关系，提高了工作效率，维护了学校的稳定，促进了各项事业的发展，学校的活力日趋显现。坚持党管人才原则，视教师为第一资源，积极实施人才强校战略，高度重视教师在学校改革与发展中的核心地位，将高素质的师资引进和培养作为学校人事分配制度改革的重点来抓。按照‘强化岗位、淡化身份、效率优先、兼顾公平’的原则，深化人事分配制度改革，发挥分配机制的激励和引导作用，吸引大批高素质人才到学校工作。这也从一个方面表明学校办学实力的显著增强”①。

2. 建立了教授委员会制度

（1）学校教授委员会。依据《教育法》《教师法》和《高等教育法》的相关精神，学校制定了《教授委员会章程》。章程规定，教授委员会是学校办学方向、办学特色、学科建设、教学科研管理、师资队伍建设等改革与发展中重大事项的指导、咨询机构，是学校建立“党委领导、校长负责、教授治学、民主管理”现代大学管理模式的重要组织。

学校教授委员会的职责是：讨论学校的办学方向和办学特色；讨论学科建设和教学科研管理的重大原则；指导本科生和研究生教材建设；对全校教学进行督导和检查，对教学和科研运作机制进行决策咨询；提出学科建设、教师队伍建设等重大问题的议案；讨论学校或教授委员会委员提请研究和咨询的其他重大问题或重要事项；举办经常性学术会议，营造浓郁的学术氛围。

学校教授委员会由具备应有学术水平和管理咨询能力的教授组成。通过全校教授大会选举产生，专职从事教学科研工作的教授应占2/3以上。教授委员会委员岗位按具有发展潜力的学科或二级学科的方向设置，其岗位数

① 丹增：《在云南财贸学院改革试点工作汇报会上的讲话》，参见云教改发〔2005〕3号。

量根据科学研究及学科建设的需要,应聘教授的学术地位、能力及水平和学科队伍的状况确定。原则上,每个二级学科或学科方向只设置一个教授委员会委员岗位,对特殊的学科可适当增加名额。学科建设需要但无合适人选的教授委员会委员岗位,可暂以缺员处理。教授委员会委员实行任期制,每届任期 4 年,可连选连任,但原则上不得超过两届,每次换届至少需更换 1/3 的委员。教授委员会设主任委员 1 人,副主任委员 2 ~ 3 人。

学校教授委员会原则上每学期召开一次会议,讨论的议题为:由主任、副主任或委员会议提出的议题、学校党政委托讨论的议题、委员提出的重要议题。教授委员会有 2/5 以上委员提出其职责范围内相关事项议题,主任委员必须召集会议进行讨论。教授委员会实行民主集中制原则,须有 2/3 以上委员到会方为有效,超过到会委员半数以上表示赞成方能通过议案。

按照章程规定,2005 年 5 月学校召开教授大会,选举产生了学校第一届教授委员会委员(共 22 人)。

(2) 学院教授委员会。各学院也建立了教授委员会制度。与学校教授委员会发挥指导、咨询职能不同的是,学院教授委员会是作为学院有关学术问题的议事和决策机构成立的。学院教授委员会以学院为单位组建。学院的行政权力与学术权力相对分离。学院教授委员会行使本身及学院学术委员会、学位委员会、专业技术职务评审委员会、教学指导委员会等组织的职能,充分体现教授治学的方针和原则。学院教授委员会履行的职责如下:审议学科建设的经费预算、资源配置与调整项目;审议当年度各类毕业生的学位等相关事项,并向学校学位委员会提出授予学位的意见和建议;审议和甄选硕士研究生导师;审议各类专业技术人员的聘任事项;审议和决策学科发展规划;审议和选聘学科带头人及学术骨干;审议和决策对外学术交流、科研和教学等各类重大事项;审议和决策行政负责人认为有必要提交教授委员会议定的其他相关重要事项。

3. 完善了民主管理制度

健全民主制度,丰富民主形式,扩大师生员工有序地政治参与,保证师生员工依法实行民主选举、民主决策、民主管理、民主监督,是学校推进民主政治建设的目标和措施,也是构建现代大学制度的重要内容。学校依据国家有关法规和高校实际,积极探索民主管理的制度模式,制定了《民主管理工作条例》，规定学校民主管理的基本制度和形式是教职工代表大会、教育工会委员会制度、教授委员会制度、学生委员会制度、校务公开工作制度和其他民主管理制度。

（1）教职工代表大会。学校建立健全党委领导下的校院两级教职工代表大会制度。教职工群众行使民主管理权利，民主管理学校的重要形式是两级教职工代表大会，每年召开一次，主要行使下列职权：第一，听取校长（院长和单位行政负责人）的工作报告，讨论学校（二级单位）的教职工队伍建设、工作计划、改革方案、发展规划等重大问题；第二，讨论通过教职工奖惩办法、人事分配制度方案和其他与教职工有关的基本规章制度，由校长（院长和单位行政负责人）颁布施行；第三，讨论决定教职工福利方面的方法、原则和其他有关教职工的集体福利的事项；第四，批评、表扬、监督、推荐和评议学校和二级单位的领导干部；第五，尊重和支持校长及二级单位行政负责人行使指挥职权，教育教职工严格遵守各项规章制度，以主人翁的责任感努力完成各项任务。

（2）教育工会委员会。学校教育工会委员会（以下简称工会）是党领导下的工人阶级群众组织，是教职工代表大会的工作机构。工会依照法律和章程独立自主地开展工作。通过教职工代表大会或其他形式，组织教职工参与本单位的民主决策、民主管理和民主监督，依法表达、维护教职工的合法权益和民主权利，动员和组织教职工积极参加学校的建设和改革。代表教职工与学校平等协商、签订集体合同，主持劳动争议调解，参与劳动争议仲裁，依法维护劳动者的合法权益。学校工会成立法律援助委员会，受教职工委托，对教职工的劳动权益、教学纠纷、行政处分等方面实施法律援助，依法维护和保障教职工的劳动、学习以及生活权益。

（3）学生委员会。学生会组织是学校党委领导下的学生群众组织，是党联系广大学生的桥梁和纽带，是学生参与学校民主管理的基本形式。校学生会在校团委的指导、帮助下，依照宪法、法律、学校规章制度和学生会章程独立开展工作，依法代表和维护学生的正当权益，及时反映同学建议、意见和要求，组织和代表学生参加学校的民主管理和民主监督；动员组织广大学生努力学习，健康成长，成为德、智、体等方面全面发展的社会主义事业的建设者和接班人。

(4) 校(院)务公开制度。通过校务公开,让权力在阳光下运行,营造风清气正的校园环境。建立了党委统一领导,学校行政主持,纪检、监察、工会协调监督,业务部门各负其责,师生员工积极参与的校务公开工作机制。保证师生员工“知校情、参校政、督校事”。

(5) 其他民主管理形式。定期召开党外人士重大情况通报会和离退休职工学校情况通报会,经常召开教授座谈会、青年教师座谈会、先进劳模座谈会;建立学校领导接待日制度和书记、校长信箱等。

(二) 建立了校院二级管理体制,实现了管理重心下移

实施校院二级管理的目的就是要明确目标,分清职责,重心下移,简政放权,调动学院的办学积极性,扩大学院的办学自主权,实现学校宏观管理,学院独立运行;学校服务指导,学院自主发展。

实行二级管理必须遵循的原则:一是责权利相一致的原则。二是自我发展与自我约束相结合的原则。三是学校宏观调控与学院自主办学相结合的原则。四是效率优先与兼顾公平的原则。

学校各职能部门转变职能。主要行使宏观规划、政策制定、协调资源、信息服务、考核评估、督促检查、对外联络六大职能。学院作为学校下属的相对独立的非法人办学主体,在学校党委和行政的领导下,在学校有关规章制度范围内自主开展教育教学、科学研究和社会服务等活动。

1. 教学管理方面。学校主要负责学院设置、专业设置、学科布局、办学规模、教学计划原则统筹及教学运行的宏观管理与调控、教育教学质量评价与监督以及教学管理规章制度的制定;学院是学校教育教学工作的组织管理主体,负责课程设置与调整、教学内容的更新、教学方法的改革、现代教学手段的应用、专业课和归口管理课教学工作的组织实施与管理、教学基础条件的补充与教学质量保证。

2. 科研管理方面。学校管理重点项目和大中型项目,以及校级以上纵向项目,学院(所)管理一般和横向项目;学院(所)可以自主立项,围绕学科优势和专业方向开展自主研究。学校管理专职研究机构,学院管理兼职研究机构。研究机构编制和人员实行专职与流动相结合的制度。教师有重大科研项目时到科研院所从事以研究为主的教学科研工作,项目完成后返回学院从事以教学为主的教学科研工作。科研经费实行项目管理,项目主持人自主使用。

3. 人事管理方面。学校对学院人事工作实行编制管理、结构管理、国家工资和学校津贴管理。逐步实行“按需设岗、公开招聘、竞争上岗、合同管理”的用人机制和“以岗定薪、优劳优酬”的分配机制。学校负责制定学校人才队伍建设规划;人员编制和机构、岗位设置方案;制定学校人事管理制度;负责组织教职工专业技术职务评审与推荐、工资管理、岗位培训的工作;负责校级重点人才的引进、培养、考核;审定学校人事调动。学院在学校核定的编制数内,负责本学院人员的安排、使用;在学校有关政策的指导下,制定本学院各类人员的考核和分配办法;确定学院内部系(教研室)、所(中心)等业务机构的设置、调整和人员任免,报学校备案;学院下属研究、咨询机构可以直接冠以学校名称;在学校确定的专业技术职务岗位数额内,讲师、实验师任职资格由人事处审查,学院教授委员会代行专业技术职务评审委员会职责评定任职资格,报学校核准,发文确认。

4. 财务管理方面。建立“统一领导,分级分类管理,集中核算”的财务管理体制,适应“学院制”改革的内部财务运行机制和学校投资主体多元化的外部财务运行机制。学校财务管理的主要职责是根据国家的政策法规及高等学校财务会计制度,制定学校内部财务规章制度、开支标准及预算定额;学校财务的预决算;学校各项经费的筹措、管理;会计账务处理;监督学校事业经费的使用和各项财经制度的执行;行使结算中心职能;学院负责制定本单位的经费预算,结合学校有关财务规定制定本单位财务管理制度和分配政策;在符合国家和学校有关财务规定的前提下,统筹使用学校分配到学院的日常经费,自主使用所属自筹资金和创收经费;独立接受社会捐助。

5. 学生管理方面。学校制定学生教育和管理规章制度,并负责督导检查和评估;分学期安排学生教育与管理的重点;组织开展就业工作和助困工作,对学院就业工作和助困工作实行目标管理。学院是学生教育和管理工作的主体,全面负责学生的日常教育和管理工作。组织开展学生就业工作和助困工作。

6. 资产管理方面。实行按来源管理,按需要组配,分校院建档,按规定处置的原则,由学校建成和购置的资产,由学校管理,并根据工作需要安排和配置使用,由学院(所)自筹经费配置的资产,由学院(所)管理,并自行配置使用。

随着管理重心的下移,为了防止学院扩权后出现各自为政的情况,学校对学院实行目标管理,建立健全评价、监督机制。学校在发展规划和每学年党政工作要点的基础上,把学校总体目标分解成学院的分目标,目标内容包括:行政管理目标、教师队伍建设目标、科研工作目标、学生工作目标、本科教学目标、研究生培养目标、学科建设目标、党建与思想政治工作目标、党风廉政建设工作目标、工会工作目标等。每年9月上旬由学校党委、行政主要负责人与学院党政主要负责人签订《学院目标管理责任书》,同时,每年都要对各学院上一学年工作目标完成情况进行全面认真的检查和考核。考核结果分为优秀、良好、合格、不合格四个等级。对考核为优秀的学院将对单位和领导进行表彰和奖励,对考核为不合格的学院将分别扣减下年度学校下拨经费的3% ~5%,并对学院党政负责人进行通报和诫勉谈话。连续两年考核不合格的学院,将对学院党政负责人进行调整或解职。

(三)推动了学校各项工作,提高了学校人才培养、科学研究和社会服务的能力和水平

1. 教学质量提高。学校为了提升教学质量,用改革精神改造、调整学科专业结构,推进教学管理制度和招生制度的改革,完善人才培养模式,改进教育教学方法,加强课程建设,推进“思想政治理论课”、大学英语、数学课、计算机课、双语课程等基础课程的教学改革,加强实践教学体系和人才培养基地的建设、网络课程和多媒体教学的建设、保障体系与教学质量监控建设以及教风学风建设,加大了对教学基本建设的经费投入力度。在不断提高基本教学开支的同时,学校实行教学经费、教师编制与教学质量挂钩机制,依据生源的数量、质量和毕业生一次就业率等指标,划拨各专业教学专项建设经费。依据各学院开设课程的质量和数量等指标,计算每个学院教学编制,实现优教优酬。对于生源数量少、质量差,毕业生一次就业率低,科研水平不高的专业,采取黄牌警告,限制招生数量,把有限的教育教学资源逐渐集中到优势专业和重点发展的专业上来。这些改革,有效地促进了教学质量的提高,学生的综合素质、创新精神与实践能力不断提升,毕业生在人才市场极具竞争力,2003年至2006年,学校本科毕业生的就业率均在93%左右。2006年11月,学校顺利通过了教育部本科教学工作水平评估,被教育部评定为“优秀”

等级。

2. 科研水平提升。学校实施了科研强校战略,进行了科研机制创新和体制变革,建立了兼职和专职两种科研机构,实行流动与固定两种编制,并组建跨学科研究中心,实行教研室教学和科研的一体化,构建开放、流动、复合的科研平台。学校、学院与国家机关、企事业单位、社会研究机构等合作,多形式举办专职和兼职研究机构。探索多渠道为经济社会发展服务的科研途径。加强科研工作管理,完善科研评价制度,营造自由、宽松,求真务实的学术氛围。发挥各类研究机构在组织和牵头承接各类重大科研项目方面的带头作用,积极组织优势学科和有竞争力的科研人员,争取国家、省、部等科研项目,学校配套资助科研项目,特别是纵向大中型项目。完善了科研经费保障和奖惩制度,加强了学术规范建设,调动了教师的科研积极性。学校的科研实力不断攀升,国家级、省部级课题、奖励和高水平的论文不断增加,较好地实现了科研为培养人才和经济社会发展服务的目的。根据2004年《中国青年报》刊载的全国普通高等院校人文社会科学竞争力排名,云南财经大学在全国570余所本科高校中排名第六十,在30多所财经类本科院校中排名第八。

3. 人事分配制度不断完善。初步建立了符合各类人才成长规律、符合高校特点的人事管理制度。形成了新的充满活力与生机的用人机制,即职务能高能低、待遇能上能下、人员能进能出的用人机制。人事管理重心下移,校级机关分步压缩32%的人员充实院系。实现了人事管理由人头管理向编制管理、岗位管理转移。教师、教学辅助人员实行专业技术职务聘任制,专职党政管理人员试行教育职员聘任制和行政管理职务聘任制。按照精简高效的原则,根据各单位的工作职能、编制和岗位职责合理设置科级机构,科级干部全部实行竞聘上岗。教师岗位实行分类管理,设立专任教学岗位和教学科研岗位,多数的教师承担教学和科研的双重任务,少数具有较高教学水平的教师专门从事教学工作,并在管理学、经济学等主干学科设首席教授岗位。在校内分配上实行效率优先、兼顾公平的原则,不同岗位的人员按照其贡献合理拉开分配差距,打破平均主义,实现"多劳多得,优劳优酬,以岗定薪,岗变薪变",并向重要岗位和高素质人才倾斜,充分发挥分配机制的激励功能,调动教职工的积极性。

4. 财务管理得到加强。建立了适应投资主体多元化的外部财务运行机制和适应“学院制”改革的内部财务运行机制。外部财务运行机制方面，按照政府投入为主、社会广泛参与的多元化投融资、筹资要求，建立健全了适应投资主体多元化的财务会计管理体制和机制。对实行股份制运作改革的学院，按股份制的办法吸引社会资本，参照股份制企业会计制度和核算方法，建立和完善具有学校特点的股份制财务管理制度和核算体系。对社会投入学校的非股份制投资，在国家同期公债利率上浮20%的标准以内，对投资者进行回报。内部财务运行机制方面，按照“学校宏观管理、学院独立运行”的学院制改革目标，强化学院的自主理财功能，促进学院的事权与财权，责任与利益相统一，以及人、财、物的合理配置，使学院成为相对独立的办学主体。强化预算管理、目标管理，扩大学院经费使用管理权限，学校依据各学院学科、专业、硕士点、学生数量和结构状况、承担归口管理课程、全校性选修课时数等，核定各学院经费，学院自主安排本单位的学科、专业、课程、硕士点建设经费，自主确定本单位教职工的教学课时津贴、管理岗位津贴、党团和学生工作经费等人员和公用经费。学校通过导向性财务政策，引导学院积极筹措和用好资金。同时，通过学院教（工）代会、教授委员会、校务公开和其他民主管理方式，对财务工作实行民主决策、民主管理、民主监督。

5. 后勤服务改革得到深化。坚持后勤为学校教学、科研和师生服务的宗旨，按照高校特点和市场规律，逐步建立起后勤社会化的模式，即让“后勤走向市场、市场走进学校”。撤销总务处，设立后勤产业集团，实行企业化管理，自主经营、自负盈亏、自我发展、自我约束。设立后勤管理委员会，代表学校与后勤产业集团签订服务契约，并负责协调、监控各类经营服务的资产、价格和质量。后勤产业集团的所有职工均实行劳动合同制，干部实行聘任制，按需设岗，以岗定编，层层聘任，择优上岗。在集团各级核算实体中建立“以效益高低定分配，以服务优劣定等级”的分配机制，实行“岗位工资+基础工资+效益工资”的新工资结构，原来的事业性工资、津贴只作为档案工资。职工的医疗、养老、事业保险等均进入国家的社会保障系统。改革资产管理制度，后勤的资产所有权属学校，学校以签署托管协议的方法将后勤资产委托后勤产业集团管理使用。会计核算制度变事业会计核算为企业会计核算。学校逐步取消对后勤产业集团的行政拨款，变后勤经费行政拨款使用制为服务收费制，将原后勤经费直接拨付给校内各用户单位，后勤产业集团在承接服务后合理计价收费，开展有偿服务。通过三年的改革，实现了“学校支付给后勤产业集团经营服务型人员工资总额递减为零，学校支付给后勤产业集团的项目运行费逐年递减为零，学校无偿对后勤产业集团进行的经营性投资为零”的目标。同时，学校后勤服务工作的质量不断提升，效益不断提高。

三、社会评价

经过三年多对“双层式”现代大学制度的探索实践，学校进一步优化了体制，完善了机制，赢得了良好的外部发展环境，理顺了内部关系，调动了教师和学生工作及学习的积极性，促进了科研水平和教学质量的提高，加快了学校的发展和建设，加强了学校的实力，扩展了学校的影响，凝练了“自强不息、敢为人先”的云南财经大学精神，学校呈现出勃勃生机，逐步成为云南经济与管理类人才培养中心，经济与管理理论研究中心，经济与管理政策咨询服务中心和面向东南亚、南亚的经济与管理人才培养基地，成为云南省重点建设的骨干大学之一。2006 年 2 月，教育部批准学校更名为云南财经大学，为学校的进一步发展创造了更好的条件。改革实现了云南省委、省政府“办好一所大学，探索一条路子”的目标。

改革得到了全校师生的积极支持和充分认可。2005 年 5 月 25 日，学校召开了改革试点工作情况通报会，全校教代会代表、全体教授、处级以上干部、民主党派负责人及部分离退休人员共计 151 人参加了会议，会上以无记名问卷调查的形式对云南财经大学的改革工作满意度进行了调查，调查结果为满意率达 97%。

改革得到了中共云南省委、省人民政府的高度评价。2005 年 6 月 28 日，省委、省政府在学校召开了改革试点工作汇报会，省委、省政府领导和省教育改革与发展领导小组及各有关厅局领导、省内各兄弟院校的主要领导听取了学校改革工作的情况报告，并给予了高度的评价。对学校积极探索和构建现代大学制度的做法，丹增同志指出，云南财经大学“以体制改革和机制创新为切入点，开拓进取，大胆尝试构建符合国情、法律法规和学校特点的现代大学制度构架。这个构架的核心内容，从政府、社会与学校关系的宏观层面看，就是‘政府宏观管理、市场适度调节、社会广泛参与、学校依法自主办学’；从学校内部微观层面看，就是‘党委领导、校长负责、教授治学、民主管理’，并相应调整了学校外部和内部的组织结构、运行机制。这一开拓性的工作，在理论和实践上都极具价值，为我省深化高校体制改革提供了范例，值得学习和借鉴”①。

改革受到了社会各界的高度关注和积极评价。《人民日报》《光明日报》《中国青年报》《中国教育报》《云南信息报》《春城晚报》、云南电视台等多家媒体曾多次追踪报道云南财经大学改革工作的做法和经验，给予了积极的评价。《人民日报·情况汇编》以《政府宏观管理，社会多方参与——云南财贸学院教育体制改革的启示》为题刊发了内参②，《光明日报·情况反映》以《云南财贸学院努力探索建立现代大学制度》为题刊发了内参③，《光明日报》刊登了云南财经大学《关于我国现代大学制度的构架问题》的理论文章④，《云南日报》以《努力探索高等教育改革新途径》和《贵在敢为人先》为题两次为学校探索建立现代大学制度的专题报道配发了评论员文章。⑤《中国教育报》以《培养边疆民族地区经世致用人才——云南财经大学改革体制机制创新人才培养模式》为题，用整版篇幅对改革实践作了报道。⑥

云南财经大学的实践证明，我们提出的中国现代大学制度“双层式”构架模式——“宏观层面（学校与外部的关系）：政府宏观管理、市场适度调节、社会广泛参与、学校依法自主办学；微观层面（学校内部）：党委领导、校长负责、教授治学、民主管理”⑦是可行的。

---

① 丹增：《在云南财贸学院改革试点工作汇报会上的讲话》，参见云教改发〔2005〕3 号。

② 《人民日报》社内参部：《政府宏观管理，社会多方参与——云南财贸学院教育体制改革的启示》，载《情况汇编（第 1695 期）》2005 年 9 月 30 日。

③ 《光明日报》总编室：《云南财贸学院努力探索建立现代大学制度》，载《情况反映（第 331 期）》2004 年 10 月 21 日。

④ 刘绍怀：《关于我国现代大学制度的构架问题》，载《光明日报·理论与实践版》2005 年 5 月 7 日，第 3 版。

⑤ 罗霞、陈云芬、杨润：《我省召开高教改革试点工作汇报会》、本报评论员：《努力探索高等教育改革新途径》，载《云南日报》2005 年 6 月 28 日；罗霞、杨云芬：《为办好大学探索一条新路——云南财贸学院改革发展试点工作纪实》、本报评论员：《贵在敢为人先》，载《云南日报》2005 年 8 月 17 日。

⑥ 杨云：《培养边疆民族地区经世致用人才——云南财经大学改革体制机制创新人才培养模式》，载《中国教育报》2006 年 10 月 11 日，第 9 版。

⑦ 刘绍怀：《关于我国现代大学制度的架构问题》，载《光明日报·理论与实践版》2005 年 5 月 7 日，第 3 版。

第六章
云南大学学院制建设的探索与实践

自 2009 年以来,云南大学为优化内部运行机制,增强学校发展活力,全面推进了新形势下的学院制建设,以期为建立现代大学制度奠定基础。

第一节　大学学院制的产生与发展

(一) 国外大学的学院制及其发展

大学学院制最早形成于欧洲中世纪大学。研究大学学院制,有必要首先厘清西方大学学院制的发展脉络和主要特征。一般认为,法国、英国和美国都是近现代大学学院制的策源地,由于这三个国家不同的历史文化背景和教育传统,形成了各具特色的大学学院制。

法国是世界上大学学院制的诞生地,12 世纪 60 年代初创立的巴黎大学是历史上第一所建立学院制的大学。它按传统的学科知识为标准设立学院,形成了大学学院制的最初形式,当时就设立了 4 个学院,即神学院(具有优越地位)、文学院(文学与科学)、法学院(以教会法为主)与医学院。“这就是大学学院制度的最早形式:以学科知识划分学院,实行校、学院共同管理。”①当然,学院制模式在法国并没有持续存在,1968 年法国政府颁布的《高等教育方向法》规定,取消原来的学院建制,建立教学与研究单位。近些年来,法国大学又采用了学院管理模式,但现在的学院制多半已不具有传统的内涵,而有了新的发展,“如巴黎大学的学院制实行了总校—分校—院/学系—系的组织架构和运行模式”②。

---

① 戚业国:《论大学学院制度的形成、发展与改革》,载《高等教育研究》1996 年第 5 期。

② 严燕、耿华萍:《学院制在西方大学中的发展脉络及其共性研究》,载《苏州大学学报(哲社版)》2005 年第 5 期。

英国大学学院制发展较为完善，是近现代以来许多国家大学学院制仿效的对象，其中又以牛津大学、剑桥大学和爱丁堡大学的学院制最有典型性和代表性。牛津大学、剑桥大学的学院已不全以学科知识划分，而是以学生来划分，最突出的特点是在大学与学院在职权界定、义务设置和教学科研组织等方面，既有分离，又有统一，使二者呈现出隶属与自治的双重关系，学院的独立性更强，职能更丰富，而大学则成为相对松散的组织。爱丁堡大学按照学科门类或一级学科设立学院，这体现了现代社会和科学发展的成果，是世界上借鉴最多的模式。

美国大学学院制在模仿英国大学学院制的基础上，形成了以学科划分为主，同时紧密结合社会和经济发展需要的学院制度。“以直接服务于当地经济为己任组织学科教学活动，这种以实用主义为指导思想的学院制形成了美国高等教育的办学特色，也正是这种‘特色’成为美国高等教育位居世界前列的重要‘引擎’。”①美国大学的学院制主要在研究型大学中实行，学院的设置和发展更加注重满足人才培养的需要。

综观法国、英国和美国的大学学院制，虽然形成了不同的流派和传统，并在发展过程中呈现出多种多样的模式，但无论何种形式的学院制，都体现出三个共同的特性：

第一，实体性。学院无论是在教学、科研上，还是在财务管理、资源配置中都具有不同程度的独立性，学院成为具有实体性的管理层，实体性成为“学院制”的本质特征。

第二，主体性。为实现学院的实体性管理，实行学院制的大学赋予学院相对的主体资格和主体地位，承担相应的责、权、利。主体性成为构建校院运行模式和实现学院自主发展的前提。

第三，自主性。学院根据大学的授权许可，结合自身的实际情况，按照一定的规章制度和程序，对学院的人才培养、科学研究和社会服务及内部事务等进行决策，通过自主管理增强学院的办学实力和管理水平，自主性成为确保学院制有效运行的关键。

---

① 王建波、杨宁：《对学院制本质内涵的探讨》，载《宁波大学学报(教育科学版)》2001年第6期。

（二）我国大学的学院制及其发展

1. 我国大学学院制的实践探索

我国大学学院制最早可追溯到民国初年，1912 年 10 月 24 日，国民政府教育部颁布《大学令》，明确规定大学以文、理两个学科为主，凡是同时设有文、理两科，以及文科兼法商一科，或者理科兼医、农、工三科，或者三科中兼两科或一科，即可称为大学。1913 年 1 月 12 日，国民政府颁布《大学规程》，当时的学堂中有农科、商科、工科和法政科，而该规程将传统学堂中的科改为学院，同时规定必须具备三个以上的学院才可称之为大学。国民政府颁布《大学规程》，标志着我国学院制的产生。1929 年《大学组织法》颁布后，学院制在我国开始逐渐走向成熟。该法规定大学可设文、理、医、商、工、农、法、教育等类学院，设立三个以上的学院方可称为"大学"。① 新中国成立后，1952 年的院系调整把大学分为综合大学（设文理科）和专门学院，学院制淡出高等教育领域。20 世纪 80 年代中期开始，我国一些大学，尤其是中央各部、委属大学率先试行以学院为实体的校、院两级管理模式的学院制，开启了我国新时期大学学院制改革的序幕。20 世纪"90 年代以来，在经济体制改革和市场经济不断完善的过程之中，学科发展综合趋势加剧，高等教育向更高层次和更大规模发展，因此也就不同程度地冲击大学的校、系两级管理的原有格局，引起校内管理的复杂化。这样，组建学科群，建立学院，由校、系两级管理走向校、院、系三级管理的要求就应运而生"②。当前，我国一些大学仍然在不断探索和推进学院制改革，力图建立和完善具有自身特点的学院制管理体制和运行机制。"截至 2007 年 5 月，我国普通高校共 1 909 所，在 741 所本科院校中，实行学院制的有 460 所。"③

2. 云南大学学院制建设及其发展历程

（1）云南大学学院制的缘起与初步发展

云南大学学院制最早可追溯到 20 世纪 20 年代的初创时期。云南大学的前身为创立于 1922 年的私立东陆大学。当时创办人仿效西方大学建制开

---

① 唐克军：《论我国大学学院制的发展》，载《大学教育科学》2004 年第 1 期。

② 李泽彧、曹迎霞：《试论我国大学学院制的科学内涵和实行学院制必须解决的几个问题》，载《吉林教育科学 · 高教研究》1999 年第 2 期。

③ 李北群、徐月红：《对我国再度兴起学院制的思考》，载《中国高教研究》2008 年第 1 期。

始着手在教学系的基础上组建学院，但是由于办学经费、设施和师资的制约，私立东陆大学仅设有工科和文科两大部门，工科设土木工程系、采矿冶金系、机械工程系，文科设政治系、经济系、历史系、教育系。可见，在教学系上组建学院的雏形在建校之初就已见端倪。

1930 年私立东陆大学改为云南省立东陆大学，设有文学院和工学院。依据 1929 年南京国民政府颁布的《大学组织法》之"须具备 3 个学院以上者才能称为大学"的规定，1932 年增设教育学院，并将文学院扩充为文理学院。当时工学院设采矿冶金系和土木工程系，文理学院设数理系、政治经济系、法律系，教育学院设教育系和师范专修科。① 1934 年云南省立东陆大学更名为云南省立云南大学，将教育学院归并于文理学院，并改为文法学院，将文理学院之理科归并入工学院，称理工学院。在《云南省立云南大学组织大纲》中第四章第五条："本大学根据固有基础及事实需要，先设文法，理工，医学三院。"第八条："本大学各学院各学系或科设主任一人，由院长商请校长聘任之，商承院长处理各该系或科之教务。"可见，1930—1934 年的四年间，为了满足社会的人才需求，不断增设教学系，为设立和完善学院制管理体系提供了可能和创造了条件。而且，学院作为办学实体的地位得到凸显，与学校的职责也有了初步的划分。

1938 年 7 月，省立云南大学正式改为国立云南大学。《国立云南大学组织大纲》第二章规定"本大学设立文法学院、理学院、工学院、医学院、农学院"，学院设置较省立时期增加了农学院，原来理工学院分设为理学院和工学院，而且理学院增设算学系、理化学系、生物学系，文法学院增设文史学系。当时的云南大学学科门类更加齐备，学院为学科提供了发展空间。至 1949 年，五个学院下设的教学系有了进一步增加：文法学院设有文史学系、外国语文学系、政治学习、经济学系、法律学系、社会学系和西南文化研究室，理学院设有数学系、化学系、物理系、生物系，工学院设有土木工程学系、矿冶工程学系、铁道管理学系、航空工程学系、机械工程学系、电讯专修科，医学院设有附属医院，农学院设有农艺学系、森林学系、蚕桑学系、农林场等。1937—1949 年间，云南大学在熊庆来校长"以清华的模式建设云南大学"的方针指导下，

① 张建新、董云川编：《云大文化史料选编》，云南大学出版社 2006 年版，第 129 页。

学校规模得到进一步扩大,办学层次也得到提高,逐步发展成国内外较有影响的综合性大学。这其中,学院的设立和发展对学校起到了重要的作用。

(2)云南大学学院设置撤销时期

1953年开始,云南大学按照中央教育部和西南军政委员会文教部的统一部署,进行大规模的院系调整。是年10月11日,政务院公布高等院校调整后,全国共有高等学院182所,其中综合大学14所,云南大学是14所综合大学之一。1954年8月,经西南军政委员会高等教育局备案,云南大学撤销文法学院、理学院、农学院的院一级机构。1954年、1956年、1958年先后将工学院、医学院、农学院分出去独立建院或并入其他学校,逐步发展为今天的昆明理工大学、昆明医学院、云南农业大学、西南林学院等高校,这极大地促进了云南省高等教育的发展。1958年,云南大学已无学院设置,仅设有中文系、历史系、数学系、物理系、化学系、生物系等。"经过20世纪50年代院系调整,云南大学由一所文、法、经、理、工、医、农的多科性综合大学变成为一所仅有文、理两科的综合大学。"①1965年增设政治系和外语系,1976年增设地球科学系。

(3)云南大学学院制的恢复与发展时期

1989年11月,云南大学经济学院正式成立。该学院由经济系、对外经济贸易系、管理系、统计系四个系和经济发展与改革研究所、应用统计研究所、人口研究所三个研究所组成。经济学院的成立是改革开放以后云南大学实行校院系管理的尝试。1992年11月2日,云南省教委批准云南大学内部管理体制改革方案,作为全省高校内部管理体制改革试点单位。1993年6月云南大学成立成人教育学院,1994年与马来西亚国际现代设计集团联合创办成立国际现代设计艺术学院,该学院积极探索新型办学模式。

1997年,云南大学在被列为国家"211工程"首批立项重点建设高校后,迎来了又一个重要的发展机遇期,解决影响和制约学校发展的关键问题就成为当务之急。为此,学校各方面开展了解放思想的大讨论,共同商讨促进学校发展的对策。当时基本形成这样的共识:云南大学既面临着良好的发展机

---

① 张建新、董云川编:《大学变化的传承与创新——云南大学个案研究》,云南大学出版社2006年版,第95页。

遇，具备了快速发展的条件和可能，但也存在着许多阻碍发展的因素，其中最重要的就是管理体制的问题，必须改革传统的校内管理体制，以建立校、院、系分级管理体制为切入点，推动学校的综合配套改革。当时校院系分级管理体制改革的目标是：逐步建立起功能完整、结构优化、层次合理、幅度适当、权责明晰、运转协调、灵活高效、且为师生员工及社会公众广泛认同的新型的校、院、系分级管理体制。[①] 1997 年 1 月云南大学工商管理与旅游管理学院的成立标志着云南大学新一轮学院制改革的启动；10 月，以中文系、历史系和档案系为基础，云南大学人文学院得以成立；11 月，以生物系、化学系、云南省工业微生物发酵重点实验室、云南省微生物研究所、云南大学生态学与地植物学研究所为基础，云南大学生命科学与化学学院正式成立。1998 年 4 月，云南大学又成立了六个学院，分别是以法律系、政治学系、行政管理学系为基础成立的政法学院；以旅游系、外语系为基础成立的旅游与外国语学院，以公共计算机教学部、信息与电子科学系、计算机科学系为基础成立的电子信息与计算机学院（1999 年 5 月更名为云南大学信息学院），以数学系、物理系、地球科学系为基础成立的理学院，以发展报告编辑室、高技术转移中心、人才资源开发研究中心、台湾研究中心、国际关系研究中心、西南亚研究所、软科学与系统工程研究中心、中国西南边疆民族文化研究中心为基础成立的发展研究院，以及职业技术学院。1999 年 6 月，人文学院人类学与社会工作系分为社会工作系和人类学系，理学院新增材料科学与工程系，生命科学与化学学院新增环境科学系；6 月 24 日，云南大学法学院正式成立，含原云南政法高等专科学校；7 月，云南大学公共管理学院（马列部）正式成立；9 月，云南大学工商管理与旅游管理学院正式成立。12 月，以外语系和公共外语教学部为基础，成立云南大学外国语学院。

1997—2000 年间，学院制建设成为我国高校内部管理体制改革的热点之一，“学院制在我国的再度兴起并非是传统意义上的简单回归，而是在新的起点上得到了丰富和发展。这既取决于社会大环境变革的推动，又受到大学自身生长发展规律的制导作用”[②]。一般而言，其改革的目的是“通过改

① 张昌山：《高校内部分级管理体制的建设与运作——以云南大学为例》，载《思想战线》1997 年增刊。

② 郭桂英：《学科群与学院制》，载《高等教育研究》1996 年第 6 期。

革、重组、调适完善大学内部组织结构,进一步强化大学的功能机制,提高管理效率和效益"①。当时云南大学学院设置和调整的目的是建构校、院、系三级管理体制,通过学院管理缩小学校的管理幅度,提高管理效率,并逐渐实现"虚院实系"向"实院虚系"的转化。

除了管理层级方面的考虑,当时许多大学的学院制改革已开始注重其内涵建设,"按照学科分类体制或依托学科力量建院"②,显现大学学院制有利于学科发展的内在逻辑。云南大学在学院的设置和调整中也注重了学科建设与发展的要求,提出"建立学院应以学科的共同生长点、系(所)或专业的最佳结合点及组织与人群心理上的最大可容点为基础,走大学科的发展道路,发挥学科群的整体优势"③的主张,这符合当时国内高校学院制建设的趋势和云南大学的学科建设思路与要求。

可以说,20 世纪末云南大学的学院制建设是在国内高校内部管理体制改革的大背景下和在学校确立和实施学科发展战略规划基础上进行的。虽然,还存在诸如部分学院设置不尽合理、校院系管理运行机制有待完善、资源优化配置存在障碍等问题,但这一阶段的学院制建设为深化内部管理体制改革和加快学科发展奠定了体制基础。

2000 年至 2005 年,云南大学学科建设获得较快发展,办学规模也迅速扩大,学院的数量有了进一步的增加。截至 2005 年 12 月,云南大学已有 26 个学院,2 个研究院,3 个公共教学部。此时的学院设置已暴露出了一些问题。2005 年底,云南大学再次对学院设置进行调整,着力解决两个问题:一是促使学院由单科性学院向综合性学院迈进;二是由一院制向两院制并行发展,即组建研究院。经过此次学院设置调整,云南大学设有学院 17 个、研究院 8 个、公共教学部 1 个、留学生院 1 个,为学校向研究教学型大学发展创造了组织机构保障。

2011 年,根据事业发展需要,学校增设了医学院、农学院和国际学院。此前,还在经济学院设立了会计学院和在公共管理学院设立了社会工作

---

① 陈伟:《学院制改革:大学内部结构重组与调适的途径》,载《上海高等教育研究》1998 年第 7 期。

② 郭桂英:《学科群与学院制》,载《高等教育研究》1996 年第 6 期。

③ 张昌山:《高校内部分级管理体制的建设与运作——以云南大学为例》,载《思想战线》1997 年增刊。

学院。

（三）近些年来我国大学学院制的理论研究与反思

1. 我国大学学院制的理论研究

自20世纪90年代以来，国内有关大学学院制的研究可谓方兴未艾，尤其是2000年后，学院制研究更是成为高等教育研究的热点问题之一。通过对中国期刊全文数据库“精确”检索1990年至2003年间以“学院制”为关键词的公开发表在各种学术期刊上的相关论文可以发现，这13年间有关学院制的研究论文大约仅有63篇。而以同样的方式检索2004年至2009年间以“学院制”为关键词的公开发表的相关论文则达到了142篇，研究主要集中在几个方面：学院制发展史、学院制运行机制、学院组织与权力结构、二级学院管理、学院财务管理、问题研究、国外比较研究等。

2. 近些年来国内大学学院制实践探索和问题研究的主要观点

近些年来，我国高等教育学界对国内许多大学学院制建设的实践探索和存在的问题进行了分析和研究，形成了一些有代表性观点。

有学者认为，国内大学学院制主要存在四个方面的问题①：第一，对学院制的改革效果期望过高，没有充分认识到学院制改革可能带来的负面影响。第二，部分学校的学院设置脱离了以学科建设为核心的改革目标。第三，忽视管理运行机制的完善。第四，有可能引发新一轮的校内资源重复建设和低水平运转。

有学者指出，学院制改革的问题主要表现在两个方面：文化基础缺失和权力配置不均，因此，学院制改革必须以学校的文化传统及其精神、制度文化为依托，“文化基础缺失”将可能导致学院制改革成为无源之水，缺乏持续性，难以建立起体现学校自身特色的学院制模式。而“权力配置不均”则可能导致学院制改革难以向纵深推进，并表现出两个方面的结果：“首先，从校、院之间的权力配置来看，校部权力过重的现象未得到有效解决，相当部分的过程管理仍停留在学校、集中在职能部门，学院的自主权十分有限；其次，从院、系之间的权力配置来看，一些由传统系、所合并组建的二级学院，其下

① 谭荣波：《学院制改革中存在的四个问题》，载《江苏高教》2002年第3期。

属学系依然固守着传统的权力范围,致使学院沦为‘虚体性学院’。”①

还有的学者认为,学院制改革必须处理好学术权力与行政权力的关系。“高等学校中学术权力和行政权力的矛盾与冲突主要表现在如下两方面:首先,行政权力过多介入学术事务,排斥学术权力对学术事务的决策。其次,学术权力过分干预行政事务,影响行政机构和行政人员按规章制度高效处理问题。”②有的研究者从高校内部管理中普遍存在的种种现象入手,分析了学术权力与行政权力的关系。“在高等学校实际工作中,我们常常看到:系一级埋怨校一级管得太死,处室衙门作风、文牍主义盛行;行政机关则觉得对系和教师管得还不够,太放任;教授总是说自己的意见无人关注,在学校中不受重视、不受尊重,教授的地位没有得到充分体现,行政人员则说自己的权力太小。高等学校中学术权力和行政权力的矛盾与冲突主要表现在如下两方面:首先,行政权力过多介入学术事务,排斥学术权力对学术事务的决策。其次,学术权力过分干预行政事务,影响行政机构和行政人员按规章制度高效处理问题。”③

由于行政权力系统和学术权力系统的界限模糊,行政事务和学术事务常常被混淆,许多高校以行政权力取代学术权力的职能和决策权,使得高校内部的行政权力在很大程度上削弱了学术权力。目前,我国已经开始重视学术权力对学校重大事务,特别是学术性事务的决策作用,但相应的组织机构的建立和运作仍不规范,在形式和某些职能上,有的高校的学术机构只是照搬了西方的“教授会”,但实际权限却比真正的西方教授会要小得多。只有认识到行政权力与学术权力之间的关系,才能更深刻地认识和理解高校内部的权力运行和权力结构,进而才能寻找到二者的结合点,协调二者以期发挥最大效用。

---

① 刘国艳:《我国大学学院制改革:理论·问题·思考》,载《国家教育行政学院学报》2008年第8期,第83页。

② 杨琼、吴小龙:《高校行政权力与学术权力配置模式研究》,载《黑龙江高教研究》2008年第3期,第32页。

③ 杨琼、吴小龙:《高校行政权力与学术权力配置模式研究》,载《黑龙江高教研究》2008年第3期,第29页。

第二节 云南大学新时期学院制建设的内涵与措施及成效

近年来,云南大学认真分析和研究了国内外高校学院制建设在理论认识和实践探索方面的经验和问题,结合学校特点和发展需要,实施了以目标责任制为核心的学院制建设。

(一)云南大学新时期学院制建设的基本内涵

近几年来,我国高等教育的发展从扩大规模转移到提升水平上。怎样建立符合国情、校情的现代大学制度以保证高等教育更加科学地发展,成为高等教育理论研究者和管理者必须直面的重要问题。云南大学党委书记刘绍怀教授指出:"我国现代大学制度的构架包括两个层面,即宏观层面(学校与外部的关系):政府宏观管理、市场适度调节、社会广泛参与、学校依法自主办学;微观层面(学校内部):党委领导、校长负责、教授治学、民主管理。"①遵循这样的思路,云南大学近年来大胆开拓、锐意创新,着力探索在现代大学制度框架下推进学院制改革与建设的切入点和突破口,经过广泛讨论和深入研究,确定了以实施目标责任制为核心的学院制作为新时期现代大学制度建设的切入点和突破口,努力构建符合教育规律和具有自身特色的现代大学制度。

1. 以目标责任制为核心的学院制建设目标

云南大学学院制建设以科学发展观为指导,遵循高等教育规律,贯彻落实党的教育方针,按照经济社会发展及培养德、智、体等方面全面发展的社会主义事业的建设者和接班人的需要,从学校实际出发,努力建设富有创新性和多样性,充满生机与活力的学院制。云南大学通过学院制的建设,构建了科学、合理的两级管理体制——学校、学院两级管理体制,学校简政放权给学院,将管理重心适当地下移,从而进一步地增强了各学院自主运行及自我管理的能力,进一步地推进云南大学又好又快地发展。通过管理机制及体制的改革,云南大学更好地分清了学校和学院的职责,强化了学院的目标责任,扩

① 刘绍怀:《关于我国现代大学制度的架构问题》,载《光明日报·理论与实践版》2005年5月7日,第3版。

大了学院的自主管理权，同时增强了各学院的办学活力，调动了各学院自我发展的积极性、主动性和创造性，提高了各学院的工作效益与效率。同时，云南大学为了推动各学院的不断发展，更加严格地执行学院目标责任制的评估和考核。目标责任制为核心的学院制建设的总体目标是逐步建立起“学校宏观调控、学院自主运行、师生民主管理、教授专家治学”的校院分级管理体系。

从云南大学学院制建设目标可以看出，以目标责任制为核心的学院制建设着力调整和完善学校与学院间、校内各级各类单位间的权力结构，并通过目标责任制的实施统合各方权、责、利关系，重点处理好以下几个关系。

（1）责任与权利的关系

学校与学院间的职责划分和责权关系一直是我国高校实施学院制中没有得到很好解决的问题，学校和学院管理上常常存在职责不清、责权不明的情况。“实施学院制的关键在于科学划分校、院两级管理权限，具体说来，应在校、院两级管理层次之间就管理权限问题进行科学的划分。”[①]管理权限问题实质上也就是校院职责划分问题，“学校与学院之间的职责不清、权力不明、利益分配不合理必将影响工作任务的完成，工作质量也必将大打折扣”[②]。云南大学学院制建设确立了在“学校宏观调控、学院自主运行”的总体目标框架下协调责任与权利的关系。具体来说，现阶段的学院制建设力图通过确立更加明确的校院职责划分，建立更加明晰的岗位职责和管理目标，学校注重宏观管理，在计划、指导、协调、监控和服务等方面多做文章，真正把诸如学院内部机构设置权，人员聘用、考核、奖惩权，学科建设权，教学管理权，内部经费审批权，学生工作管理权，合作办学权，有偿社会服务权等下放给学院，增强学院自主办学的积极性。

（2）行政与学术的关系

在学院制中，行政与学术的关系实质是行政权力和学术权力配置问题。学院事务千头万绪，关系纷繁复杂，但核心是处理好行政和学术的关系，使行政权力与学术权力规范运行，实现合力。在大学发展历史上，学术权力与行

---

① 栾芳、陈辉：《高校实施学院制管理的问题研究》，载《黑龙江教育（高教研究与评估）》2006年第3期。

② 陈功森、卢琳：《高校学院制管理问题探析》，载《赣南师范学院学报》2006年第5期。

政权力一直是一对如影随形的矛盾关系，始终伴随着大学管理制度的发展。“只有认识到学术权力和行政权力之间的冲突，才能更深刻地认识高等学校内部的权力结构和权力运行，才能努力去寻找二者整合的结合点，使二者协调发挥作用。”①因此，云南大学学院制建设通过强化“师生民主管理、教授专家治学”来协调院内党政权力、学术权力和公众权力的关系。

（3）历史与现实的关系

云南大学在九十余年的办学历程中，积淀了深厚的校园文化传统，形成了有自身特色的精神文化、制度文化。无论是 20 世纪三四十年代发展为国内知名的综合性大学时期，还是世纪之交以来抓住“211 工程”机遇实现大发展时期，云南大学都结合当时历史条件和自身实际，在学院设置与学院管理上积极探索，积累了一些经验，促进了学校的发展。面对当前高等教育发展的新趋势和学校内部管理体制改革出现的新情况、新问题，云南大学的学院制建设必须要把握好历史与现实的关系，从历史经验中梳理和凝练传统和经验，以史为鉴，在客观现实中寻求学院制改革的突破口和关键点。

（4）改革与发展的关系

改革和发展是密切联系、相互促进的两个重要问题。高校内部管理体制改革进展到今天，已触及很多深层次的问题，涉及各种利益关系，也涉及改革中形成的新矛盾。云南大学以目标责任制为核心的学院制建设充分重视正确处理改革与发展的关系，切实解决改革中出现的问题，在改革中发展，在发展中完善。

2. 学院制建设的基本原则

围绕学院制建设的目标，云南大学确立了以下基本原则。

（1）学校宏观调控与学院自主运行相结合的原则。学校实行宏观调控，简政放权，管理重心下移，给予学院事业发展和人财物等充分自主权。学院按照政策规定自主运行、开拓创新、科学发展。

（2）责、权、利相一致的原则。“大学学院制管理的创新思路在于建立全新的责、权、利对称运行机制，其创新内涵体现在目标管理及评价、考核、监

---

① 杨琼、吴小龙：《高校行政权力与学术权力配置模式研究》，载《黑龙江高教研究》2008 年第 3 期。

督、约束、协调等机制必须与学院的责、权、利关系相适应。"①学院的工作目标及其责任与学院的管理自主权及利益相一致。

(3) 自我发展与自我约束相结合的原则。学院须依照国家的法律和学校的规章制度,按照学校规划和计划,立足学院实际,在实现自我发展的同时加强自我约束。

(4) 统一性与多样性相结合的原则。学校根据建立现代大学制度的总体要求,制定学院制的基本原则和基本构架,规定学院的基本任务,并商议确定其总体目标。各学院在此基础上着力建设结构完整合理、运转灵便高效、充满生机活力、内涵丰富、特色鲜明的学院制管理和运行机制。

(二) 云南大学新时期学院制建设的主要措施

1. 进一步明确划分校院管理职责

"学院制改革的关键是建立校、院两级行政管理体制,目的是使系、所及其他教学科研单位从以往承担的繁杂行政事务中解脱出来,集中精力抓好教学、科研工作,而把行政管理工作集中到学校和学院两级,使学院成为相对独立的办学实体,在合理划分学校与学院的权限的基础上充分提高学院办学积极性。"②云南大学通过进一步划分明确学院与学校在党建与思想政治工作、国际交流与合作、资产管理、学生管理、科研管理、教学管理、财务管理、人事管理、学科建设与研究生教育等方面的职责,改进和完善现行的学院领导体制和决策与监督机制,以真正提高学院办学积极性。在出台的《关于全面推进学院制建设的意见(试行)》中规定:学校主要履行宏观规划、制定政策、协调资源、信息服务、考核评估、督促检查、对外联络等职能。除了保留必要的组织审批权限和依法管理对外合同之外,学校各职能部门积极加强协调、强化服务、转变职能,转变以往的重直接管理和微观管理为重间接管理和宏观管理。在学校党委和行政部门的统一领导下,学院这个隶属学校的办学主体根据学校有关政策规划和规章制度,自主开展社会服务、科研和教学等活动。

2. 调整和完善学院的管理体制与运行机制

---

① 程勉中:《责权利对称运行机制:大学学院制管理的创新思路》,载《江苏高教》2005 年第 1 期。

② 李泽彧、曹迎霞:《试论我国大学学院制的科学内涵和实行学院制必须解决的几个问题》,载《吉林教育科学·高教研究》1999 年第 2 期。

应该说，以往国内高校内部管理体制改革主要在学校层面展开，对学院的管理体制和运行机制是关注不够的。“学院制改革在管理关系上的体现便是管理重心下移，学院成为学校管理的主体，这也是学院制的实质特征。”①学院制建设为深化高校内部管理体制改革提供了契机和动力，云南大学新时期的学院制建设着力完善和改进现行的学院领导体制和监督、决策机制，确立了“学院以发展学术为核心要务，以教授治学为重要特征”的学院管理体制改革目标，明确要求各学院正确处理院内党政关系、行政和学术关系，积极探索院内权力结构调整，强化学院的学术管理力度。通过推进学院制建设，云南大学逐步建立起反馈及时准确、监督全面有效、执行迅速有力、决策科学民主、目标责任清晰，并且更有利于学术发展和人才培养的学院管理运行体制。具体来说，云南大学从以下方面调整和完善学院的管理体制与运行机制：完善学院党政集体领导、分工负责的领导体制；健全和完善院党政联席会议制；建立和完善院教授委员会；完善学院内部机构的设置、管理和运行方式。

3. 全面实施目标责任制管理

云南大学实施新一轮学院制改革的核心内容是建立基于目标责任制的校院管理体系。目标管理最早由彼特·德鲁克教授提出，后又经许多管理学者的发展完善，而为许多组织运用。但是对于我国高等教育来说，“目标责任制管理”这一概念更多地则停留在理论研究层面，在高校中的实践经验一直滞后于理论探索。

云南大学通过认真分析研究目标责任制的相关理论，结合学校的实际，在全国高校率先提出实施以目标责任制为核心内容的学院制建设。2009 年 1 月云南大学完成新一轮中层干部聘任后，责成各单位班子根据学校发展的总目标和建设规划，结合本单位实际情况，深入研究本单位的发展目标与规划，按照“实事求是，用力可得”的原则分别制定三年任期目标责任书和年度目标责任书。目标责任书分为教学科研单位、机关职能部门、直属附属单位三种类型。学校党政主要负责人与各单位党政主要负责人签订《云南大学单位（部门）目标管理责任书》，明确工作目标，将建设目标、任务分解、细化，

① 俞建伟：《学院制中学院的内部管理体制》，载《江苏高教》2001 年第 1 期。

并落实到具体责任人，并作为年终和任期届满工作检查考核的依据，将过去仅由校领导来考虑学校的发展转变为所有的学院、单位来考虑学校、学院的发展，从根本上调动了各单位自主发展的积极性。学校同时出台《云南大学实施目标管理责任制综合考核办法》，考核结果向全校公布，接受全校师生监督。

4. 建立健全学院教授委员会

为进一步协调行政权力与学术权力的关系，强化学术权力，云南大学建立和完善了校院两级教授委员会。为了使学院的行政权力与学术权力相对分离，学院逐步建立教授委员会，制定《教授委员会章程》，明确其职责和权力，不断完善"教授专家治学"的学术体制和运行机制。教授委员会主要承担学院原有的学术委员会、学位委员会、专业技术职务评审委员会、教学指导委员会等学术组织的职能。在学院党委和行政的指导下，充分发挥教授委员会在学科建设发展规划、人才培养方案制定、办学模式设计、专业课程建设、师资队伍建设、职称评审、科研方向与科研组织形式确定、国际学术交流与合作、社会服务和院风、教风、学风建设及学术争端仲裁等方面的重要作用。

云南大学的学院教授委员会实行三年任期滚动选举制。原则上，委员会由全院正副高职人员选举 5 ~ 7 名高职人员组成，委员可以连选连任。教授委员会主任和副主任既可以由全院正副高职人员直选，也可由院教授委员会会议选举产生。院教授委员会主任为校教授委员会当然成员。

5. 出台学院制建设相关配套制度

第一，制定实施《校院分级管理实施细则》。为健全校院分级管理的有效运行机制，各职能部门根据学校《关于全面推进学院制建设的意见》中关于校院职责划分的规定，在进一步分解、细化校院管理职能的基础上，制定出台了与学院制相配套的《实施细则》，不仅明确界定学校与学院（研究院）分级管理的责权，更注重建立学校与学院分级管理的协调、联结机制，进一步建立健全结构合理、责权明晰、相互协调、运转高效的校院分级管理运行机制。

第二，研究制定《学院（研究院）规程》。《学院（研究院）规程》是学院（研究院）在学校统一领导和宏观管理下，实现自我管理和自主运行的总体性文件。各学院（研究院）根据云南大学学院制建设的基本要求，按照校院管理的责权划分和运行机制的具体规定，结合学院的实际，积极研究并适时出台《学院(研究院)规程》,努力构建目标责任明确、决策科学民主、执行迅速有力、监督全面有效、反馈及时准确,并且更有利于人才培养和学术发展的学院管理运作体制。《学院(研究院)规程》努力体现现代大学的办学规律和本学院(研究院)的特点。

6. 强化对学院工作的监督

随着管理重心的下移和管理权限的下放,学院承担了更多的管理职能,为了体现和发挥学校宏观调控的职能,云南大学进一步强化了学校对学院的监督职能,明确要求党政各职能部门在做好服务工作的同时,针对学院既定目标责任进行检查督促,并为学院实现其目标和任务创造有利条件。纪检监察、审计部门及督办机构要发挥好专业性监督的作用,以保证学院健康、有序、高效的运行。对学院的监督主要体现在三个方面。

第一,实行院务公开。按照国家有关信息公开方面的法律法规,凡属规定公开的信息,特别是有关学院重大问题和关系师生切身利益的事项,学院通过网站和院务公开栏向全院师生公开,并接受监督。

第二,发挥院工会和教代会的作用。学院工会是维护学院教职工合法权益的重要组织,承担向学院反映教职工的要求,为教职工争取合法权益,切实维护教职工的利益的责任。同时通过进一步健全学院教代会制度,充分实现教职工对学院工作的知情权、参与权、建议权和监督权。另外,学院教代会或全体教职工大会每年召开一次,听取院长的工作报告,对学院预决算和重大事项进行审议和讨论,向院党政班子提出改进工作的意见和建议。

第三,充分发挥党外人士的作用。民主党派和无党派人士积极做好参政议政工作,为学院建设和发展出谋献策,对学院的工作进行有效监督。

(三)云南大学新时期学院制建设的主要成效

2009年初,根据《云南大学关于全面推进学院制建设的意见(试行)》和《云南大学实施目标责任制综合考核办法(试行)》,学校党委书记和校长分别与各院、各单位主要负责人签订了《2009年度目标责任书》和《任期目标责任书》,这标志着云南大学以目标责任制为核心的学院制建设正式付诸实施。经过几年的实践,学院制建设取得了明显成效,有力地推动了学校的改革与发展,主要体现在以下几个方面。

1. 推动了学校内部管理体制改革

近些年来，云南大学根据国内外高等教育的发展趋势，结合自身发展的需要，不断加大改革力度，深入推进内部管理体制改革。2009 年初，为配合学院制的实施，制定出台《校院分级管理实施细则》，各职能部门根据《云南大学关于全面推进学院制建设的意见（试行）》中学校与学院管理的职能划分，与相关部门和学院、研究院研究协商，进一步分解、细化校院管理工作职能，制订出责权明晰、切实可行，与学院制相配套的《实施细则》，为构建科学合理的校院两级管理体制，进而增强学院自我管理、自主运行的能力提供了制度保障。通过重新划分和调整学校、学院在学科与研究生教育、人事管理、财务管理、资产管理、学生管理、科研管理、教学管理、国际交流与合作、党建和思想政治工作等方面的责权范围，更加明确地界定了校院双方的责、权、利关系，为进一步建立健全校院分级管理的协调、联结机制奠定了基础。

2. 贯彻了学术立校和教授治学的理念

大学是学术机构，没有学术，大学就没有生命力。“大学组织的学术性质决定了其运行中权力系统的特殊性，即存在行政权力系统和学术权力系统。”①但是，由于长期的管理体制的束缚和思想观念的禁锢，学术权力在高校没有得到足够的重视和彰显，高校的行政管理和学术管理一直存在诸多冲突和难以调和的矛盾。云南大学在实施学院制过程中，在保证党委领导下的校长负责制这一我国高等学校领导体制的前提下，通过建立新一届学校和学院教授委员会，制订《学院规程》和起草《大学章程》等一系列措施，大力倡导学术立校和教授治学的理念，充分重视学术权力建设，使学术权力更好地在学校管理中发挥重要作用，着力营造了尊重学术权力的良好氛围。

3. 进一步完善了工作考核与评价体系

目标责任书的制定为开展目标考核奠定了基础，提供了依据。几年来，根据《云南大学实施目标责任制综合考核办法（试行）》和《中共云南大学委员会 2009 年度目标责制考核实施方案》，在全校范围内组织开展了年度目标责任制和中层干部任期届满综合考核工作。为了落实目标责任制的有关要求，确保考核工作的客观性、实效性和权威性。首先，将考核的对象确定为各院各单位的党政领导班子，以班子的工作作为考查与衡量本单位目标责任制

---

① 梁时间：《高校学术权力与行政权力关系的探究》，载《中国校外教育》2009 年第 8 期。

完成情况的主要指尺;其次,学校组成考核小组深入各单位进行实地考核与考察,在听取单位主要领导述职和查阅相关资料及召开座谈会的基础上,进行群众民主测评和考核小组测评,考核小组依据测评结果向学校提出综合考核情况建议,经学校考核领导小组确定单位领导班子和处职领导干部考核等次,并向全校师生员工公示后,正式公布考核结果,对考核结果优秀的学院,单位领导班子给予了表彰和奖励,并将考核工作与干部的培养、提职、晋级、奖惩、任用等紧密结合起来,更好地发挥了目标责任考核的目标激励、责任激励、效果激励的作用。各院、各单位的主动性、积极性进一步调动,学校管理体制、运行机制进一步完善,发展的动力进一步增强。

4. 鼓励学院探索各具特色的内部管理模式

云南大学90余年办学历史积淀了丰厚的校园文化,形成了具有自身特色的文化品格和文化传统。"实行学院制管理不必'千人一面',允许多种模式并存"。[①] 在新时期的学院制建设中,云南大学积极鼓励各学院按照学校确定的基本原则,结合本院实际,探索各具特色的学院制建设模式,努力推动各个学院形成自己的管理风格和发展特色。

几年来的学院制建设,有力地推动了学校的建设和发展。学校的教学质量稳步提升,科研水平不断提高,服务能力不断增强,运行机制得到优化,各项工作得到顺利推进。学院制建设为把云南大学建设成区域性高水平研究型综合大学提供了重要的制度保证。

(四)云南大学进一步深化学院制建设的思考

经过几年的实践与探索,云南大学以目标责任制为核心的学院制建设在推动学校改革与发展方面发挥了积极作用。但是,也面临一些来自思想观念、体制机制、工作思路方法等方面的障碍,在实践操作中还存在一些不可忽视的问题,需要继续探索和不断完善。

1. 进一步转变观念,深化对学院制的理解和认识

从目前情况来看,云南大学多数教职工对学校实施学院制建设的必要性是认可的。这一方面是云南大学历史上实施学院制建设所取得的成就,成为云南大学继续推进学院制建设的历史动因。另一方面也是由于近年来的学

---

① 李泽彧、陈昊:《关于我国大学学院制的若干思考》,载《江苏高教研究》2002年第5期。

院制建设在推动学校发展方面取得了明显的成绩而得到教职工的认可。事实证明，推行学院制建设与改革对学校的发展是至关重要的。但目前仍有少数教职工对学院制建设的认识和理解还不够。特别是对学院制建设的根本目的和意义，新时期学院制建设与历史上学院制建设的继承性与发展性，云大学院制建设与其他大学学院制建设的异同，以及如何对待学院制建设中出现的矛盾和问题等，都需要进一步统一思想认识。在今后推进学院制的过程中，云南大学将进一步引导教职工转变思想和更新观念，深化对学院制建设的理解和认识，并对实施过程中的问题与经验进行总结，提炼出具有云南大学特色、更能为广大教职工认同的学院制管理理念和制度文化。

2. 进一步探索目标责任制的管理方法和管理手段

云南大学把目标责任制管理作为学院制建设的核心内涵，主要目的是想引导各学院在自主运行、办出特色的同时，保持发展目标的卓越性和学院与学校发展目标的一致性，通过做强学院来办强学校，确保实现学校的整体发展目标。同时，解决好干部履职的规范性和绩效评价的科学性问题。经过几年的实践，效果是明显的，但也暴露出一些问题，特别是对目标责任制管理的方法和手段还需要进一步探索和完善。在继续推进以目标责任制为核心的学院制建设中，将重点处理和解决好几个关系。

(1) 责任目标的定性与定量的关系

目标体系的科学性与可量化性是目标管理是否成功的关键。云南大学学院制建设目标责任制的目标体系将继续坚持“实事求是，用力可得”的基本原则，各单位责任目标在充分体现学校总体目标的基础上尽量具体、可量化，做到突出重点、方向明确。但是，定量不能作为目标管理的唯一指针，尽管我们希望可度量一个组织的目标，但实际上对目标定量是十分困难的，有时我们只能定性地描述它，即使我们可以采取一些量化手段和指标来度量目标，但哪怕是最终完成了这些量化的指标，也未必达到了“有效服务于组织成员”这一目标。云南大学将深入探索责任目标定性与定量的关系，更好地制定科学合理又切合实际的责任目标，更好地发挥目标管理的导向、评价等功能，进一步完善目标责任制管理。

(2) 实施责任目标的积极性与消极性的关系

一般来说，实施目标责任制管理的初衷就是充分调动和发挥各方面的积极性和主动性。但在学校目标管理活动中，常常存在管理对象对完成责任目标缺乏积极性，或者说是管理者主体性缺失，以及教职工在参与学校目标管理活动中所显示的自觉能动性不足的情况。云南大学将在进一步探索完善考核与奖惩激励机制的基础上，注重引导各单位培育学院、部门文化，通过营造和培育为教职工认同的学院、部门文化凝聚人心、统一思想，充分激发教职工的积极性和创造性，在责任目标制定、执行和考核等环节更好地体现出本单位管理特色。

(3) 目标管理的可能与不可能的关系

组织行为学认为目标管理不是万能的，目标管理存在其自身的局限性。美国当代著名的管理学家哈罗德·孔茨教授指出，目标管理也有许多不足，若不能清楚地认识这样的不足，就很有可能导致目标管理的失败。所以，我们必须充分认识目标管理的局限性，克服以目标管理取代一切管理方法和手段的倾向。在目标管理中辅之以其他必要的管理手段，使学校的管理得到全面的加强。

3. 推进学院制综合配套改革

有学者指出："学院的设立和改革是牵一发而动全身的工程，它的成功要受到其他改革的制约。要使学院成为办事高效、运转协调、行为规范的精练、高效、统一的机构，整个学校也要进行相应的改革，需要各种机制综合配套、协调统一。"①近几年来，云南大学不断深化教学、科研、管理和后勤社会化等单项或纵向改革，但整体上看，基于学院制建设的综合配套改革相对滞后，校内还缺少横向层面的改革来统合和贯通校内各项改革，使各项改革协调推进，而基于学院制建设的综合配套改革就日益凸显其必要性和重要性。为此，云南大学将进一步探索基于学院制建设的综合配套改革。近期内，将通过以下两项措施推进学院制综合配套改革。

(1) 组建新一届学校教授委员会

校教授委员会是学术咨询组织，在校党委、校行政的领导下，对涉及

---

① 李泽彧、曹迎霞：《试论我国大学学院制的科学内涵和实行学院制必须解决的几个问题》，载《吉林教育科学·高教研究》1999年第2期。

学校改革、建设和发展的重大事项进行决策咨询，并受学校委托针对学校发展战略、建设规划、学科布局、学术组织架构及人才资源开发等重大问题进行论证，并提出意见和建议。教授委员会成员主要由本校在职教授担任，包括学院（研究院）教授委员会主任及若干有学术影响的教授。为了协调行政与学术权力的关系，学校党政领导原则上不进入校教授委员会。

（2）制订《云南大学章程》

大学章程是高校依法治校的核心文件，是建立现代大学制度的重要基石。《中华人民共和国教育法》（1995 年）和《中华人民共和国高等教育法》（1998 年）都明确规定高校必须要有自己的章程，“学校按照章程自主管理”。《教育部关于加强教育法制建设的意见》（1999 年）和《教育部关于加强依法治校工作的若干意见》（2003 年）都明确指出：“学校要依据法律法规制定和完善学校章程，经主管教育行政部门审核后，作为学校办学活动的重要依据，按章程自主办学。”《国家中长期教育改革和发展规划纲要（2010—2020 年）》又对制定和实施大学章程提出了明确的要求。云南大学将通过制订完善符合国家法规和具有自身特色的《云南大学章程》和《学院规程》，更好地实现“学校宏观管理、学院自主运行、师生民主管理、专家教授治学”的学院制建设目标。

4. 鼓励各学院探索具有自身特色的学院制管理运行模式

“学院制是大学以学院为实体性主体和管理重心，凸显培养人才和发展学科等职能目标的内部组织结构形式和管理模式。”①学院制建设必须真正调动起学院探索符合学院制本质要求和自身实际的内部管理和运行模式。云南大学部分学院结合学院办学传统和自身实际及学科特点，探索创新内部管理方式，逐渐形成了具有自身特点的学院管理模式，为学院探索符合学校学院制建设要求和具有自身特色的学院制管理运行模式奠定了基础。但是，可以说以往学院管理模式的探索基本是在自发、自觉的状况下展开的，学院内部管理的设计和实施具有一定的随意性。“只有逐步建立起新的运行机

① 严燕：《学院制的内涵与学院的设置》，载《教育研究》2005 年第 10 期。

制与大学学院制组织结构相匹配，才能真正构筑起大学新的内部管理体制。”①《云南大学关于全面推进学院制建设的意见（试行）》中对学院改革和完善管理体制和运行机制提出了基本原则和方向及要求，为各学院探索完善内部管理体制预留了很大的制度空间和改革余地。“基层教研组织改革应当是学院制教育组织结构的系统改革，从教育理念、价值观和具体制度改革到评价监督体系是一套完整的设计。”②为此，云南大学鼓励各学院探索具有自身特色的学院制组织结构和管理运行模式。首先，在继续推进的学院制建设中，学校将鼓励和引导各学院、研究院通过进一步完善制度建设、提高管理服务质量、加强学院文化建设等措施，建立与目标责任制相适宜的学院管理模式。其次，学校将根据各学院、研究院的不同发展目标和现实状况，加强对各单位学院制建设的分类指导，突出重点，兼顾一般，从观念、组织权力结构设置和实际运作机制等方面入手为基层教研组织的改革提供支撑。第三，在目标责任制综合考核中，将学院内部管理作为考核的重要内容，更加重视内部管理服务质量和改革成效。第四，引导和督促学院加强文化建设。学院制建设为学院加强自身文化建设提供了良好的改革契机和制度保障，学院文化建设包括学院自身组织文化的建设和学术系统学术道德、学术规范的建设，各学院将在云南大学“会泽百家，至公天下”大学精神的指引下，凝练和培育自身的学院文化，为学院的发展提供不竭的思想动力和凝聚力。第五，根据教育部有关改革精神和省教育厅的要求，从 2012 年开始，在云南大学物理科学技术学院开展试点工作。

5. 进一步总结学院制建设，探索建立具有云南大学特色的现代大学制度

云南大学将深入挖掘 90 余年办学历史积淀的办学传统，总结近 20 年学校内部管理体制改革的经验，尤其是要总结几年来实施以目标责任制为核心的学院制建设的成效和存在问题，按照现代大学制度建设的目标要求，通过制定《云南大学章程》和完善一系列相关制度，进一步彰显学校的办学理念

① 吴杨、施卫东：《大学学院制度下内部管理与运行机制创新的探讨》，载《南京航空航天大学学报（社会科学版）》2000 年第 4 期。

② 时立荣、时永春：《大学行政和学术权力模式制约下的基层教研组织改革效果的制度分析》，载《江苏高教》2010 年第 2 期。

和特色、学校发展目标和战略，规范校内各种关系，明晰领导体制、治理结构、管理模式，为云南大学进一步探索建立和完善现代大学制度奠定了良好的基础。

第七章
中国特色现代大学制度建设方法研究

大学制度形成和发展的历史表明,建设什么样的大学制度和如何建设大学制度是两个密切相关、同样重要的问题,只要其中一个问题解决不好,就会严重影响大学建设。前面各章对建设什么样的中国特色现代大学制度做了充分的讨论,本章将着重探讨如何建设中国特色现代大学制度问题,即推进中国特色现代大学制度建设的方法问题。我们认为,从我国高等教育发展的实际出发,现阶段我国推进现代大学制度建设在方法上必须解决好三个问题,即提出明确的建设目标、确定基本的建设内容和采取有效的建设措施。

第一节　设定建设目标

目标是组织或个人希望达到的目的或结果,具有预见性、导向性和激励性等特点。目标管理是常规管理中最重要的方法之一。中国特色现代大学制度建设需要确立科学明确的目标,唯有如此,现代大学制度建设才会有明确的方向。根据目标的层次性特点,中国特色现代大学制度建设的目标可分为总体目标、具体目标、长期目标、中期目标、近期目标等。这里我们主要讨论一下总体目标和具体目标问题。

一、总体目标

现代大学制度建设就其本质而言就是要通过一系列改革创新,调整大学内部、外部的责、权、利关系,使大学的各种资源得到更合理的配置、创造性得到更充分的发挥。中国特色现代大学制度建设就是要立足于中国国情,在现有制度和法规框架内推进制度完善,使我国大学更适应社会主义经济、政治、文化发展的需要。因此,现代大学制度建设目标的设定必须把继承中国传统、借鉴国外经验与适应发展需要结合起来，并重点解决好高等教育与现阶段国内外经济社会发展相适应的问题。正是基于这种考虑，我们才提出了中国特色现代大学制度的“双层构架”。在宏观层面：坚持学校依法自主办学，政府宏观管理，社会广泛参与，市场适度调节；在微观层面：坚持党委领导、校长负责、教授治学和民主管理。我们认为，这一构架可作为现阶段中国特色现代大学制度建设的总体目标。

为什么我们要建议上述“双层式”构架为现阶段中国特色现代大学制度建设的总目标呢？主要基于两个方面的考虑：一是中国特色现代大学制度的建设需要有一个全面、系统、清晰、可行的目标。自 20 世纪 80 年代开始，我国以改革方式对大学运行机制进行了一系列的探索并取得了不少成绩，但在制度变革的主要目标上却众说纷纭，莫衷一是，以至于使旷日持久的体制机制改革一度失去了明确的方向。2010 年出台的《国家中长期教育改革和发展规划纲要(2010—2020 年)》中，明确提出了“完善中国特色现代大学制度”的要求，而如何完善的问题还需要从理论和实践方面进行深入的探索。其中一项十分重要的任务就是要提出一个清晰可行的建设目标。因此，我们在此探索性地提出以我们研究和实践过的“双层式”大学制度构架为中国特色现代大学制度建设的总目标，供高教界的同仁参考。二是这一构架具有可行性。因为这一构架遵循了教育规律、体现了大学特征、符合中国国情和高校特点。而且，本构架还参考了组织学和管理学原理，根据影响大学运行的多重因素和大学运行的规律，构建了一个开放、完整、系统的制度框架。在大学内部，坚持党委领导、校长负责、教授治学、民主管理，既能保障学校管理工作有效、协调及科学地运转，又能实现公众权力、学术权力和行政权力的相互制衡与结合，保证大学的民主性、学术性和方向性；在大学外部，大学与社会、市场、政府交互作用的网络型制度模式，能够为大学的发展提供一个良好的制度环境。因此，这一构架富有可行性。

二、具体目标

为了便于开展建设，必须围绕总体目标设定若干具体目标。中国特色现代大学制度建设的具体目标可以包括以下一些内容。

1. 使大学的组织结构能够胜任日益多样和复杂的使命。由于大学自身的职能和结构在不断变化，以及快速发展的社会在不断向大学提出新的要求，大学所处的环境和肩负的任务越来越多样和复杂，这种情况要求大学的组织结构更加科学合理、顺畅高效。而目前，我国大学的组织结构方面还存在许多不适应的问题。因此，中国特色现代大学制度建设的目标之一，就是要建设科学合理的组织结构，使大学能够从容应对新的挑战。

2. 使学校的决策更加科学。科学的决策机制是确保高校有效运行，健康、快速发展的重要条件。客观地说，改革开放以来持续不断的学校内部管理体制改革已使大学的决策程序不断完善，决策水平不断提高。但是，目前许多高校在决策方面仍存在诸多问题，决策的主观性、随意性、盲目性、不规范、不民主、不科学等问题仍然存在。因此，中国特色现代大学制度建设的目标之二就是要建立科学合理的决策机制，这样，在大学决策中公众权力、学术权力和行政权力便可相互制衡、相互支持，确保决策的民主性、科学性和准确性。

3. 建立激发师生积极性和创造性的机制。对于任何一所大学而言，要实现又好又快的发展，就必须充分调动全体师生的积极性和创造性。调动师生的积极性和创造性，需要引入组织学的有关原理，建立和完善激励机制。只有这样，师生的竞争精神和创新精神才能得到充分调动，大学才能切实担当起创新知识、培养人才、服务社会的光荣使命。可见，建设科学有效的激励机制，调动广大师生的积极性和创造性，是中国特色现代大学制度建设的重要目标。

4. 优化办学资源配置，提高办学效益。办学资源包括物质资源和人才资源，是高等学校赖以存在和发展的基础，对这些资源进行合理配置，使其发挥最大效率，是办好大学的关键。就目前来看，我国大学资源配置的体制机制方面尚存在较多的问题。例如，在人才资源配置方面，依然存在阻碍优秀人才合理流动并找到其最能发挥教学科研特长的体制和机制障碍；在物质资源配置方面，同一所大学之间跨院系使用教学科研设备尚且比较困难，更遑论跨校际使用教学科研设备，从而造成教学科研设备使用效率不高、效益偏低的问题。因此，中国特色现代大学制度建设的目标之四，就是要通过深入改革，破除资源配置方面存在的壁垒，使有限的办学资源能够得到最为充分的利用。

5. 建立培养创新型人才机制。当前,我国大学在培养创新人才方面尚未形成成熟的模式,使得我国高等教育难以适应创新型人才培养的需要,因此,中国特色现代大学制度建设的目标之五就是要通过深化改革,建立和完善有利于培养创新人才的人才培养模式和相应的工作机制。

6. 拓展大学自主办学的空间。保持相对的独立性、具有必要的自主权是大学生存发展的需要,也是大学的传统。没有自主权的大学,不可能办成真正的大学。改革开放以来,我国大学不断从集权管理模式中突围,拥有的自主权越来越大,促进了高等教育的发展。但是,大学应有的许多自主权仍未真正落实,大学自主办学的空间仍需进一步拓展,这也是中国特色现代大学制度建设的重要目标。

7. 构建政府、学校、社会、市场之间的良好关系。促进政府对学校进行宏观管理和优质服务,推动社会参与办学,借助市场完善高等教育资源配置等。

当然,作为具体的目标设定,除了以上七个方面,还可以列举其他一些。在实践中,具体目标的设定,往往是根据各单位的不同情况,围绕总目标以缺什么补什么的方式进行的。这里需要强调的是,现代大学制度的建设目标设定,必须建立在现实的基础上,让目标的实现成为可能,不然,我们所设定的建设目标就会成为空中楼阁。为此,我们还认为,中国特色现代大学制度建设目标的设定,必须遵循教育规律、遵守国家法律、符合中国国情、体现本校特点。遵循教育规律,制度设计才有科学性;遵守国家法律,变革才有合法性;符合中国国情,目标才有可行性;具有本校特点,工作才有针对性。

第二节 确定建设内容

建设目标明确后,需要确定建设任务。而建设任务的确定,又必须围绕建设目标来做。如前所述,从教育的基本规律、组织学的基本原理、我国大学的历史传统、我国的基本国情出发,参照结构理论中系统整体优化原则,我们提出了我国现代大学制度的构架应是一个包括宏观和微观两个层面的"双层式"构架。要形成这个现代大学制度构架,就要处理好大学的内部关系、大学与政府的关系、大学与社会和市场的关系。这三组关系中,大学内部关系只要有决心就能够通过深化改革得以理顺,是最具操作性也最容易理顺的一组关系;大学与社会和市场的关系调整相对而言也比较容易,只要大学能够积极主动,政府能够适当支持就可以建立一种有利于大学也有利于社会的新型关系;大学与政府的新型关系的建立,需要突破较多的体制性障碍,并非大学单方面的努力可以实现,是三组关系中比较难以建构的部分。因此,在中国特色现代大学制度建设过程中,我们必须努力把三组关系都处理好。

一、深化内部管理体制改革

自20世纪80年代以来,我国大学在内部管理体制方面进行了持续不断的改革,这些改革主要集中在人事分配制度改革、教学科研管理改革、后勤工作改革等方面。这些改革是有成效的,但还必须进一步深化。中国特色现代大学制度建设应该而且必须从大学内部管理体制改革抓起。当然,深化高校内部管理体制改革是一项长期的任务,是一项动态的工作,而且不同高校在不同时期还会有不同的重点,因此各高校只能根据实际情况推进。就一般而言,目前深化高校内部管理体制改革或可从以下几个方面入手。

1. 继续推进教学科研管理改革、人事分配制度改革和后勤管理改革。这些方面改革,各校都做了大量工作,取得了不少成绩,积累了许多经验,但还必须继续深化。我们认为,在新的历史时期,教学管理体制改革的重点是建立创新型、实用型人才培养机制和教育教学质量保障机制;科研管理体制改革的重点是建立协同创新机制和科学的科研成果评价机制,在校内建立跨学科、开放式、无边界的科研组织,在校外要建立深度合作的协同创新联合体;人事制度改革的重点是建设一支懂教育、会管理、有事业心、有责任感、想干事、会干事、能共事的干部队伍和专业水平高、职业修养好、结构合理、充满活力的高素质教师队伍;分配制度改革的重点是按效率优先、兼顾公平的原则建立符合高校特点的分配制度,在分配中充分体现尊重知识、尊重人才、尊重劳动、尊重创造的精神以及共享改革发展成果的精神;后勤管理改革的重点是完善机制和提高服务质量与效益。

2. 建立和完善教授治学和民主管理的机制。教授治学和民主管理问题,是学校管理中的两个重大问题,其重要性和必要性我们在前面的章节中已作过阐述。在推进中国特色现代大学制度建设中,一定要从体制机制上强化这两个问题,使教授治学和民主管理在高校的管理中得到充分体现。

3. 实施学院制建设。在高等教育改革不断推进的今天,许多大学都进行了学院制建设的尝试。学院制建设之所以成为众多学校所选,重要原因之一就是许多大学都认为,在现行管理体制下,权力有限的大学或许可以在这个不涉及校外的改革上有所作为。但是,多数进行学院制建设的高校却普遍缺乏对"学院制建设的目标和意义是什么"这一问题的深层追问,因此,也就难以靠近学院制的真谛,其结果是学院成了臃肿的系,改革不仅难以取得预期成效,而且还派生了院系之间责权关系不清的问题。学院制建设的目的和意义是什么呢?我们认为,通俗地讲就是要把学校的权力下移,把以前由学校领导考虑的问题变成学校领导与学院领导一起考虑的问题,把以前由学院和系领导考虑的问题变成由院系领导和全体教职工共同考虑的问题,充分调动广大师生的积极性和创造性,使学院成为自主管理、自主运行、相对独立、充满生机与活力的办学主体。并通过办好学院来办好学校。当然,权力和义务从来都是孪生姐妹,当权力下放的时候,责任也就必然下放,因此,旨在下放权力的学院制必然以目标责任制为核心。这一点,云南大学自 2009 年以来曾做过认真的探索并取得一定的成效,前一章已作过介绍。这里,我们还想对学院制建设中必须解决好的"权力"与"责任"这两个重要问题作些探讨。

(1)现代大学制度框架内学院应享有的权利。

1)自主设置系、所、中心的权力。作为自主从事教学、科研的办学实体,学院应有权力根据各自的总体发展规划和重点突破方向,自主设置系、所、中心和组建科研团队。当然,作为学校的组成部分,学院的发展规划和重点突破方向,必须服从和服务于学校的总体发展规划,确保学校发展目标顺利实现。同时,学院的系、所、中心的设置也应遵循相应的规范和借鉴成功的经验。

2)自主进行教学科研管理的权力。组织开展教学和科研活动是学院的主要任务,因此,充分的教学科研管理权是学院开展工作的必要保证。学院对教学管理的自主权应体现在能够自主安排课程和制订教学计划;自主核发教师的课程酬金;自主聘任教师;自主确定科研重点;有权对教学、科研、管理成绩突出的单位和个人进行奖励;有权对工作不积极或有失误的教师进行相应惩罚等。

3）充分的行政管理权力。充分的行政管理权是学院运行的重要保障。学院党政领导班子应有权制定本院的相关规章制度并组织实施，有权对本院的师生进行管理，有权聘任系的领导和教学科研人员。

4）经费使用权。必需的经费使用权是学院生存发展的条件。当然，学院的经费使用权应与绩效目标结合起来，保证经费使用的方向性和实效性。如何使用学校划拨的经费应该完全由学院决定，学校做好监督和审计工作即可。

5）教师职称评定的权力。教师的职称评聘是对教师工作的全方位评价，这一权力理应交由对教师最为熟悉、最为了解的学院去施行。

以上五方面是我们对现代大学制度下学院应享有的权利进行的简单思考。当然，这种思考可能是狭隘、片面的，作为实体性学院，应有一整套的权力保障机制。

（2）学院应承担的责任。权力与责任相伴相生，当大学的权力不断下移到学院时，学院所担当的责任自然要不断明确和强化，这就是权力和责任的辩证关系。作为办学实体，学院的责任会随着社会经济政治文化发展和现代大学制度建设的不断推进出现新的变化，但就目前来看，学院必须承担以下责任。

1）不断推动教育创新的责任。创新是大学的灵魂，是大学发展的基石，中国特色现代大学制度建设的根本目标之一便是创新力的培养。作为大学的办学实体，学院必须是创新的源泉，并以各学院的创新力汇聚成大学的综合创新力。以目标责任制为核心的学院制建设，重要意图之一就是要通过放权来激发学院的创新力。当然，教育创新是一个有着丰富内涵的概念，其中包含教育观念创新、教育内容创新、教育方法创新、教育管理体制创新、教师团队创新等多个方面。学院作为办学实体，应在这些领域进行持续不断的探索，在创新中提升办学水平。

2）传承优秀文化的责任。大学怎样传承优秀文化？学院应该在这一领域进行深入探索，使莘莘学子成为优秀文化的实践者、探索者、传扬者。今天，知识来源异常丰富，价值取向呈现复杂化、多元化特征，传承优秀文化的困难正在不断增大，大学传播优秀文化的责任和使命变得愈加重要。

3）培养优秀人才的责任。为社会主义现代化建设培养高素质的人才是社会主义大学的中心任务。学院作为大学下设的办学实体，是大学实现人才培养目标的主要载体，大学能否顺利完成培养优秀人才的使命，主要取决于学院在人才培养方面的工作做得如何。学院应把培养优秀人才作为自己最重要的责任。

4）发展科学的责任。从事科学研究是大学的重要职能。学院掌握着大量的办学资源，发展科学也是学院应尽的责任。同时，只有做到教学科研相辅相成，学院的教学科研水平才能不断提升。

5）直接服务社会的责任。大学只有不断提升社会服务的能力和水平，才能获得充分的社会认同。大学的社会服务职能必然依靠学院发挥，学院的社会服务能力直接决定着大学的社会服务能力。因此，学院必须把服务社会作为重要职责，把社会服务能力的培养和开发作为一个重要的努力方向。

6）保持学院团结和谐的责任。学院的团结和谐，是保证各项工作顺利开展、留住和吸引人才、调动师生的工作学习积极性、维护社会稳定的重要保障。学院必须把维护本院的团结、和谐和稳定作为重要责任。

总之，在新形势下推进学院制建设，是理顺大学内部关系的有效途径。但是，这项改革必须理性设计、科学推进，特别是必须处理好权、责、利的关系，必须使学院成为具有充分的自主权并承担相应责任的办学实体。我们相信，沿着这一路径推进改革，大学的办学能力一定能够得到提升，大学的社会担当能力一定能够得到提升，大学也一定能够得到更好的社会评价，从而做到有为有位，为大学发展争取更为广阔的发展空间。

4. 坚持和完善党委领导下的校长负责制。党委领导下的校长负责制是我国大学的最基本的领导体制，要正确处理学校内部管理关系，必须认真贯彻落实这一领导体制。对如何贯彻落实好这一体制，我们在前文中已做过阐述。贯彻落实好这一制度，关键在于能否吃透和认真领会这一制度的内涵，从整体上把握这一体制的实质。在管理实践中，党委领导下的校长负责制特别要注意处理好党委和校长的关系，这方面有三点很重要：一是党委和校长的关系是领导与被领导的关系，校长在党委领导下工作；二是党委应充分尊重和发挥校长在学校的重要作用；三是党委书记和校长都在党委领导下工作，彼此是平等的同志关系，但党委书记担负着主持党委工作和督促落实党委决定的职责。许多大学的实践都证明,只要认识统一、制度健全、加强沟通,党委领导下的校长负责制就一定能贯彻落实好。在我国目前的高校中,许多管理制度都是围绕这一核心制度设计的,只有贯彻好这一制度,才可能保证其他制度的有效运行。

5. 探索建立董事会制度。大学董事会制度是被国内外许多高校采用的管理制度。在我国,20 世纪初东南大学的董事会制度曾成为我国大学管理的重要范式之一。云南大学自 1922 年建校时即成立了董事会,时任云南省省长唐继尧任首届董事长。时至今日,云南大学董事会已运行了 90 余年,多任云南省省长担任过云南大学的董事长。董事会在指导学校办学和协调社会资源支持学校办学方面发挥了重要作用。实践证明,董事会制度是一种有利于沟通学校与社会的联系,促使学校更好地服务社会的有效制度,值得我们在推进中国特色现代大学制度建设中借鉴。《国家中长期教育改革和发展规划纲要(2010—2020 年)》也已把“探索建立高等学校理事会或董事会,健全社会支持和监督学校发展的长效机制”作为“完善中国特色现代大学制度”的内容。因此,我们有必要把建立和完善董事会制度,作为现代大学制度建设的重要方面。

6. 制定大学章程。大学章程就是在现有的国家法律框架内,从根本上确立大学管理运行体制的文件。2010 年颁布的《国家中长期教育改革和发展规划纲要(2010—2020 年)》明确提出,要把制定大学章程作为完善中国特色现代大学制度的重要内容。通过制定大学章程,可以将大学的办学理念、办学目标和运行机制等以“章程”的形式确定下来,使大学真正迈上依靠制度管理的轨道。对于一所大学而言,制度的作用是至关重要的,在哈佛大学名誉校长陆登庭看来,一所大学只要有明确的办学理念,有一整套系统的制度和机制,那么,大学校长不论怎样轮换,大学的发展也不会受影响。大学章程作为大学制度的纲领性文件,对于大学的发展具有十分重要的意义。参考国外大学的经验,大学章程的意义主要体现在五个方面:一是通过大学章程,实现决策权、执行权和监督权既相互制约又相互协调;二是通过大学章程规范管理,提高大学的管理效能;三是通过大学章程规定政府如何介入、在什么范围和多大程度上介入大学事务,使大学的自治地位得到尊重,获得更多的办学自主权;四是能够保证行政权力、学术权力和公众权力既适当分离又相互支持,使学术权力得到充分尊重;五是做到制度完善,确保重要管理事项有法可依、有章可循。

由上可见,制定科学的大学章程对于促进大学的管理具有十分重要的意义,是建设中国特色现代大学制度的必然要求。当然,对于我国大学而言,如何制定大学章程依然是一个需要不断探索的新课题,而其中最为关键的问题是如何保证大学章程的科学性、严肃性和权威性。

二、建构大学与社会和市场的新型关系

在计划经济体制下,我国大学按政府计划招生,用政府下拨的经费办学,依靠国家分配组建教师队伍,大学几乎与市场“绝缘”。随着经济体制改革的不断深化和社会主义市场经济的不断成熟,我国大学必然面临与市场和社会的关系调整,但这方面我们做得不够。大学与社会和市场的良性互动机制远未形成,这在很大程度上影响了大学的发展。以不断优化大学运行机制为宗旨的中国特色现代大学制度建设必须进一步调整大学与社会和市场的关系,以便更好地借助市场和社会的力量,改善大学办学条件,拓展大学发展空间,保证大学顺利发展。如何构建大学与社会、与市场的新型关系呢?笔者认为可以从如下几方面进行探索。

1. 吸引市场资金,改善大学办学条件。经费问题是目前国内高校面临的最大难题之一,怎样克服这一困难呢?我们认为我国大学在办学经费方面既不能不依靠政府,也不能只依靠政府,应该做到政府拨款与学校自筹相结合,而市场和社会是学校筹集办学经费的重要渠道。怎样利用市场和社会获得办学资金呢?我们认为可以从以下几个方面进行探索。

(1)选择适当项目进行股份制运作。在某些领域,市场主体和大学,可以进行互惠互利的合作。大学与市场主体合作办学在国内一些高校已经进行了有益的探索,并以实践证明是增加办学资金的有效渠道。在现代大学制度建设的过程中,应该在现行法律法规允许的范围内,进一步探索和完善大学与市场的协作机制。

(2)吸收社会资金参与大学中适合社会化、产业化的项目。在计划经济体制下,高校办社会是一个普遍存在的现象,原本可以进行社会化、产业化运作的项目不能得到有效开发,以致服务质量难以提高,经济效益难以产生。

中国特色现代大学制度建设在探索新的大学运行机制时应该就如何对适合社会化、产业化的服务性项目吸纳社会资本注入的问题进行探索。今天，高校后勤社会化改革已经迈出了可喜的步伐，采取 BOT 方式引进社会资金的探索也已初见成效，但是还有诸多领域可以探索。

（3）广泛争取社会赞助，改善大学办学条件。在依靠市场拓宽办学资金来源的同时，还应广泛争取社会赞助。大学是传承文化、培养人才、发展科学的神圣场所，具有较强的社会公益性，因而具有争取社会赞助的充分理由。事实上，向大学捐助资金改善软件、硬件条件，或者是在大学设立奖助学金，帮助学生完成学业已经成为众多社会成功人士的共识，大学也已经从社会获得了大量的办学资金，但是我国大学在争取社会赞助方面还有广阔的空间。至于如何进一步争取社会赞助，我们认为，一要不断提升教学、科研和社会服务质量，提升大学的社会声誉，以此获得社会更加充分的认可与支持；二要通过校友会建设，积极扩大和校友的联系，争取得到校友的赞助和支持；三要在现有法律法规框架内，探索和建立社会赞助的回报机制，吸引更多的社会赞助。

2. 顺应市场要求调整人才培养模式。社会主义市场经济体制下的大学既要遵循教育规律，又要适应市场规律，要努力探索教育规律与市场规律的结合点，这是一项艰巨的任务，事关我国高等教育能否在社会主义市场经济条件下顺利发展。教育规律与市场规律的关系，既是一个理论问题，也是一个实践问题，把这个问题搞清了，会促使我们的教育观念发生重大改变。当然，这也是一项长期的任务。从目前情况看，高校的人才培养要适应市场需要，必须先抓好以下工作。

（1）提高人才培养质量，向市场输送高素质人才。在市场经济体制下，用人单位对人才质量的要求更加注重，作为人才培养机构，大学首先应该全力抓好人才培养质量。提高人才培养质量需要建立健全激励教师倾心于教学科研的管理机制和鼓励学生认真学习的引导机制，这也是中国特色现代大学制度建设的重要任务。

（2）根据市场需要调整学科专业设置。面对波澜起伏的市场，学校应该高瞻远瞩、把握规律、分析趋势、预测未来，科学地调整学科专业设置，使大学培养的学生更能满足人才市场的需要。而且必须保证把那些受市场冷遇的基础性学科扎实办好，履行大学应承担的社会责任。

（3）加强与市场主体的合作。为使大学培养的人才适应市场需要，大学应积极与市场主体合作，听取他们对人才培养的意见或者联合培养人才。

3. 提高社会服务能力。为社会提供服务是大学的基本职能之一，社会服务水平是大学办学水平的重要标志。从某种角度讲，大学的核心任务就是服务社会和发展自己。大学服务社会的形式是多样的，比如人才培养、科学研究、传承和创新文化等都是服务社会。同时，大学还必须凭借自己的知识与智力直接为社会服务。大学直接为社会服务，是建立大学与社会之间良好互动关系的重要内容。如何进一步提升大学服务社会的能力呢？我们认为以下几方面值得探索。

（1）根据国家建设发展需要调整科研方向。大学应该对国家的科研发展重点有明确的了解，并据此调整科研方向，使学校的科学研究工作和国家科技公关需求紧密结合起来，为国家的建设和发展提供切实的科技支持。

（2）积极组织科研团队参与国家重大公关项目。大学作为肩负着发展科学重任的社会存在，有责任为国家实现重大科技公关积极贡献力量，因此，大学应组织科研团队，积极承担国家重大科技攻关项目。

（3）积极参与地方社会经济文化建设。大学应自觉地融入地方社会，凭自己的优势为地方经济和社会发展服务，并以突出的社会服务能力获得社会的尊重、认同和支持。

事实上，大学为社会服务并不是单向的，大学在为社会服务的过程中也必然会获得社会的支持，大学服务社会的工作做得越好，得到社会支持的可能性就会越大。因此，服务社会，既是社会的需要，也是大学的需要。因此，在实施中国特色现代大学制度建设中应通过制定和完善一系列制度，使大学能够更规范、更有效地为社会提供优质服务。

三、构建大学与政府的新型关系

审视目前我国大学与政府之间的关系，政府对大学管得太细、管得太多，太多的部门有权管理学校的情况普遍存在，用行政手段处理学术问题依然比较突出，因此现代大学制度建设的重点和难点之一就是要建立大学与政府的新型关系。如何构建大学与政府之间的新型关系呢？我们认为可以从以下几个方面进行探索。

1. **政府应对大学实行宏观管理**。大学与政府之间的关系调整的目标是要建立一种既能够很好地实现大学的办学目标,又有利于实现政府的管理目标的机制。目前,政府最需要做的,是使自己对大学的管理从微观管理向宏观管理转变。大学肩负着培养人才、发展科学、服务社会以及文化传承与创新等职能,要使大学充分发挥这些职能作用,必须赋予大学充分的办学自主权,使学校能够按照高等教育规律和各校特点办好学校。

2. **政府对大学的管理应以政策法规为依据**。通过制定科学的政策法规来实现对大学的管理,是当今世界对大学进行管理的主要范式,也是一种比较成功的经验。依法治校,应该成为政府管理大学的努力方向。与此相适应,加强法治建设也是中国特色现代大学制度建设的重要内容。

3. **大学应积极配合政府的宏观调控要求**。学校自治、学术自由是大学的传统。大学追求学校自治和学术自由,并非希望自闭于"象牙塔"而无视社会经济文化发展的需要,而是为了能够在一个相对自由的空间更好地履行大学的责任与使命,为了更好地培养人才、更好地发展科学、更好地服务社会。当然,作为社会事务的管理者,政府必须根据社会发展的需要,在培养什么样的人、进行怎样的科技攻关、提供什么样的社会服务等方面向大学提出相关的要求,并据此对大学进行宏观调控。作为社会服务单元,大学必须服从政府宏观调控,只有这样政府和大学才能相互支持,共同推动社会的发展与进步。

第三节 制定建设措施

中国特色现代大学制度建设是一项十分复杂的系统工程,要确保这一宏伟工程稳步推进并取得成效,除了要明确建设目标和建设任务,还必须采取有效的措施。采取什么样的措施推进现代大学制度建设更为有效?不同的地区,不同的学校,不同的个人可能会有不同的回答。我们觉得,就一般而言,推进中国特色现代大学制度建设应采取以下一些措施。

一、统筹规划

由于大学制度建设是一项复杂、敏感的系统工程，必须有科学的设计。要在广泛听取意见和缜密思考的基础上制订出中国特色现代大学制度的蓝图，对建设的目标、任务、方法、步骤及保障条件等作出明确的规定，并要求各级政府和高等学校据此进行创造性的建设，保证中国特色现代大学制度建设有效推进。

二、分类指导

目前，我国大学之间的差异性很大。有学科方面的差异、类型方面的差异、层次方面的差异、传统方面的差异和地区方面的差异等。国家也鼓励高等学校在不同的层次和领域内办出自己的特色。因此，现代大学制度建设必须尊重差异，分类指导，避免千校一策。从国外高等教育发展情况看，任何一个国家都不可能也没有必要把所有大学办得一模一样，差异性是不同国家大学的一个共同的重要特点。不同领域、不同层次的大学都能在最适合自己的范围内办出特色，大学才能适应社会对不同层次、不同类型的人才培养和智力服务的需要。大学的结构才能更好地与国民经济的技术结构、产业结构相适应。因此，在现代大学制度建设中，从实际出发，根据学校的不同特点，实行分类指导，既符合实事求是的原则，也符合国内外高等教育发展的特点。这样做，更有利于保证建设的针对性、实效性，更有利于促进高等学校提升质量和办出特色，更有利于推动高等学校主动适应国家经济社会发展的需要。

三、协同推进

历史上的教育改革，有政府主导型、学校自主型、利益协调型等。推进中国特色现代大学制度建设需要进一步理顺大学内部关系、大学与社会的关系、大学与市场的关系、大学与政府的关系，参与建设的主体涉及方方面面，需要在政府的主导下，各方面协同配合才能完成。这种协同包括政府各相关部门协同、大学与政府协同、大学与社会协同、大学与市场协同，以及校内师生员工协同、校内各部门协同、行政权力与学术权力协同等。可以说，能否形成在政府主导下各方协同推进的建设机制，将决定我国现代大学制度建设的成败。

四、不断完善

中国特色现代大学制度建设是一项涉及面很广、难度很大的系统工程，不可能一蹴而就，毕其功于一役，必须坚持不断完善的原则，做好打持久战的准备。推进这项工作，一是要积极稳妥。要坚持大胆设计、稳步推进。要以高度的责任感、饱满的改革热情积极推进大学制度建设，同时要考虑社会的可容度和师生的承受力，使我们的改革和建设既是大胆的、坚决的，又是审慎的、稳妥的。二是要坚定执著。推进现代大学制度建设，难点很多。如创新方面的难度、观念方面的难度、利益调整的难度、制度变革的难度等，这些困难决定了我们的改革和建设工作不会一帆风顺，必然会碰到许多的困难和问题，我们必须有极大的韧性，不畏艰难，坚定执著地推进改革和建设。三是要分步推进。在整体规划的基础上，对建设任务进行分解，提出阶段性的建设任务，扎扎实实地推进建设，通过坚持不懈的努力，最终实现总的建设目标。

主要参考文献

1. 别敦荣. 中美大学学术管理[M]. 武汉:华中理工大学出版社,2000.

2. 北京大学校史研究室. 北京大学史料(第一卷 1898—1911)[M]. 北京:北京大学出版社,1993.

3. 陈学飞. 美国、德国、法国、日本当代高等教育思想研究[M]. 上海:上海教育出版社,1998.

4. 陈学飞. 中国高等教育研究 50 年[M]. 北京:教育科学出版社,2000.

5. 陈学恂. 中国近代教育文选[M]. 北京:人民教育出版社,1983.

6. 蔡元培. 蔡元培全集(第五卷)[M]. 北京:中华书局,1989.

7. 蔡元培. 蔡孑民先生言行录[M]. 北京:新潮社,1920.

8. 邓小平. 邓小平文选(第二卷)[M]. 北京:人民出版社,1983.

9. 丁学良. 什么是世界一流大学[M]. 北京:北京大学出版社,2004.

10. 董孟怀,刘剑锋,李建永,等. 百年教育回眸[M]. 北京:中国经济出版社,2000.

11. 董云川. 论中国大学与政府和社会的关系[M]. 昆明:云南大学出版社,2004.

12. 方惠坚,张思敬. 清华大学志(上册)[M]. 北京:清华大学出版社,2001.

13. 符娟明. 比较高等教育[M]. 北京:北京大学出版社,1987.

14. 高奇. 中国高等教育思想史[M]. 北京:人民教育出版社,1992.

15. 高叔平. 蔡元培教育论著选[M]. 北京:人民教育出版社,1991.

16. 郭为禄. 高等教育法制的结构与变迁[M]. 南京:南京大学出版社,2008.

17. 国家教育发展与政策研究中心. 发达国家教育改革的动向和趋势(第 2 集)[M]. 北京:人民教育出版社,1987.

18. 国家教育发展与政策研究中心. 发达国家教育改革的动向和趋势(第 5 集)[M]. 北京:人民教育出版社,1994.

19. 国家教育发展与政策研究中心. 发达国家教育改革的动向和趋势(第 7 集)[M]. 北京:人民教育出版社,2004.

20. “国立”台湾师范大学教育研究所. 西洋教育史[M]. 台北:伟文图书出版社有限公司,1979.

21. 郝克明. 面向21世纪我的教育观[M]. 广州:广东教育出版社,1999.

22. 贺国庆. 德国美国大学发达史[M]. 北京:人民教育出版社,1998.

23. 胡建华,陈列,周川,等. 高等教育学新论(新世纪版)[M]. 南京:江苏教育出版社,2006.

24. 黄延复. 梅贻琦先生纪念集[M]. 长春:吉林文史出版社,1995.

25. 霍益萍. 近代中国的高等教育[M]. 上海:华东师范大学出版社,1999.

26. 华东师范大学教育系. 中国现代教育文选[M]. 北京:人民教育出版社,1989.

27. 金耀基. 大学之理念[M]. 北京:生活·读书·新知三联书店,2001.

28. 梁启超. 梁启超全集(第1册)[M]. 北京:北京出版社,1999.

29. 李盛兵. 研究生教育模式的嬗变[M]. 北京:教育科学出版社,1997.

30. 李工真. 德意志道路——现代化进程研究[M]. 武汉:武汉大学出版社,1997.

31. 刘述礼,黄延复. 梅贻琦教育论著选[M]. 北京:人民教育出版社,1993.

32. 联合国教科文组织. 教育——财富蕴藏其中[M]. 北京:教育科学出版社,2001.

33. 毛泽东. 建国以来毛泽东文稿(第7册)[M]. 北京:中央文献出版社,1992.

34. 闵维方. 高等教育运行机制研究[M]. 北京:人民教育出版社,2002.

35. 闵维方,杨周复,李文利. 教育经济学国际研讨会论文集[C]. 北京:人民教育出版社,2003.

36. 潘懋元. 高等教育学讲座[M]. 沈阳:辽宁人民出版社,1993.

37. 瞿葆奎. 中国教育改革[M]. 北京:人民教育出版社,1991.

38. 忻福良. 各国高等教育立法[M]. 上海:上海交通大学出版社,1992.

39. 强连庆. 中美日三国高等教育比较研究[M]. 上海:复旦大学出版社,1995.

40. 任中印. 夸美纽斯教育论著选[M]. 北京:人民教育出版社,1990.

41. 施晓光. 美国大学思想论纲[M]. 北京:北京师范大学出版社,2001.

42. 史静寰,李淑华. 外国教育思想通史(第3卷)[M]. 长沙:湖南教育出版社,2002.

43. 舒新城. 中国近代教育史资料(中)[M]. 北京:人民教育出版社,1979.

44. 苏渭昌,雷克啸. 中国教育制度通史:中华人民共和国(第8卷)(公元1949—1999年)[M]. 济南:山东教育出版社,2000.

45. 孙善根. 走出象牙塔——蒋梦麟传[M]. 杭州:杭州出版社,2004.

46. 陶行知. 陶行知全集(第3卷)[M]. 长沙:湖南教育出版社,1985.

47. 汤用彤. 中国社会科学院近代史研究所中华民国史研究室. 胡适来往书信选[M]. 北京:中华书局,1979.

48. 涂又光. 中国高等教育史论[M]. 武汉:湖北教育出版社,1997.

49. 滕大春. 美国教育史[M]. 北京:人民教育出版社,1994.

50. 王承绪. 战后英国教育研究[M]. 南昌:江西教育出版社,1992.

51. 王英杰.美国高等教育的发展与改革[M].北京:人民教育出版社,1993.

52. 王卓君.庠序百年——南京工业大学办学理念寻踪[M].北京:知识产权出版社,中国水利水电出版社,2006.

53. [加]许美德.中国大学——一个文化冲突的世纪[M].许洁英,主译.北京:教育科学出版社,2000.

54. 许庆豫,葛学敏.国别高等教育制度研究[M].徐州:中国矿业大学出版社,2004.

55. 杨东平,柴纯青.教育蓝皮书 2008——深入推进教育公平[M].北京:社会科学文献出版社,2008.

56. 杨秀峰.杨秀峰教育文集[M].北京:北京师范大学出版社,1987.

57. 于富增.国际高等教育发展与改革比较[M].北京:北京师范大学出版社,1999.

58. 赵一凡.美国文化批评集[M].北京:生活·读书·新知三联书店,1994.

59. 赵中建.全球教育发展的热点——90 年代来自联合国教科文组织的报告[M].北京:教育科学出版社,1999.

60. 张应强.高等教育现代化的反思与构建[M].哈尔滨:黑龙江教育出版社,2000.

61. 张德祥.高等学校的学术权力与行政权力[M].南京:南京师范大学出版社,2001.

62. 张瑞璠.中外教育比较史纲(近代卷)[M].济南:山东教育出版社,1997.

63. 张维迎.大学的逻辑[M].北京:北京大学出版社,2004.

64. 郑佳明.长沙历史文化丛书·湘城教育纪胜[M].长沙:湖南文艺出版社,1997.

65. 郑富芝,范文曜.高等教育发展政策国别报告[M].北京:教育科学出版社,2002.

66. 周川.简明高等教育学[M].南京:河海大学出版社,2002.

67. 周志宏.学术自由与大学法[M].台北:蔚理法律出版社,1989.

68. 朱国云.组织理论——历史与流派[M].南京:南京大学出版社,1997.

69. 朱斐.东南大学史(第 1 卷)[M].南京:东南大学出版社,1991.

70. 中央教育科学研究所.中华人民共和国教育大事记(1949—1982)[M].北京:教育科学出版社,1984.

71.《中国教育年鉴》编辑部.中国教育年鉴(1949—1981)[M].北京:中国大百科全书出版社,1984.

72. [美]A.爱伦·斯密特.财产、权力和公共选择——对法和经济学的进一步思考[M].黄祖辉,蒋文华,郭红东,等,译.上海:上海三联书店,上海人民出版社,1999.

73. [美]A.阿尔温·托夫勒,海蒂·托夫勒.创造一个新的文明——第三次浪潮的政治[M].陈峰,译.北京:生活·读书·新知三联书店,1996.

74. [英]艾里克·阿什比.科技发达时代的大学教育[M].滕大春,滕大生,译.北京:人民教育出版社,1983.

75. [美]菲利普·G.阿特巴赫.比较高等教育——知识、大学与发展[M].人民教育出版社教育室,译.北京:人民教育出版社,2001.

76. [美]保罗·A.萨缪尔森,威廉·D.诺德豪斯.经济学(第12版)[M].胡代光,等,译.北京:北京经济学院出版社,1992.

77. [美]伯顿·R.克拉克.高等教育系统——学术组织跨国研究[M].王承绪,徐辉,殷企平,等,译.杭州:杭州大学出版社,1994.

78. [美]伯顿·R.克拉克.高等教育新论——多学科的研究[M].王承绪,徐辉,郑继伟,等,译.杭州:浙江教育出版社,2001.

79. [德]彼得·贝格拉.威廉·冯·洪堡传[M].袁杰,译.北京:商务印书馆,1994.

80. [英]博伊德,金.西方教育史[M].任宝祥,吴元训,译.北京:人民教育出版社,1989.

81. [美]约翰·S.布鲁贝克.高等教育哲学[M].王承绪,郑继伟,张维平,等,译.杭州:浙江教育出版社,1987.

82. [美]道格拉斯·C.诺思.经济史中的结构与变迁[M].陈郁,罗华平,等,译.上海:上海三联书店,上海人民出版社,1993.

83. [美]道格拉斯·C.诺思,罗伯斯·托马斯.西方世界的兴起[M].厉以平,蔡磊,译.北京:华夏出版社,2000.

84. [美]丹尼尔·W.布罗姆利.经济利益与经济制度:公共政策的理论基础[M].陈郁,郭宇峰,汪春,译.上海:上海三联书店、上海人民出版社 1996.

85. [美]德里克·博克.走出象牙塔——现代大学的社会责任[M].徐小洲,陈军,译.杭州:浙江教育出版社,2006.

86. [美]德里克·博克.美国高等教育[M].乔佳义,译.北京:北京师范大学出版社,1991.

87. [美]戴维·奥斯本,特德·盖布勒.改革政府——企业精神如何改革着公营部门[M].周敦仁,等,译.上海:上海译文出版社,1996.

88. [美]凡勃伦.有闲阶级论——关于制度的经济研究[M].革和,李华夏,译.北京:商务印书馆,1983.

89. [德]弗利德里希·鲍尔生.德国教育史[M].滕大春,滕大生,译.北京:人民教育出版社,1985.

90. [荷兰]弗兰斯·F.范富格特.国际高等教育政策比较研究[M].王承绪,等,译.杭州:浙江教育出版社,2001.

91. [美]亨利·罗索夫斯基.美国校园文化——学生·教授·管理[M].谢宗仙,周灵芝,马宝兰,译.济南:山东人民出版社,1996.

92. [美]罗伯特·M.赫钦斯.美国高等教育[M].汪利兵,译.杭州:浙江教育出版社,2001.

93. [美]罗伯特·M.赫钦斯.教育现势与前瞻[M].姚柏春,译.香港:今日世界出版社,1976.

94. 马克思恩格斯全集(第42卷)[M].中央编译局,译.北京:人民出版社,1979.

95. 马克思恩格斯选集(第4卷)[M].中央编译局,译.北京:人民出版社,1995.

96. [美]卡尔·科恩.论民主[M].聂崇信,朱秀贤,译.北京:商务印书馆,1988.

97. [德]卡尔·雅斯贝尔斯.大学之理念[M].邱立波,译.上海:上海人民出版社,2007.

98. [美]克拉克·科尔.大学的功用[M].陈学飞,等,译.南昌:江西教育出版社,1993.

99. [德]柯武刚,史漫飞.制度经济学——社会秩序与公共政策[M],韩朝华,译.北京:商务印书馆,2001.

100. [奥]L.贝塔兰菲.一般系统论——基础·发展·应用[M].秋同,袁嘉新,译.北京:社会科学文献出版社,1987.

101. [美]亨利·埃兹科维茨,[荷]劳伊特·雷德斯多夫.大学与全球知识经济[M].夏道源,等,译.南昌:江西教育出版社,1999.

102. [美]理查德·斯格特.组织理论:理性、自然和开放系统[M].黄洋,等,译.北京:华夏出版社,2004.

103. [美]M.D.科恩,J.G.马奇.大学校长及其领导艺术——美国大学校长研究[M].郝瑜,等,译.青岛:中国海洋大学出版社,2006.

104. [南]斯韦托扎尔·平乔维奇.产权经济学——一种关于比较体制的理论[M].蒋琳琦,译.北京:经济科学出版社,1999.

105. [美]R.科斯,A.阿尔钦,D.诺斯,等.财产权利与制度变迁——产权学派与新制度经济学学派译文集[C].上海:上海三联书店、上海人民出版社,1991.

106. [美]唐纳德·肯尼迪.学术责任[M].阎凤桥,等,译.北京:新华出版社,2002.

107. [英]约翰·亨利·纽曼.大学的理想(节本)[M].徐辉,顾建新,何曙荣,译.杭州:浙江教育出版社,2001.

108. [加]约翰·H.范·德格拉夫,等.学术权力——七国高等教育管理体制比较[M].王承绪,张维平,徐辉,等,译.杭州:浙江教育出版社,2001.

109. [美]D.B.约翰·斯通.高等教育财政:问题与出路[M].沈红,李红桃,译.北京:人民教育出版社,2003.

110. [美]亚伯拉罕·弗莱克斯纳.现代大学论——美英德大学研究[M].徐辉,陈晓菲,译.杭州:浙江教育出版社,2001.

111. [法]雅克·勒戈夫.中世纪的知识分子[M].张弘,译.北京:商务印书馆,1996.

112. [德]雅斯贝尔斯.什么是教育[M].邹进,译.北京:生活·读书·新知三联书店,1991.

113. Abraham Flexner. Universities: American, English, German. Oxford University Press,1930.

114. Clark Kerr. The Great Transformation in Higher Education. State University of New York Press, 1991.

115. Clark Kerr. The Uses of the University. Harvard University Press, 1995.

116. R. M. Hutchins. Higher Education of American. Yale University Press, 1936.

117. John S. Brubacher & Willis Rudy. Higher Education in Transition: a History of American Colleges and Universities. 4th edition. Transaction Publishers, 1997.

118. John Henry Cardinal Newman. The Idea of a University: Defined and Illustrated. Loyola University Press, 1987.

119. J. Dewey. Problems of Men. Philosophical Library, 1944.

120. Karl Jaspers. The Idea of the University. Peter Owen Ltd. , 1965.

121. National Center for Education Statistics. Digest of Education Statistics 2003. National Center for Education Statistics, U. S. Department of Education, 2004.

122. Paul L. Dressel. Handbook of Academic Evaluation. Jossey-Bass Publishers, 1976.

123. Paul Monroe. A Cyclopedia of Education. The Macmillan Company, 1925.

124. Paul Westmeyor. A History of American Higher Education. Charles C. Thomas Publisher, 1985.

125. R. M. Hutchins. The University of Utopia. The University of Chicago Press, 1936.

126. Robert A. Nisbet, The Degradation of the Academic Dogma. Transaction Publishers, 1997.

127. Burton R. Clark. The International Encyclopedia of Higher Education. Pergamon Press, 1992.

128. Wolff Robert Paul. The Ideal of the University. Beacon Press, 1969.

后　记

考虑到或许能给我国高教界正在进行的关于现代大学制度建设的理论研究和实践探索提供一点参考，我们决定将尚有许多不足的《现代大学制度理论与实践研究》一书呈给读者。

本研究是一个长期思考的结果。对大学制度的关注，一直贯穿于20世纪80年代以来我在云南师大教育管理专业研究生班和中国教育管理刊授中心现代教育管理专业的学习，以及在云南省教育厅、云南财经大学和云南大学工作的全过程中。因为这期间我几乎都没有离开过对学校制度变革问题的学习、实践和思考。

本研究是一个实践探索的结果。2003年，我原来工作的云南财经大学被中共云南省委、省政府确定为云南省高等教育改革试点单位，我和同事们对如何构建我国现代大学制度进行了认真的探索。我于2005年5月7日在《光明日报·理论与实践》版发表了《关于我国现代大学制度的构架问题》，第一次完整系统地提出了我国现代大学制度的"双层式"构架，并在实践中进行了检验。调云大工作后，从2009年初开始，我和同事们又进行了以学院制建设为突破口的现代大学制度建设探索。

本研究是一个多方关心支持的结果。云南财经大学和云大的改革都得到了省委、省政府的支持。两校的师生是改革的直接参与者和大力支持者。2006年，本研究获得云南省哲学社会科学"十五"规划滚动项目的支持。2009年，本研究又得到了省教育科学重点规划项目的支持。同时，本研究引用了大量文献，在此一并致谢；行文中对出处的注释倘有个别遗漏，还望原谅。

本研究是一个有待深化的课题。事实上，我们的研究仅仅还是个起步，对于我国现代大学制度的构建问题，还需要进行深入的研究和进一步的实践验证。而且，随着时代的发展，大学制度建设还会出现许多新情况、新问题需要我们去研究和应对，大学制度研究是一项长期的任务，一个动态的工作。但我们相信，通过大家的努力,我们一定能够走出一条构建中国特色现代大学制度的路子,一定能够建立起吸纳了各国大学制度的精华,继承了中国教育的优良传统,与现代中国的经济政治文化和高等教育发展相适应的现代大学制度。

研究过程中,思路、纲目系由本人提出。具体的研究是我和云南大学、云南财经大学的几位同事共同完成的。最后由我进行了统稿。各章的执笔人是:引论:刘绍怀、林浩,第一章:林浩,第二章:龙希国,第三章:吕磷峰,第四章:刘绍怀、林浩,第五章:李昆峰,第六章:张昌山,第七章:李建宇。于春滨同志参与了编印、文字方面的工作。

刘绍怀

2013 年 2 月 28 日于云南大学会泽院

索　引

第一章

---

* 因本索引为译文索引,因此只列出该译文第一次出现时的页码。

反盗版举报电话　(010)58581897　58582371　58581879

反盗版举报传真　(010)82086060

反盗版举报邮箱　dd@ hep. com. cn

通信地址　北京市西城区德外大街4号　高等教育出版社法务部

邮政编码　100120